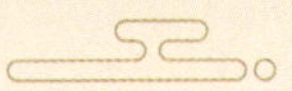

머리말

　한국어능력시험(Test of Proficiency in Korean)은 외국인을 비롯한 한국어를 모국어로 하지 않는 외국인과 재외 동포를 대상으로 한국어의 학습 방향을 제시하고 한국어의 보급과 확대를 목적으로 하는 시험 제도입니다. 해마다 응시자의 수가 증가하고 있는 TOPIK 시험은 한국어의 사용 능력을 측정하고 평가하는 대표적인 시험 제도로서 유학과 취업 현장에서 외국인들의 한국어 능력을 평가할 때 주로 TOPIK 점수를 기준으로 삼고 있습니다. 하지만 요구되는 TOPIK 점수를 받는 일이 그렇게 쉽지만은 않습니다.

　TOPIK에서 원하는 점수를 받기 위해서는 먼저 기본적인 한국어 실력이 뒷받침되어야 합니다. 특히 TOPIK은 2014년 35회 시험부터 새로운 체제로 개편이 되어 현재까지 시험이 실시되고 있습니다. 그렇기에 기본 실력이 갖추어져 있다고 하더라도 시험의 특성을 이해하지 못하거나 그에 대한 대비가 충분히 되어 있지 않으면 시험장에서 자신의 실력을 발휘할 수 없을 것입니다.

　이에 시원스쿨에서는 TOPIK 평가연구원들을 주축으로 하여 기출 문제 분석과 최신 시험 경향을 파악하여 수험자들이 한국어능력시험에 완벽히 준비할 수 있도록 『토픽300+ TOPIK Ⅰ NEW 실전 모의고사 5회분』을 새롭게 출간하게 되었습니다.

　『토픽300+ TOPIK Ⅰ NEW 실전 모의고사 5회분』은 영역별 5회분의 실전 모의고사를 통해 수험생들이 실제 시험에서 본인의 실력을 충분히 발휘할 수 있도록 돕기 위해 만들어졌습니다. 여기에 수록된 모든 지문은 새로운 시험 체제와 최근 기출 문제를 완벽히 분석하여 반영하고 있으며, 문제의 난이도 또한 실전과 동일하게 책정되어 있습니다. 따라서 본 시리즈로 학습하는 수험생들은 비교적 짧은 기간 내에 실전에 대한 적응력을 기를 수 있을 것입니다.

　이 책이 한국어능력시험(TOPIK)을 준비하는 수험자와 한국어능력시험 강의를 담당하시는 현장의 선생님들께 조금이나마 도움이 되기를 바라며, 모든 수험생들이 원하는 TOPIK 점수를 받고 또한, 한국어 능력이 조금이나마 향상되었으면 합니다. 끝으로 이 책이 나오기까지 집필에 힘써 주신 연구진들에게 심심한 감사의 뜻을 전합니다. 또한 이 책의 출간을 흔쾌히 허락해 주신 '시원스쿨'의 양홍걸 대표님과 이하 '시원스쿨닷컴'의 편집진 여러분께도 감사드립니다.

시원스쿨 토픽개발연구회

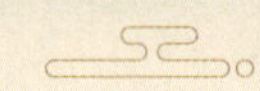

목차

TOPIK 안내

TOPIK 시험 목적

- 한국어를 모국어로 하지 않는 재외동포·외국인의 한국어 학습 방향 제시 및 한국어 보급 확대
- 한국어 사용 능력을 측정·평가하여 그 결과를 국내 대학 유학 및 취업 등에 활용

TOPIK 응시 대상

한국어를 모국어로 하지 않는 재외동포 및 외국인

TOPIK 시험의 주요 활용처

- 외국인 및 재외동포의 국내 대학(원) 입학 및 졸업
- 국내/외 기업체 및 공공기관 취업
- 영주권/취업 등 체류 비자 취득
- 정부 초청 외국인 장학생 프로그램 진학 및 학사 관리
- 국외 대학의 한국어 관련 학과 학점 및 졸업 요건

시험 수준 및 등급

구분	토픽 I		토픽 II			
	1급	2급	3급	4급	5급	6급
등급 결정	80~139	140~200	120~149	150~189	190~229	230~300

시험 시간표

시험 수준	교시	영역	한국			시험시간(분)
			입실 완료 시간	시작	종료	
토픽 I	1교시	듣기, 읽기	09:20 까지	10:00	11:40	100
토픽 II	1교시	듣기, 쓰기	12:20 까지	13:00	14:50	110
	2교시	읽기	15:10 까지	15:20	16:30	70

시험 수준별 구성

시험 수준	교시	영역	문제 유형	문항수	배점	총점
토픽 I	1교시	듣기	선택형	30	100	200
		읽기	선택형	40	100	
토픽 II	1교시	듣기	선택형	50	100	300
		쓰기	서답형	4	100	
	2교시	읽기	선택형	50	100	

응시자 유의 사항

시험 당일 준비물	수험표, 신분증(여권, 외국인등록증 등) * 학생증, 자격증은 신분증으로 인정하지 않으며 신분증의 사본 또한 신분증으로 인정하지 않는다.
입실 시간 및 고사실 확인	토픽I 오전 09:20, 토픽II 오후 12:20까지 시험실 입실 완료 * 토픽I 오전 09:20, 토픽II 오후 12:20 이후 시험실 입실 절대 불가
반입 금지 물품 관련	반입 금지 물품을 시험실에 가지고 들어온 경우, 1교시 시작 전 감독관 지시에 따라 제출한다. * 1교시 시작 전 제출하지 않은 경우, 부정행위로 간주함 * 휴대 전화, 이어폰, 디지털카메라, MP3, 전자사전, 카메라 펜, 전자계산기, 라디오, 휴대용 미디어 플레이어, 스마트 워치, 웨어러블 장비, 시각 표시와 교시별 잔여 시간 표시 이외의 기능이 부착된 시계 등 모든 전자기기

등급 평가 기준

시험수준	등급	평가기준
토픽I	1급	- 자기 소개하기, 물건 사기, 음식 주문하기 등 생존에 필요한 기초적인 언어 기능을 수행할 수 있으며 자기 자신, 가족, 취미, 날씨 등 매우 사적이고 친숙한 화제에 관련된 내용을 이해하고 표현할 수 있다. - 약 800개의 기초 어휘와 기본 문법에 대한 이해를 바탕으로 간단한 문장을 생성할 수 있다. - 간단한 생활문과 실용문을 이해하고 구성할 수 있다.
	2급	- 전화하기, 부탁하기 등의 일상생활에 필요한 기능과 우체국, 은행 등의 공공시설 이용에 필요한 기능을 수행할 수 있다. - 약 1,500~2,000개의 어휘를 이용하여 사적이고 친숙한 화제에 관해 문단 단위로 이해하고 사용할 수 있다. - 공식적 상황과 비공식적 상황에서의 언어를 구분해 사용할 수 있다.
토픽II	3급	- 일상생활을 영위하는 데 별 어려움을 느끼지 않으며 다양한 공공시설의 이용과 사회적 관계 유지에 필요한 기초적 언어 기능을 수행할 수 있다. - 친숙하고 구체적인 소재는 물론, 자신에게 친숙한 사회적 소재를 문단 단위로 표현하거나 이해할 수 있다. - 문어와 구어의 기본적인 특성을 구분해서 이해하고 사용할 수 있다.
	4급	- 공공시설 이용과 사회적 관계 유지에 필요한 언어 기능을 수행할 수 있으며, 일반적인 업무 수행에 필요한 기능을 어느 정도 수행할 수 있다. 또한 뉴스, 신문 기사 중 비교적 평이한 내용을 이해할 수 있다. - 일반적인 사회적, 추상적 소재를 비교적 정확하고 유창하게 이해하고 사용할 수 있다. - 자주 사용되는 관용적 표현과 대표적인 한국 문화에 대한 이해를 바탕으로 사회, 문화적인 내용을 이해하고 사용할 수 있다.
	5급	- 전문 분야에서의 연구나 업무 수행에 필요한 언어 기능을 어느 정도 수행할 수 있으며 정치, 경제, 사회, 문화 전반에 걸쳐 친숙하지 않은 소재에 관해서도 이해하고 사용할 수 있다. - 공식적, 비공식적 맥락과 구어적, 문어적 맥락에 따라 언어를 적절히 구분해 사용할 수 있다.
	6급	- 전문 분야에서의 연구나 업무 수행에 필요한 언어 기능을 비교적 정확하고 유창하게 수행할 수 있으며 정치, 경제, 사회, 문화 전반에 걸쳐 친숙하지 않은 주제에 관해서도 이해하고 사용할 수 있다. - 원어민 화자의 수준에는 이르지 못하나 기능 수행이나 의미 표현에는 어려움을 겪지 않는다.

시험 소개와 접수 방법은 토픽 홈페이지(www.topik.go.kr)를 참고하여 작성하였습니다.

이 책의 구성과 특징

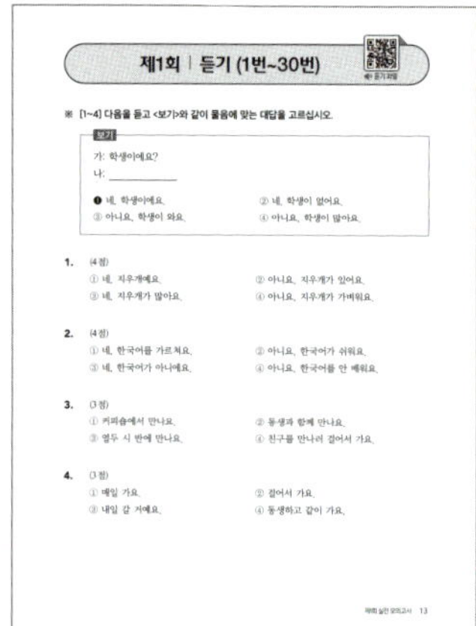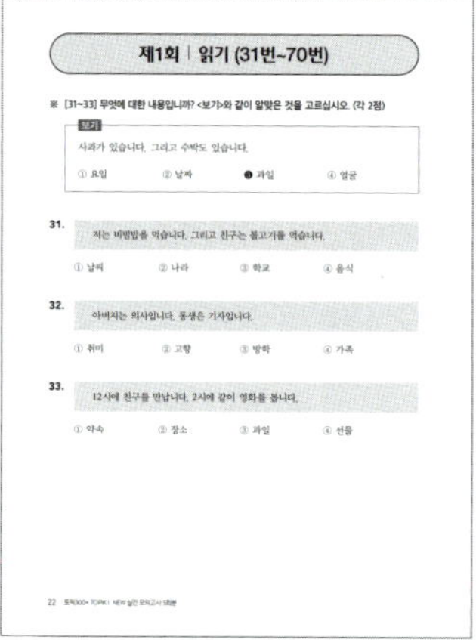

TOPIK I 실전 모의고사 5회분

최신 출제 경향을 완벽하게 분석하여 반영한 실전 모의고사 5회분을 수록하였습니다. 실제 시험과 동일한 난이도와 문제 유형으로 구성되어, 실전처럼 풀어 보며 자신의 실력을 객관적으로 점검하고 시험 대비를 할 수 있습니다.

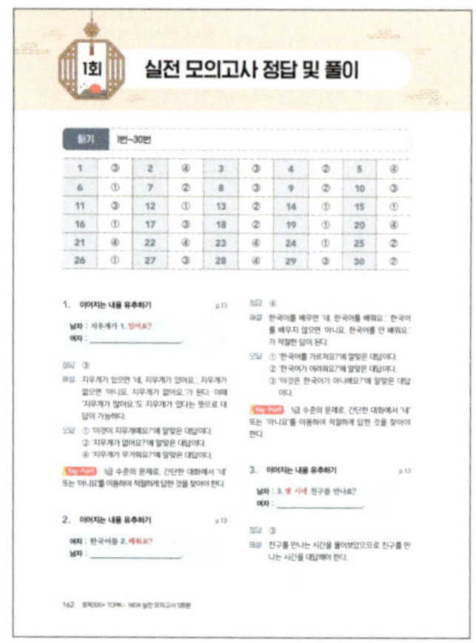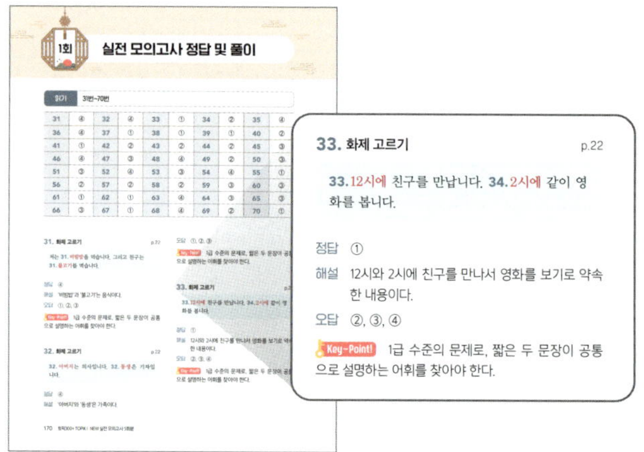

정답 & 해설 및 풀이 전략

모든 문항의 정답과 상세한 해설, 풀이법을 제공합니다. 친절한 해설과 오답 설명, 문항별 풀이 전략인 Key-Point!를 꼼꼼히 살펴보세요. TOPIK 대비를 한층 더 완벽하게 할 수 있습니다.

~2026년 1월 104회분까지 최신 기출 유형 반영

한국어능력시험 대비서
Test of Proficiency in Korean

韩国语能力考试备考书籍
Sách luyện thi năng lực tiếng Hàn

토픽300⁺
TOPIK I
NEW 실전모의고사

음원 듣기   동영상 강의

시원스쿨 토픽개발연구회 저
TOPIK开发研究会
Hiệp hội nghiên cứu và phát triển TOPIK

模拟试题
Đề thi thử thực tế

도서
특징
❶ 2026년 1월 104회분까지 최신 출제 경향 완벽 반영
❷ 유형별 학습 전략 수록
❸ TOPIK 유료 강의 제공

教材
特点
❶ 完全反映至2026年1月第104回的最新出题趋势
❷ 题型全面，解析透彻
❸ TOPIK配套解析视频(付费)

短期合格
Thi đỗ trong thời gian ngắn

TOPIK Video
为中国人
dành cho người Việt

特点
Đặc
điểm
của
sách
❶ Cập nhật xu hướng đề thi mới nhất đến kỳ TOPIK lần thứ 104 (1/2026)
❷ Gồm chiến lược ôn theo từng dạng bài
❸ Cung cấp khóa học ôn TOPIK (có phí)

5
회분

토픽300⁺

TOPIK I
NEW 실전모의고사

초판 1쇄 발행 2026년 3월 31일

지은이 시원스쿨 토픽개발연구회
펴낸곳 (주)골드앤에스
펴낸이 양홍걸

홈페이지 www.siwonschool.com
주소 서울시 영등포구 영신로 166 시원스쿨
교재 구입 문의 02)2014-8151
고객센터 02)6409-0878

ISBN 979-11-94687-56-6 13710
Number 1-580404-18189900-06

핵심 키워드

문항에서 정답의 핵심 키워드가 되는 부분을 표시하였습니다.
지문 분석을 할 때 적극적으로 활용해 보세요.

정답, 해설

정답과 함께 상세한 해설을 제공합니다. 정답이 되는 근거를
명확하고 이해하기 쉽게 설명합니다.

오답

왜 오답인지 그 이유를 명확하게 짚어 줍니다.
오답 설명까지 꼼꼼히 학습하면 실전에서 범할 수 있는
실수를 최소화할 수 있습니다.

Key-Point!

각 문항의 핵심 풀이 전략을 확인하여 고득점에 도전해 보세요.

부록

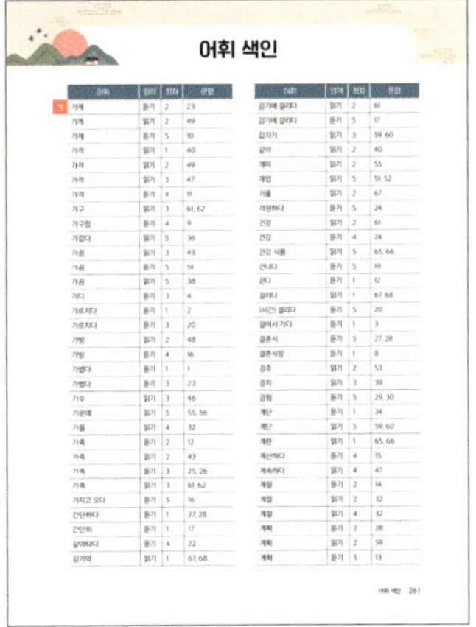

어휘 색인

문제에 쓰인 어휘를 가나다순으로
정리하였습니다. 어휘 점검용으로
활용하기 좋습니다.

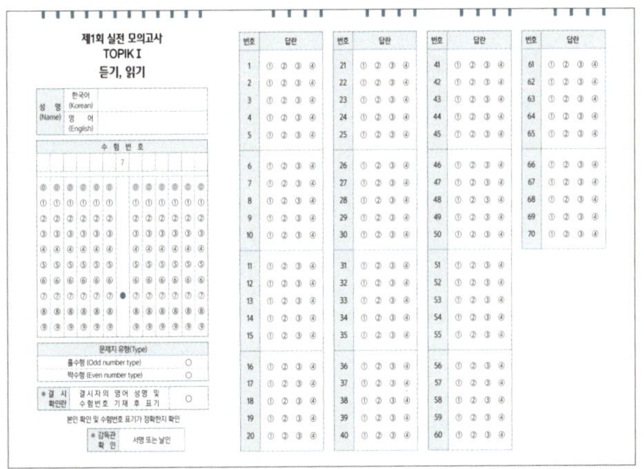

OMR 답안지

OMR 답안지를 활용해 실제 시험 시간에 맞춰 마킹하는
연습을 해 보세요.

TOPIK 한국어능력시험

제1회 실전 모의고사

The 1st Actual Mock Test

TOPIK I

듣기, 읽기
(Listening, Reading)

수험번호 (Registration No.)		
이　름 (Name)	한국어(Korean)	
	영　어(English)	

유 의 사 항
Information

1. 시험 시작 지시가 있을 때까지 문제를 풀지 마십시오.

   Do not open the booklet until you are allowed to start.

2. 수험번호와 이름을 정확하게 적어 주십시오.

   Write your name and registration number on the answer sheet.

3. 답안지를 구기거나 훼손하지 마십시오.

   Do not fold the answer sheet; keep it clean.

4. 답안지의 이름, 수험번호 및 정답의 기입은 배부된 펜을 사용하여 주십시오.

   Use the given pen only.

5. 정답은 답안지에 정확하게 표시하여 주십시오.

   Mark your answer accurately and clearly on the answer sheet.

6. 문제를 읽을 때에는 소리가 나지 않도록 하십시오.

   Keep quiet while answering the questions.

7. 질문이 있을 때에는 손을 들고 감독관이 올 때까지 기다려 주십시오.

   When you have any questions, please raise your hand.

※ [1~4] 다음을 듣고 <보기>와 같이 물음에 맞는 대답을 고르십시오.

> **보기**
>
> 가: 학생이에요?
> 나: _____________
>
> ❶ 네, 학생이에요.　　　② 네, 학생이 없어요.
> ③ 아니요, 학생이 와요.　　④ 아니요, 학생이 많아요.

1. (4점)
① 네, 지우개예요.　　　　② 아니요, 지우개가 있어요.
③ 네, 지우개가 많아요.　　④ 아니요, 지우개가 가벼워요.

2. (4점)
① 네, 한국어를 가르쳐요.　　② 아니요, 한국어가 쉬워요.
③ 네, 한국어가 아니에요.　　④ 아니요, 한국어를 안 배워요.

3. (3점)
① 커피숍에서 만나요.　　　② 동생과 함께 만나요.
③ 열두 시 반에 만나요.　　④ 친구를 만나러 걸어서 가요.

4. (3점)
① 매일 가요.　　　　② 걸어서 가요.
③ 내일 갈 거예요.　　④ 동생하고 같이 가요.

※ [5~6] 다음을 듣고 <보기>와 같이 이어지는 말을 고르십시오.

| 보기 |

가: 잠깐만 기다리세요.

나: ＿＿＿＿＿＿＿＿

① 잘 먹겠습니다.　　　　　② 잘 지냈습니다.

❸ 네, 알겠습니다.　　　　　④ 네, 그렇습니다.

5.　(4점)

① 괜찮아요.　　　　　② 미안해요.

③ 안녕하세요.　　　　　④ 안녕히 가세요.

6.　(3점)

① 환영합니다.　　　　　② 좋겠습니다.

③ 반갑습니다.　　　　　④ 축하합니다.

※ [7~10] 여기는 어디입니까? <보기>와 같이 알맞은 것을 고르십시오.

> **보기**
>
> 가: 여기는 비빔밥이 맛있어요.
> 나: 그럼, 우리 비빔밥을 먹어요.
>
> ① 은행　　　❷ 식당　　　③ 도서관　　　④ 영화관

7. (3점)
① 미술관　　　② 사진관　　　③ 박물관　　　④ 편의점

8. (3점)
① 백화점　　　② 우체국　　　③ 결혼식장　　　④ 지하철역

9. (3점)
① 병원　　　② 서점　　　③ 문구점　　　④ 운동장

10. (4점)
① 빵집　　　② 가게　　　③ 미용실　　　④ 여행사

※ [11~14] 다음은 무엇에 대해 말하고 있습니까? <보기>와 같이 알맞은 것을 고르십시오.

> **보기**
>
> 가: 내일 시험이 몇 시예요?
> 나: 두 시예요.
>
> ① 취미　　　❷ 시간　　　③ 나라　　　④ 계절

11. (3점)
　　① 직업　　　② 여행　　　③ 생일　　　④ 나이

12. (3점)
　　① 운동　　　② 주말　　　③ 음식　　　④ 고향

13. (4점)
　　① 약속　　　② 위치　　　③ 이름　　　④ 계절

14. (3점)
　　① 날씨　　　② 취미　　　③ 색깔　　　④ 요일

※ [15~16] 다음 대화를 듣고 가장 알맞은 그림을 고르십시오. (각 4점)

15.

① 

② 

③ 

④ 

16.

① 

② 

③ 

④ 

※ [17~21] 다음을 듣고 <보기>와 같이 대화 내용과 같은 것을 고르십시오. (각 3점)

> **보기**
>
> 여자: 편지를 써요?
>
> 남자: 네, 형한테 편지를 써요.
>
> ① 여자는 편지를 씁니다.　　❷ 남자는 형이 있습니다.
>
> ③ 남자는 동생에게 편지를 씁니다.　　④ 여자는 남자한테 편지를 보냅니다.

17. ① 남자와 여자는 같이 식당에 갑니다.

　② 여자는 저녁에 라면만 먹을 겁니다.

　③ 남자는 점심을 배부르게 먹었습니다.

　④ 여자는 점심에 빵을 많이 먹었습니다.

18. ① 남자는 중고 오토바이를 팔았습니다.

　② 남자는 지금 전기 자전거가 없습니다.

　③ 여자는 남자에게 전기 자전거를 팔려고 합니다.

　④ 여자는 친구에게 전기 자전거가 있는지 물었습니다.

19. ① 여자는 수미가 안 온 이유를 물었습니다.

　② 여자는 수미가 숙제하는 것을 보았습니다.

　③ 남자는 수미에게 모임 이야기를 안 했습니다.

　④ 남자는 수미가 오지 않았지만 기분은 괜찮습니다.

20. ① 남자는 은행 직원입니다.

② 여자는 휴대 전화에 앱을 설치했습니다.

③ 여자는 도장을 가지고 은행에 갔습니다.

④ 남자는 휴대 전화 앱으로 통장을 만드는 법을 알고 있습니다.

21. ① 여자는 빨래할 게 적습니다.

② 남자는 빨래를 하고 있습니다.

③ 남자는 십 분 동안 청소를 했습니다.

④ 여자는 오늘 빨래를 할 수 있습니다.

※ [22~24] 다음을 듣고 여자의 중심 생각을 고르십시오. (각 3점)

22. ① 친구와 대화를 하면 머리가 맑아집니다.

② 생각이 많을 때는 청소하는 것이 좋습니다.

③ 글을 쓰면 머릿속 생각을 정리할 수 있어서 좋습니다.

④ 머리가 복잡할 때는 다른 일에 집중하는 것이 좋습니다.

23. ① 비싼 노트북이 좋습니다.

② 고장 난 물건은 고쳐서 써야 합니다.

③ 노트북은 친구에게 물어보고 나서 사야 합니다.

④ 전시되어 있던 물건은 쉽게 고장 날 수 있습니다.

24. ① 생활 속에서 운동을 하는 것이 좋습니다.

② 날씨가 더울 때는 운동을 하지 않아야 합니다.

③ 10층에 올라갈 때는 엘리베이터를 이용해야 합니다.

④ 동료와 같이 가면 10층까지 걸어가도 힘들지 않습니다.

25. 여자가 왜 이야기를 하고 있는지 고르십시오. (3점)

① 대강당 위치를 설명하려고

② 학교에서 하는 행사를 알리려고

③ 봉사 장학금이 얼마인지 알리려고

④ 봉사자들에게 감사 인사를 하려고

26. 들은 내용과 같은 것을 고르십시오. (4점)

① 학생들이 축하 공연을 합니다.

② 식사를 하려면 돈을 내야 합니다.

③ 12시부터 점심을 먹을 수 있습니다.

④ 선물을 준 후에 축하 공연이 있습니다.

※ [27~28] 다음을 듣고 물음에 답하십시오.

27. 두 사람이 무엇에 대해 이야기를 하고 있는지 고르십시오. (3점)

① 쌀국수 만드는 방법

② 학생들이 좋아하는 세계 음식

③ 세계 여러 나라 음식 만들기 수업

④ 학생들에게 인기 있는 음식의 요리 방법

28. 들은 내용과 같은 것을 고르십시오. (4점)

① 매주 베트남 음식을 만듭니다.

② 남자는 쌀국수를 많이 만들어 보았습니다.

③ 수업 시간에 선생님이 만들어 준 세계 음식을 먹습니다.

④ 수업에 참여하기 위해서는 홈페이지에 신청해야 합니다.

※ [29~30] 다음을 듣고 물음에 답하십시오.

29. 남자가 태권도를 배우게 된 이유를 고르십시오. (3점)

① 체육 선생님이 되고 싶어서

② 허리 수술을 하지 않으려고

③ 허리를 아프지 않게 하려고

④ 태권도 대회에서 일등을 하고 싶어서

30. 들은 내용과 같은 것을 고르십시오. (4점)

① 남자의 직업은 체육 선생님입니다.

② 남자는 앞으로도 계속 태권도를 할 계획입니다.

③ 남자는 서른다섯 살부터 태권도를 배우기 시작했습니다.

④ 남자는 허리 수술을 받자마자 태권도를 하기 시작했습니다.

※ [31~33] 무엇에 대한 내용입니까? <보기>와 같이 알맞은 것을 고르십시오. (각 2점)

> **보기**
>
> 사과가 있습니다. 그리고 수박도 있습니다.
>
> ① 요일　　　② 날짜　　　❸ 과일　　　④ 얼굴

31.

저는 비빔밥을 먹습니다. 그리고 친구는 불고기를 먹습니다.

① 날씨　　　② 나라　　　③ 학교　　　④ 음식

32.

아버지는 의사입니다. 동생은 기자입니다.

① 취미　　　② 고향　　　③ 방학　　　④ 가족

33.

12시에 친구를 만납니다. 2시에 같이 영화를 봅니다.

① 약속　　　② 장소　　　③ 과일　　　④ 선물

※ [34~39] <보기>와 같이 (   )에 들어갈 말로 가장 알맞은 것을 고르십시오

> **보기**
>
> 저는 (   )에 갑니다. 공부를 합니다.
>
> ① 약국　　　　　　❷ 학교　　　　　　③ 여행사　　　　　　④ 편의점

34. (2점)

> 배가 고픕니다. (   )에 갑니다.

① 극장　　　　　　② 식당　　　　　　③ 박물관　　　　　　④ 도서관

35. (2점)

> 가방에 책이 한 권 있습니다. 가방이 (   ).

① 예쁩니다　　　　② 많습니다　　　　③ 따뜻합니다　　　　④ 가볍습니다

36. (2점)

> 친구 집에 들어갑니다. 신발을 (   ).

① 찍습니다　　　　② 입습니다　　　　③ 만납니다　　　　④ 벗습니다

37. (3점)

저는 야구를 좋아합니다. 동생(   ) 축구를 좋아합니다.

① 은   ② 도   ③ 을   ④ 의

38. (3점)

일주일 후에 시험을 봅니다. (   ) 공부를 합니다.

① 미리   ② 아까   ③ 아직   ④ 너무

39. (2점)

병원에 갑니다. 간호사에게 주사를 (   ).

① 맞습니다   ② 먹습니다   ③ 아픕니다   ④ 놓습니다

※ [40~42] 다음을 읽고 맞지 <u>않는</u> 것을 고르십시오. (각 3점)

40.

① 15일 동안 행사를 합니다.

② 우유 2개를 3000원에 팝니다.

③ 우유 한 개를 사면 한 개를 더 주는 행사입니다.

④ 딸기우유 한 개와 초코우유 한 개를 1500원에 살 수 있습니다.

41.

① 빵을 만드는 일을 합니다.

② 평일은 일을 하지 않습니다.

③ 한 달을 일하면 50만 원을 받습니다.

④ 일을 하고 싶으면 사장님께 연락해야 합니다.

42.

① 지영 씨는 바빴습니다.

② 수미 씨는 기차역에 갈 겁니다.

③ 지영 씨는 기차표를 예매할 겁니다.

④ 수미 씨는 지영씨와 같이 서울에 갈 겁니다.

※ [43~45] 다음을 읽고 내용과 같은 것을 고르십시오.

43. (3점)

> 우리 집 근처에 식당이 있습니다. 물국수와 비빔국수 두 가지만 팝니다. 저는 국수를 좋아하기 때문에 항상 물국수와 비빔국수 두 그릇을 먹습니다.

① 식당이 집에서 멉니다.
② 저는 국수를 좋아합니다.
③ 저는 국수를 한 그릇만 먹습니다.
④ 식당에서 파는 국수 종류가 아주 많습니다.

44. (2점)

> 저는 한 달 동안 줄넘기를 했습니다. 처음에는 한 번에 열 개만 할 수 있었습니다. 지금은 한 번에 백 개를 합니다.

① 저는 줄넘기를 배웁니다.
② 저는 30일 동안 줄넘기를 했습니다.
③ 저는 처음부터 줄넘기를 잘했습니다.
④ 저는 지금 줄넘기를 한 번에 열 개만 할 수 있습니다.

45. (3점)

> 저는 여러 나라 동전을 모읍니다. 지금 미국, 중국, 일본, 베트남 동전이 있고 영국 동전은 없습니다. 다른 나라 사람들에게 동전을 받으면 기분이 좋습니다.

① 저는 동전을 모아 은행에 저축합니다.
② 저는 지금 영국과 베트남 동전이 있습니다.
③ 저는 세계의 동전을 모으는 것이 취미입니다.
④ 저는 다른 나라 사람에게 동전을 선물합니다.

※ [46~48] 다음 글을 읽고 중심 생각을 고르십시오.

46. (3점)

> 저는 한 달 전에 식당을 시작했습니다. 처음에는 손님이 없다가 지금은 많아졌습니다. 너무 바쁘지만 기분이 좋습니다.

① 저는 식당을 열려고 합니다.
② 저는 식당에 손님이 줄어서 힘듭니다.
③ 저는 식당에서 맛있는 음식을 먹고 싶습니다.
④ 저는 식당에 손님이 많아서 바쁘지만 즐겁습니다.

47. (3점)

> 얼마 전에 우리 도시에 공항이 생겼습니다. 이제는 비행기를 타러 서울에 가지 않아도 됩니다. 가까운 곳에 공항이 있어서 아주 좋습니다.

① 저는 비행기를 타고 싶습니다.
② 저는 우리 도시에 공항이 생기면 좋겠습니다.
③ 저는 비행기를 타러 멀리 가지 않아서 좋습니다.
④ 저는 비행기를 타러 서울에 가는 것이 즐겁습니다.

48. (2점)

> 내일은 아버지와 어머니가 결혼한 지 30년이 되는 날입니다. 저와 오빠는 금반지를 선물로 드렸습니다. 앞으로도 아버지와 어머니가 행복하게 사셨으면 좋겠습니다.

① 저는 결혼을 빨리 하고 싶습니다.
② 저는 금반지를 선물로 받았으면 좋겠습니다.
③ 저는 오빠의 서른 번째 생일에 선물을 주었습니다.
④ 저는 아버지와 어머니가 행복하게 사시기를 바랍니다.

저는 사람 얼굴을 그리는 것을 좋아합니다. 하지만 그림 그리는 것을 배운 적이 없어서 잘 못 그립니다. 그래서 지난주에 처음으로 그림을 (㉠) 미술 학원에 갔습니다. 선생님이 친절하게 가르쳐 주십니다. 지금은 잘 못 그리지만 한 달 후면 사람 얼굴을 잘 그릴 수 있습니다. 어머니 얼굴을 예쁘게 그리고 싶습니다.

49. ㉠에 들어갈 말로 가장 알맞은 것을 고르십시오.
① 배워서
② 배우려고
③ 배우니까
④ 배우지만

50. 윗글의 내용과 같은 것을 고르십시오.
① 선생님이 저의 얼굴을 그렸습니다.
② 저는 지금 사람 얼굴을 잘 그립니다.
③ 전에 미술 학원에 간 적이 없습니다.
④ 어머니께 어머니 얼굴을 그려 선물했습니다.

※ [51~52] 다음을 읽고 물음에 답하십시오.

> 사과는 우리나라에서 아주 많이 기르는 과일입니다. 우리나라 날씨는 사과가 자라기에 알맞은 날씨입니다. 사과나무에 사과가 열려서 자라기 시작하면 종이봉투를 씌웁니다. (㉠) 벌레도 막을 수 있고, 사과 맛도 좋아집니다. 또 사과의 색깔도 예쁘게 나오고 더러운 것도 묻지 않습니다.

51. ㉠에 들어갈 말로 가장 알맞은 것 고르십시오. (3점)

① 그리고

② 그래도

③ 그러면

④ 그러니까

52. 무엇에 대한 내용인지 맞는 것을 고르십시오. (2점)

① 사과를 맛있게 먹는 방법

② 사과와 같이 먹으면 좋은 음식

③ 사과를 우리나라에서 기르면 좋은 점

④ 사과를 기를 때 종이봉투를 씌우는 이유

※ **[53~54] 다음을 읽고 물음에 답하십시오.**

> 　제가 졸업한 학교에서 며칠 전 제 동생이 졸업식을 했습니다. 학교는 이번 졸업식을 하고 문을 닫습니다. 학생이 없기 때문입니다. 그래서 졸업식과 함께 폐교식도 같이 했습니다. 제가 졸업한 학교가 (㉠) 슬픕니다. 학생이 입학하여 학교가 다시 문을 열었으면 좋겠습니다.

53. ㉠에 들어갈 말로 가장 알맞은 말을 고르십시오. (2점)

① 문만 여니까

② 문을 닫거나

③ 문을 닫으니까

④ 문을 열게 되어

54. 윗글의 내용과 같은 것을 고르십시오. (3점)

① 저는 이번에 졸업식을 했습니다.

② 동생은 학교에 입학하게 되었습니다.

③ 저는 동생의 졸업식에 가게 되어 기쁩니다.

④ 동생은 제가 졸업한 학교의 마지막 학생입니다.

※ [55~56] 다음을 읽고 물음에 답하십시오.

> 다음 달 인주대학교에서 '책 많이 읽기' 행사를 합니다. 한 달 동안 책을 읽고 학교에서 나눠 준 수첩에 느낀 점을 쓰면 됩니다. 수첩을 모두 (㉠) 먼저 낸 학생 10명에게 장학금 50만 원을 줍니다. 느낀 점을 가장 잘 쓴 학생 5명에게는 인주대학교 서점에서 책을 열 권까지 살 수 있는 카드를 줍니다. 신청은 인주대학교 도서관 홈페이지에서 하면 됩니다.

55. ㉠에 들어갈 말로 가장 알맞은 말을 고르십시오. (2점)

① 써서

② 쓰면

③ 쓰려고

④ 쓰니까

56. 윗글의 내용과 같은 것을 고르십시오. (3점)

① 이 행사는 이번 달에 열립니다.

② 장학금을 받는 학생은 10명입니다.

③ 느낀 점을 잘 쓴 학생은 돈을 받습니다.

④ 신청은 인주대학교 서점 홈페이지에서 받습니다.

57. (3점)

> (가) 마트에는 라면을 끓여 먹을 수 있는 기계가 있습니다.
> (나) 얼마 전 학교 근처에 사람이 없는 간식 마트가 생겼습니다.
> (다) 라면이 끓을 때 젓가락으로 잘 저어 주면 맛있게 먹을 수 있습니다.
> (라) 기계에 라면이 담긴 그릇을 놓으면 위에서 물이 나오고 라면을 끓입니다.

① (나)-(가)-(다)-(라)   ② (나)-(가)-(라)-(다)
③ (라)-(가)-(나)-(다)   ④ (라)-(가)-(다)-(나)

58. (2점)

> (가) 요리사가 되려면 요리 연습을 많이 해야 합니다.
> (나) 이처럼 요리사는 항상 조심해야 하는 직업입니다.
> (다) 그리고 칼도 자주 사용하기 때문에 주의해야 합니다.
> (라) 요리 연습을 할 때 뜨거운 불 앞에서 할 때가 많습니다.

① (가)-(다)-(라)-(나)   ② (가)-(라)-(다)-(나)
③ (나)-(가)-(다)-(라)   ④ (나)-(가)-(라)-(다)

※ **[59~60] 다음을 읽고 물음에 답하십시오.**

> 우리나라에는 '현금 없는 버스'가 있습니다. 이 버스의 요금은 카드로만 낼 수 있습니다. (㉠) 어느 날 제가 막 버스를 타려고 하는데 등 뒤에서 모르는 어떤 사람이 "버스비 좀 내주세요."라고 말했습니다. (㉡) 그래서 저는 기사님에게 "2명이요."라고 말했습니다. (㉢) 저는 괜찮다고 하였습니다. (㉣) 그 사람은 고맙다고 말하면서 환하게 웃었습니다.

59. 다음 문장이 들어갈 곳으로 가장 알맞은 것을 고르십시오. (2점)

> 그 사람은 저에게 이천 원을 주려고 했습니다.

① ㉠　　　　② ㉡　　　　③ ㉢　　　　④ ㉣

60. 윗글의 내용과 같은 것을 고르십시오. (3점)
① 현금을 내고 버스를 탈 수 있습니다.
② 그 사람은 나에게 이천 원을 주었습니다.
③ 저는 다른 사람의 버스 요금을 내주었습니다.
④ 저는 그 사람을 전에 몇 번 만난 적이 있습니다.

※ [61~62] 다음을 읽고 물음에 답하십시오. (각 2점)

> 　저는 잠을 자기 전에 휴대 전화를 책상에 놓습니다. 휴대 전화를 책상에 놓으면 자기 전에 휴대 전화를 보지 않아서 좋습니다. 전에는 잠을 자기 전에 휴대 전화를 오래 보았습니다. 휴대 전화를 오래 보면 눈도 아프고 잠도 편하게 잘 수가 없었습니다. 이제는 휴대 전화를 책상에 놓고 자니까 눈도 아프지 않고 잠도 쉽게 잘 수가 있습니다. 잠을 잘 자고 일어나면 몸이 편안해서 하루를 (㉠) 시작할 수 있습니다.

61. ㉠에 들어갈 말로 가장 알맞은 것을 고르십시오.

① 힘차게

② 어렵게

③ 힘없이

④ 힘들게

62. 윗글의 내용과 같은 것을 고르십시오.

① 저는 휴대 전화를 책상 위에 놓고 잠을 잡니다.

② 저는 낮에 휴대 전화를 오래 보아서 눈이 아픕니다.

③ 저는 지금 잠을 자기 전에 휴대 전화를 오래 봅니다.

④ 휴대 전화를 보고 자도 다음 날 일을 잘할 수 있습니다.

※ **[63~64] 다음을 읽고 물음에 답하십시오.**

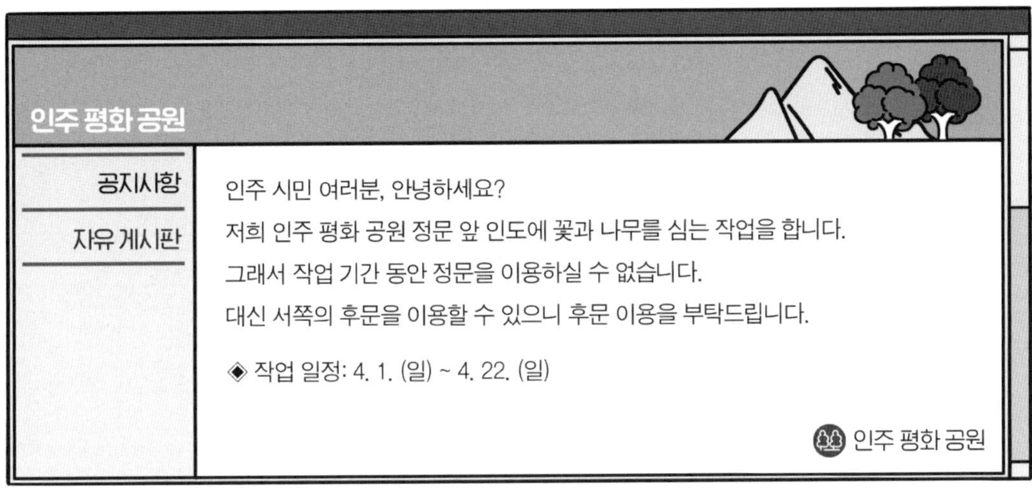

63. 왜 윗글을 썼는지 맞는 것을 고르십시오. (2점)

① 공원 후문의 위치를 알려 주려고

② 공원에 피어 있는 꽃을 소개하려고

③ 공원에 새로 심는 꽃과 나무의 종류에 대해 소개하려고

④ 공원 정문 앞 인도에 꽃과 나무를 심는 작업을 알려 주려고

64. 윗글의 내용과 같은 것을 고르십시오. (3점)

① 작업은 한 달 동안 합니다.

② 공원에는 문이 하나만 있습니다.

③ 작업 기간 동안에도 공원에 들어갈 수 있습니다.

④ 시민이 인주 평화 공원의 직원에게 전하는 글입니다.

> 　우리 동네에 특별한 식당이 문을 열었습니다. 이 식당에 동네 사람들이 라면과 쌀을 가져다 놓습니다. 김치, 계란 같은 반찬도 식당 냉장고에 가져다 놓습니다. 그러면 음식을 먹고 싶은 사람이 식당에 와서 밥을 지어 먹거나 라면을 끓여 먹을 수 있습니다. 돈은 내지 않아도 됩니다. 여기서 밥이나 라면을 먹은 사람이 다시 쌀이나 라면을 가져다 놓아서 이 식당은 쌀과 라면이 (　　㉠　　) 계속 있습니다.

65. ㉠에 들어갈 말로 가장 알맞은 것을 고르십시오. (2점)

① 만들어지고

② 먹을 수 있고

③ 떨어지지 않고

④ 부족할 수 있고

66. 윗글의 내용과 같은 것을 고르십시오. (3점)

① 식당에는 냉장고가 없습니다.

② 라면을 가져가서 끓여 먹어야 합니다.

③ 돈이 없어도 라면과 김치를 먹을 수 있습니다.

④ 음식을 가져다 놓은 사람만 식당을 이용할 수 있습니다.

※ [67~68] 다음을 읽고 물음에 답하십시오. (각 3점)

> 날이 추워지면 감기에 걸리는 사람이 많아집니다. 몸을 따뜻하게 하고 푹 쉬면 금방 낫기도 합니다. 하지만 감기 때문에 많이 아플 때에는 감기약을 먹어야 합니다. 이때 감기약은 (㉠) 좋습니다. 감기약을 먹다가 몸이 나았다고 생각해 그만 먹으면 안 됩니다. 중간에 마음대로 감기약을 먹지 않으면 감기가 더 심해지거나 나중에 감기약을 먹어도 낫지 않을 수 있습니다.

67. ㉠에 들어갈 말로 가장 알맞은 것을 고르십시오.
① 끝까지 먹는 게
② 나으면 안 먹는 게
③ 유명한 회사의 제품이
④ 정해진 시간에 먹는 게

68. 윗글의 내용과 같은 것을 고르십시오.
① 감기에 걸리면 반드시 약을 먹어야 낫습니다.
② 감기에 걸리면 약을 먹지 않고 푹 쉬어야 합니다.
③ 감기에 걸리는 것과 날씨가 추워지는 것은 관계가 없습니다.
④ 감기약을 먹다가 중간에 약을 안 먹으면 감기가 심해질 수 있습니다.

※ **[69~70] 다음을 읽고 물음에 답하십시오. (각 3점)**

저는 육지로부터 2km 길이의 다리가 연결된 섬에 살고 있습니다. 어릴 때부터 바다에서 자랐기 때문에 수영을 잘합니다. 얼마 전 우리 섬에서부터 육지까지 헤엄쳐서 가는 수영 대회가 열렸습니다. 저는 섬에서 육지까지 헤엄쳐서 가 본 적은 없었습니다. 저는 제가 자란 섬에서부터 육지까지 헤엄쳐서 가는 것이 (㉠) 수영 대회에 참가하였습니다. 100명의 사람들이 섬에서 출발하였습니다. 참가자의 절반이 중간에 포기하였습니다. 저는 열 번째로 육지에 도착하였습니다. 항상 다리를 통해서만 육지에 갔었는데 수영을 해서 육지에 도착하니 기분이 아주 좋았습니다.

69. ㉠에 들어갈 말로 가장 알맞은 것을 고르십시오.
① 항상 하던 일이어서
② 힘들지 않을 것 같아서
③ 매우 어려울 것 같아서
④ 재미가 없을 것 같아서

70. 윗글의 내용으로 알 수 있는 것을 고르십시오.
① 저는 수영 대회에서 10위를 차지하였습니다.
② 참가자 중 30명의 사람들이 포기하였습니다.
③ 저는 수영을 학교에서 배웠기 때문에 잘합니다.
④ 제가 자란 섬에서부터 육지까지는 배를 타고 가야 합니다.

TOPIK 한국어능력시험

제2회 실전 모의고사

The 2nd Actual Mock Test

TOPIK I

듣기, 읽기
(Listening, Reading)

수험번호 (Registration No.)		
이　름 (Name)	한국어(Korean)	
	영　어(English)	

유 의 사 항
Information

1. 시험 시작 지시가 있을 때까지 문제를 풀지 마십시오.

   Do not open the booklet until you are allowed to start.

2. 수험번호와 이름을 정확하게 적어 주십시오.

   Write your name and registration number on the answer sheet.

3. 답안지를 구기거나 훼손하지 마십시오.

   Do not fold the answer sheet; keep it clean.

4. 답안지의 이름, 수험번호 및 정답의 기입은 배부된 펜을 사용하여 주십시오.

   Use the given pen only.

5. 정답은 답안지에 정확하게 표시하여 주십시오.

   Mark your answer accurately and clearly on the answer sheet.

   marking example 

6. 문제를 읽을 때에는 소리가 나지 않도록 하십시오.

   Keep quiet while answering the questions.

7. 질문이 있을 때에는 손을 들고 감독관이 올 때까지 기다려 주십시오.

   When you have any questions, please raise your hand.

제2회 | 듣기 (1번~30번)

◀》 듣기 파일

※ [1~4] 다음을 듣고 <보기>와 같이 물음에 맞는 대답을 고르십시오.

보기

가: 운동을 해요?

나: ______________

❶ 네, 운동을 해요.　　　　② 아니요, 운동이에요.

③ 네, 운동이 아니에요.　　④ 아니요, 운동을 좋아해요.

---

1. (4점)

① 네, 있어요.　　　　② 네, 책이에요.

③ 아니요, 책이 있어요.　　④ 아니요, 책이 아니에요.

2. (4점)

① 네, 밥이 없어요.　　　　② 네, 밥이 아니에요.

③ 아니요, 밥을 좋아해요.　　④ 아니요, 밥을 안 먹어요.

3. (3점)

① 지금 가요.　　　　② 9시에 가요.

③ 걸어서 가요.　　　　④ 친구하고 가요.

4. (3점)

① 제가 했어요.　　　　② 숙제를 했어요.

③ 목요일에 했어요.　　④ 공원에서 했어요.

※ [5~6] 다음을 듣고 <보기>와 같이 이어지는 말을 고르십시오.

가: 만나서 반가워요.
나: ________________

① 고마워요.　　　　　❷ 반가워요.
③ 부탁해요.　　　　　④ 죄송해요.

5. (4점)
① 네, 고마워요.　　　　② 네, 괜찮아요.
③ 네, 미안해요.　　　　④ 네, 반가워요.

6. (3점)
① 오랜만입니다.　　　　② 잘 먹겠습니다.
③ 여기 있습니다.　　　　④ 잘 모르겠습니다.

※ [7~10] 여기는 어디입니까? <보기>와 같이 알맞은 것을 고르십시오.

보기

가: 어서 오세요.

나: 사과가 있어요?

① 공항　　　　② 병원　　　　❸ 시장　　　　④ 호텔

7. (3점)

① 극장　　　　② 서점　　　　③ 식당　　　　④ 시장

8. (3점)

① 공항　　　　② 병원　　　　③ 은행　　　　④ 학교

9. (3점)

① 도서관　　　　② 박물관　　　　③ 우체국　　　　④ 백화점

10. (4점)

① 기차역　　　　② 주차장　　　　③ 지하철역　　　　④ 버스 정류장

※ [11~14] 다음은 무엇에 대해 말하고 있습니까? <보기>와 같이 알맞은 것을 고르십시오.

가: 누구예요?
나: 이 사람은 아버지이고, 이 사람은 형이에요.

① 집　　　　❷ 가족　　　　③ 장소　　　　④ 부모님

11. (3점)
① 약속　　　　② 여행　　　　③ 장소　　　　④ 취미

12. (3점)
① 가족　　　　② 나라　　　　③ 이름　　　　④ 직업

13. (4점)
① 나이　　　　② 날짜　　　　③ 시간　　　　④ 주말

14. (3점)
① 계절　　　　② 요일　　　　③ 휴일　　　　④ 날씨

※ [15~16] 다음 대화를 듣고 가장 알맞은 그림을 고르십시오. (각 4점)

15. ①  ② 

③  ④ 

16. ① 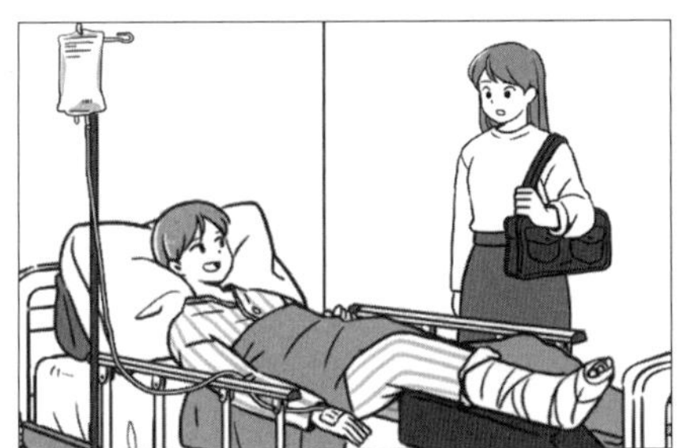 ② 

③  ④ 

※ **[17~21] 다음을 듣고 <보기>와 같이 대화 내용과 같은 것을 고르십시오. (각 3점)**

남자: 내일 뭐 해요?

여자: 학교에서 태권도를 배워요.

❶ 여자는 태권도를 배웁니다.　　② 남자는 내일 학교에 갑니다.

③ 여자는 태권도를 못합니다.　　④ 남자는 태권도를 가르칩니다.

17.　① 여자는 친구들을 만났습니다.

　　② 여자는 부모님과 여행을 갔습니다.

　　③ 남자는 방학에 공부를 못 했습니다.

　　④ 남자는 방학 동안 여자를 만났습니다.

18.　① 장미 축제는 올해 처음 열립니다.

　　② 남자는 장미 축제가 마음에 들었습니다.

　　③ 장미 축제를 보러 간 사람이 적었습니다.

　　④ 남자는 축제에 가서 사진을 많이 찍었습니다.

19.　① 남자는 휴대 전화를 고칠 수 없습니다.

　　② 여자의 휴대 전화는 화면이 안 보입니다.

　　③ 여자의 휴대 전화 수리 비용은 무료입니다.

　　④ 남자는 휴대 전화가 고장 난 이유를 모릅니다.

20. ① 남자는 내일 혼자 식당에 갑니다.

② 남자는 식당에 가서 예약을 했습니다.

③ 남자는 저녁 식사를 예약하고 있습니다.

④ 남자는 여자에게 메뉴를 알려 주었습니다.

21. ① 여자는 오늘 수업이 없습니다.

② 여자는 오후에 발표 연습을 합니다.

③ 남자는 지금 여자를 기다리고 있습니다.

④ 남자는 여자의 발표 준비를 도와주었습니다.

※ **[22~24] 다음을 듣고 여자의 중심 생각을 고르십시오. (각 3점)**

22. ① 주중에는 일을 많이 해야 합니다.

② 주말에는 집에서 쉬는 게 좋습니다.

③ 주말은 친구와 함께 보내는 게 좋습니다.

④ 날씨가 좋을 때는 드라이브를 가야 합니다.

23. ① 인터넷 주문은 좋은 점이 많습니다.

② 모든 물건은 인터넷으로 사야 합니다.

③ 가게와 똑같은 물건이 인터넷에 많습니다.

④ 인터넷으로 주문하면 빨리 배달해 주어야 합니다.

24. ① 조용한 아파트가 살기 좋습니다.

② 정해진 곳에 쓰레기를 버려야 합니다.

③ 쓰레기는 매일 버리는 것이 편합니다.

④ 쓰레기는 정해진 날에 버려야 깨끗합니다.

※ [25~26] 다음을 듣고 물음에 답하십시오.

25. 여자가 왜 이야기를 하고 있는지 고르십시오. (3점)

① 행사의 기념품을 알려 주려고

② 박물관에 온 사람들을 소개하려고

③ 박물관에서 하는 행사를 알리려고

④ 행사가 열리는 장소를 가르쳐 주려고

26. 들은 내용과 같은 것을 고르십시오. (4점)

① 전래 놀이는 박물관 안에서 합니다.

② 제기차기, 투호, 연날리기를 합니다.

③ 전래 놀이는 신청해야 할 수 있습니다.

④ 참여하면 모두 선물을 받을 수 있습니다.

※ [27~28] 다음을 듣고 물음에 답하십시오.

27. 두 사람이 무엇에 대해 이야기를 하고 있는지 고르십시오. (3점)

① 대학교 전공

② 지금 고민하는 것

③ 미래에 하고 싶은 일

④ 디저트 카페를 차리는 방법

28. 들은 내용과 같은 것을 고르십시오. (4점)

① 남자는 전공을 결정했습니다.

② 남자는 졸업 후의 계획이 있습니다.

③ 여자는 그림 그리는 것을 좋아합니다.

④ 여자는 졸업 후에 디저트 카페를 할 겁니다.

※ [29~30] 다음을 듣고 물음에 답하십시오.

29. 남자가 반려 로봇을 만든 이유를 고르십시오. (3점)

① 반려 로봇과 함께 살아 보고 싶어서

② 어르신들이 어떻게 지내는지 알고 싶어서

③ 어르신들을 건강하게 지내게 하고 싶어서

④ 로봇이 할 수 있는 일을 보여 주고 싶어서

30. 들은 내용과 같은 것을 고르십시오. (4점)

① 반려 로봇은 듣지만 말하지 않습니다.

② 남자는 반려 로봇을 파는 사람입니다.

③ 반려 로봇은 어르신들의 생활을 도와줍니다.

④ 남자는 기술 박람회에서 반려 로봇을 소개했습니다.

※ [31~33] 무엇에 대한 내용입니까? <보기>와 같이 알맞은 것을 고르십시오. (각 2점)

보기

오늘은 월요일입니다. 내일은 화요일입니다.

① 날짜　　　② 시간　　　❸ 요일　　　④ 장소

31.

저는 베트남에서 왔습니다. 제 친구는 네팔에서 왔습니다.

① 이름　　　② 나라　　　③ 장소　　　④ 직업

32.

바람이 붑니다. 시원합니다.

① 계절　　　② 날씨　　　③ 시간　　　④ 여행

33.

토요일에 친구를 만납니다. 일요일에 집에서 쉽니다.

① 시간　　　② 장소　　　③ 주말　　　④ 취미

※ [34~39] <보기>와 같이 (   )에 들어갈 말로 가장 알맞은 것을 고르십시오

> **보기**
>
> 배가 아픕니다. (   )을 먹습니다.
>
> ① 물   ❷ 약   ③ 밥   ④ 빵

34. (2점)

( )에 갑니다. 비행기를 탑니다.

① 공항   ② 극장   ③ 대사관   ④ 백화점

35. (2점)

약속이 없습니다. 집에서 영화를 (   ).

① 잡니다   ② 봅니다   ③ 만납니다   ④ 읽습니다

36. (2점)

내일이 동생 생일입니다. 저는 선물을 (   ).

① 삽니다   ② 씁니다   ③ 좋습니다   ④ 작습니다

37. (2점)

> 저는 학생입니다. 민수 씨(   ) 학생입니다.

① 도   ② 만   ③ 에게   ④ 하고

38. (3점)

> 저는 우유를 좋아합니다. 그래서 (   ) 마십니다.

① 먼저   ② 빨리   ③ 아마   ④ 자주

39. (3점)

> 길을 모릅니다. 사람들에게 (   ).

① 배웁니다   ② 빌립니다   ③ 물어봅니다   ④ 어렵습니다

※ [40~42] 다음을 읽고 맞지 <u>않는</u> 것을 고르십시오. (각 3점)

40.

① 오전에 만납니다.

② 수요일에 합니다.

③ 같이 축구를 합니다.

④ 학교 운동장에서 만납니다.

41.

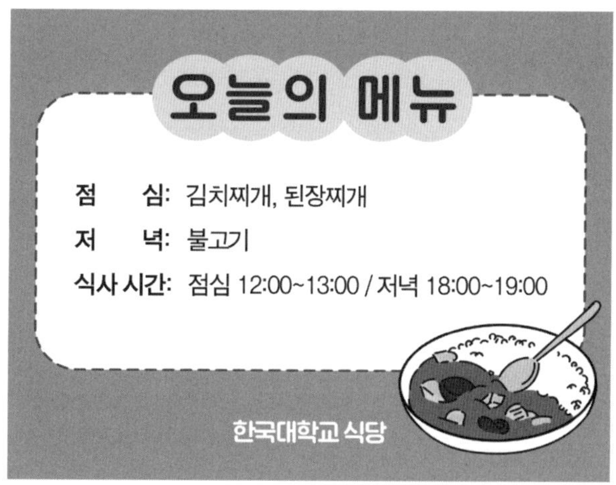

① 저녁 메뉴는 불고기입니다.

② 점심시간은 한 시간입니다.

③ 점심 메뉴는 한 가지 입니다.

④ 식당은 저녁 7시까지 합니다.

42.

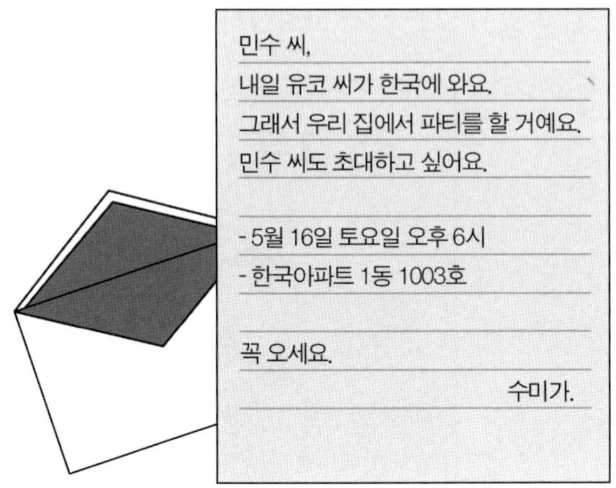

① 파티는 토요일에 합니다.

② 수미 씨 집에서 만납니다.

③ 유코 씨는 내일 한국에 옵니다.

④ 민수 씨는 수미 씨의 집을 모릅니다.

※ [43~45] 다음을 읽고 내용과 같은 것을 고르십시오.

43. (3점)

> 　친구와 제주도로 여행을 갔습니다. 바다도 보고 맛있는 음식도 먹었습니다. 내년에는 가족과 제주도에 가고 싶습니다.

① 가족과 제주도에 여행을 갔습니다.
② 제주도에서 맛있는 음식을 먹었습니다.
③ 내년에 친구와 제주도에 가려고 합니다.
④ 다음에는 제주도에서 바다를 보고 싶습니다.

44. (2점)

> 　어제 친구와 백화점에 갔습니다. 저는 모자를 사고 친구는 운동화를 샀습니다. 우리는 차를 마시고 헤어졌습니다.

① 우리는 같이 집에 왔습니다.
② 친구는 물건을 안 샀습니다.
③ 저는 친구와 쇼핑을 했습니다.
④ 우리는 오늘 백화점에 갔습니다.

45. (3점)

> 　매년 7월에는 부산 바다 축제를 합니다. 축제에서 불꽃놀이와 콘서트를 합니다. 저는 올해 축제에 처음 가서 콘서트도 보고 무료로 주는 음료도 마셨습니다.

① 이 축제는 가을에 합니다.
② 이 축제는 올해 처음 합니다.
③ 저는 축제에서 음료를 샀습니다.
④ 저는 축제에서 콘서트를 봤습니다.

※ [46~48] 다음 글을 읽고 중심 생각을 고르십시오.

46. (3점)

① 우리 형은 야구를 잘합니다.
② 우리 형은 야구를 좋아합니다.
③ 우리 형은 텔레비전을 자주 봅니다.
④ 우리 형은 야구장에 가고 싶어 합니다.

47. (3점)

① 저는 한국 음식을 자주 먹습니다.
② 저는 한국 음식을 맛있게 만듭니다.
③ 저는 맛있는 한국 음식을 좋아합니다.
④ 저는 한국 음식을 잘 만들고 싶습니다.

48. (2점)

① 저는 작은 가방을 좋아합니다.
② 저는 오늘 가방을 다시 사야 합니다.
③ 가방은 인터넷으로 사는 것이 좋습니다.
④ 인터넷으로 산 가방을 교환하고 싶습니다.

※ **[49~50] 다음을 읽고 물음에 답하십시오. (각 2점)**

> 　요즘 1인 가게가 많이 생겼습니다. 이곳은 사장님도 한 명이고 손님도 한 명입니다. 그래서 혼자 편하게 이용할 수 있습니다. 다른 손님이 (　ㄱ　) 사장님도 더 친절합니다. 그리고 예약한 손님만 있어서 기다리지 않아도 됩니다. 가격도 비싸지 않아서 손님들이 좋아합니다.

49. ㄱ에 들어갈 말로 가장 알맞은 것을 고르십시오.

① 없는데

② 없으면

③ 없으니까

④ 없었지만

50. 윗글의 내용과 같은 것을 고르십시오.

① 이 가게는 혼자 이용합니다.

② 이 가게는 오래 기다려야 합니다.

③ 이 가게는 가격이 조금 비쌉니다.

④ 이 가게는 일하는 사람이 많습니다.

※ **[51~52] 다음을 읽고 물음에 답하십시오.**

> 　사람들은 밥 대신에 과일을 먹으면 살이 빠질 거라고 생각합니다. 하지만 과일에는 사탕처럼 단맛이 많이 들어 있어서 많이 먹으면 밥을 먹는 것보다 더 살이 찔 수도 있습니다. (㉠) 살을 빼고 싶다면 달콤한 과일보다는 채소를 먹는 게 좋습니다.

51. ㉠에 들어갈 말로 가장 알맞은 것 고르십시오. (3점)

　① 또

　② 그러나

　③ 그래서

　④ 그렇지만

52. 무엇에 대한 내용인지 맞는 것을 고르십시오. (2점)

　① 과일을 많이 먹는 이유

　② 밥을 많이 안 먹는 방법

　③ 다이어트를 하면 좋은 점

　④ 다이어트에 도움이 되는 음식

※ [53~54] 다음을 읽고 물음에 답하십시오.

저는 가족들과 경주에 여행을 가서 길을 잃어버렸습니다. 처음 간 곳에서 가족들이 보이지 않아 무섭고 눈물이 났습니다. 그때 아주머니 한 분이 와서 길을 찾아 주셨고 저는 가족을 만날 수 있었습니다. 처음에는 정말 (㉠) 도와준 고마운 아주머니 덕분에 그 여행은 행복한 기억으로 남았습니다.

53. ㉠에 들어갈 말로 가장 알맞은 말을 고르십시오. (2점)

① 무섭게

② 무섭거나

③ 무서우니까

④ 무서웠지만

54. 윗글의 내용과 같은 것을 고르십시오. (3점)

① 저는 경주에 여러 번 가 보았습니다.

② 저는 경주에서 가족을 잃어버렸습니다.

③ 경주에서 한 아주머니를 도와주었습니다.

④ 경주 여행은 저에게 슬프게 기억되었습니다.

※ [55~56] 다음을 읽고 물음에 답하십시오.

사람은 주로 소리로 이야기를 합니다. 하지만 개미는 다른 방법으로 이야기를 합니다. 개미는 소리를 낼 수 없기 때문에 냄새로 이야기를 전달합니다. 먹이를 (㉠) 엉덩이에서 나오는 냄새를 땅에 묻혀서 다른 개미들이 그 냄새를 맡고 따라올 수 있게 냄새 길을 만듭니다. 또 길에서 만나면 머리에 있는 더듬이를 부딪치며 인사를 나누거나 위험한 일을 알려 줍니다.

55. ㉠에 들어갈 말로 가장 알맞은 말을 고르십시오. (2점)

① 발견하면

② 발견해서

③ 발견하거나

④ 발견하지만

56. 윗글의 내용과 같은 것을 고르십시오. (3점)

① 개미는 냄새로 이야기를 합니다.

② 냄새는 개미의 더듬이에서 납니다.

③ 냄새 길은 다른 개미는 알 수 없습니다.

④ 개미는 냄새 길로 위험한 일을 알려 줍니다.

※ [57~58] 다음을 순서에 맞게 배열한 것을 고르십시오.

57. (3점)

> (가) 그래서 저는 할머니께 글자를 가르쳐 주었습니다.
>
> (나) 할머니는 제가 읽던 동화책의 그림만 보셨습니다.
>
> (다) 편지에는 "우리 강아지 사랑한다."라고 적혀 있었습니다.
>
> (라) 제 생일날에 할머니가 직접 쓴 편지 한 장을 주셨습니다.

① (나)-(라)-(다)-(가)　　　② (나)-(가)-(라)-(다)
③ (라)-(나)-(가)-(다)　　　④ (라)-(다)-(나)-(가)

58. (2점)

> (가) 달은 햇빛을 통해 우리 눈에 보입니다.
>
> (나) 자리가 바뀌면 햇빛을 받는 부분이 달라집니다.
>
> (다) 그래서 달의 모양이 계속 다른 모양으로 보입니다.
>
> (라) 그런데 달이 지구를 돌면서 매일 자리를 조금씩 바꿉니다.

① (가)-(다)-(라)-(나)　　　② (가)-(라)-(나)-(다)
③ (라)-(나)-(가)-(다)　　　④ (라)-(다)-(가)-(나)

※ [59~60] 다음을 읽고 물음에 답하십시오.

마트에 가면 계획보다 많은 물건을 살 때가 많습니다. (㉠) 그것을 찾으러 가면서 다른 물건을 구경하고 사게 됩니다. (㉡) 또 '1+1'은 물건이 싼 것처럼 생각됩니다. (㉢) 계산대 앞에 사탕이나 과자가 있어서 기다리는 동안 더 사게 됩니다. (㉣)

59. 다음 문장이 들어갈 곳으로 가장 알맞은 것을 고르십시오. (2점)

우유처럼 꼭 필요한 것은 가장 안쪽에 있기 때문입니다.

① ㉠　　　　② ㉡　　　　③ ㉢　　　　④ ㉣

60. 윗글의 내용과 같은 것을 고르십시오. (3점)
① 마트에서는 계획한 만큼 물건을 삽니다.
② 우유는 마트의 입구에서 살 수 있습니다.
③ 1+1은 싼 물건이라서 사는 것이 좋습니다.
④ 기다리는 동안에도 살 수 있는 물건이 많습니다.

※ **[61~62] 다음을 읽고 물음에 답하십시오. (각 2점)**

> 　대추는 건강에 좋은 열매입니다. 밤에 잠을 잘 자지 못하는 사람은 대추를 씨앗까지 함께 푹 끓여서 마시면 도움이 됩니다. 피곤한 사람은 대추를 썰어서 꿀과 함께 먹으면 피로가 사라집니다. 또 감기에 걸렸을 때는 따뜻한 대추차를 마시는 것이 좋습니다. 대추차가 감기에 걸리지 않고 기침도 하지 않게 해 줍니다. 이렇게 대추는 먹는 방법에 따라 효과가 (㉠).

61. ㉠에 들어갈 말로 가장 알맞은 것을 고르십시오.

① 모릅니다

② 아닙니다

③ 다릅니다

④ 없습니다

62. 윗글의 내용과 같은 것을 고르십시오.

① 대추는 감기에 효과가 있습니다.

② 대추는 씨를 빼고 먹어야 좋습니다.

③ 대추는 잠이 안 올 때 먹으면 안 됩니다.

④ 대추는 꿀과 함께 먹으면 효과가 없습니다.

※ [63~64] 다음을 읽고 물음에 답하십시오.

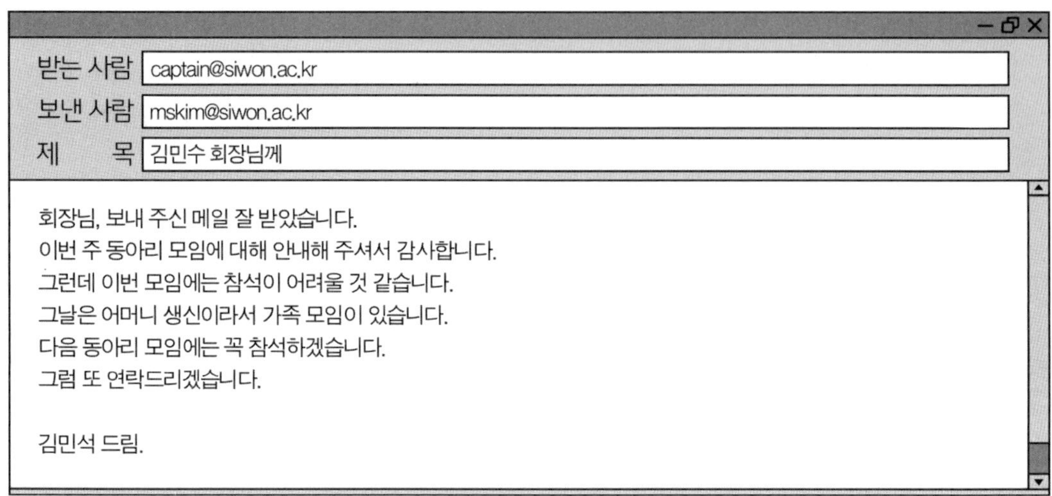

63. 왜 윗글을 썼는지 맞는 것을 고르십시오. (2점)

① 동아리 회원들을 초대하려고

② 동아리 모임 날짜를 물어보려고

③ 동아리 모임 참석자를 확인하려고

④ 동아리 모임에 못 가서 알려 주려고

64. 윗글의 내용과 같은 것을 고르십시오. (3점)

① 동아리 모임은 이번이 끝입니다.

② 동아리 모임의 회장은 김민석입니다.

③ 민석 씨는 이번 주에 가족 모임이 있습니다.

④ 민석 씨는 이번 동아리 모임에 참석할 수 있습니다.

※ **[65~66] 다음을 읽고 물음에 답하십시오.**

> 흙으로 만들어서 구운 그릇을 토기라고 합니다. 토기의 바깥에는 눈에 보이지 않지만 아주 작은 구멍들이 있습니다. 이 구멍을 통해 공기가 드나들어 음식을 신선하게 (㉠) 물이나 세제도 들어오기 때문에 설거지를 할 때는 세제를 사용하면 안 됩니다. 또 토기의 구멍에 물이 남아 있으면 곰팡이가 생길 수 있어서 씻은 뒤에는 잘 말려 주어야 합니다.

65. ㉠에 들어갈 말로 가장 알맞은 것을 고르십시오. (2점)

① 보관하고 싶지만

② 요리하고 싶지만

③ 보관할 수 있지만

④ 요리할 수 있지만

66. 윗글의 내용과 같은 것을 고르십시오. (3점)

① 토기의 구멍은 눈에 보입니다.

② 토기의 물은 잘 말려야 합니다.

③ 토기는 세제로 씻어야 깨끗합니다.

④ 토기는 곰팡이가 생겨도 괜찮습니다.

※ **[67~68] 다음을 읽고 물음에 답하십시오. (각 3점)**

　　오늘날 사람들이 편리하게 이용하는 지금의 엘리베이터는 170년 전에 발명되었습니다. 처음 만든 엘리베이터는 지금보다 속도가 많이 느렸고 사람들은 엘리베이터의 느린 속도가 불만이었습니다. 엘리베이터 (　㉠　) 고민하던 기술자들이 꾀를 내었습니다. 엘리베이터 안에 큰 거울을 붙이는 것이었습니다. 그러자 사람들은 거울에 보이는 자신의 얼굴을 보고 머리 모양을 다듬느라 시간이 가는 줄 모르게 되어 불만이 사라졌습니다.

67. ㉠에 들어갈 말로 가장 알맞은 것을 고르십시오.

① 크기를 줄이려고

② 크기를 더 늘리려고

③ 속도를 느리게 하려고

④ 속도를 빠르게 하려고

68. 윗글의 내용과 같은 것을 고르십시오.

① 엘리베이터를 발명한 시기는 알 수 없습니다.

② 사람들은 엘리베이터의 거울에 만족했습니다.

③ 엘리베이터에는 처음부터 거울이 있었습니다.

④ 처음 만든 엘리베이터 속도는 지금과 비슷했습니다.

※ **[69~70] 다음을 읽고 물음에 답하십시오. (각 3점)**

> 　제가 초등학교 때의 일입니다. 그날은 친구들과 소풍을 가는 날이었지만 어머니가 병원에 입원해 계셔서 도시락을 준비할 수 없었습니다. 그런데 아침 일찍 부엌에서 요리하는 소리가 들렸습니다. 요리를 하지 않으시던 아버지가 도시락을 준비하고 계셨습니다. 점심시간에 도시락을 열어 보니 다 터져서 못생긴 김밥만 있었습니다. 창피해서 친구들 몰래 혼자 먹는데 도시락을 준비하던 아버지의 얼굴이 생각났습니다. 그래서 짜고 못생긴 김밥이지만 다 먹었습니다. (㉠) 기뻐하는 아버지의 얼굴을 보니 죄송한 마음이 들었습니다.

69. ㉠에 들어갈 말로 가장 알맞은 것을 고르십시오.

① 김밥을 만들고

② 도시락을 싸고

③ 빈 도시락을 받고

④ 새 도시락을 주고

70. 윗글의 내용으로 알 수 있는 것을 고르십시오.

① 아버지는 요리를 잘 못합니다.

② 김밥은 못생겼지만 맛있었습니다.

③ 저는 김밥을 친구들과 나누어 먹었습니다.

④ 어머니는 아버지가 요리하는 것을 도와주셨습니다.

TOPIK 한국어능력시험

제3회 실전 모의고사

The 3rd Actual Mock Test

TOPIK I

듣기, 읽기
(Listening, Reading)

수험번호 (Registration No.)		
이　　름 (Name)	한국어(Korean)	
	영　어(English)	

유 의 사 항
Information

1. 시험 시작 지시가 있을 때까지 문제를 풀지 마십시오.

   Do not open the booklet until you are allowed to start.

2. 수험번호와 이름을 정확하게 적어 주십시오.

   Write your name and registration number on the answer sheet.

3. 답안지를 구기거나 훼손하지 마십시오.

   Do not fold the answer sheet; keep it clean.

4. 답안지의 이름, 수험번호 및 정답의 기입은 배부된 펜을 사용하여 주십시오.

   Use the given pen only.

5. 정답은 답안지에 정확하게 표시하여 주십시오.

   Mark your answer accurately and clearly on the answer sheet.

6. 문제를 읽을 때에는 소리가 나지 않도록 하십시오.

   Keep quiet while answering the questions.

7. 질문이 있을 때에는 손을 들고 감독관이 올 때까지 기다려 주십시오.

   When you have any questions, please raise your hand.

제3회 | 듣기 (1번~30번)

※ [1~4] 다음을 듣고 <보기>와 같이 물음에 맞는 대답을 고르십시오.

보기

가: 연필이 있어요?

나: ＿＿＿＿＿＿＿＿＿

① 네, 연필이에요.　　　　② 네, 연필이 비싸요.

❸ 아니요, 연필이 없어요.　④ 아니요, 연필이 많아요.

1. (4점)

① 네, 친구가 없어요.　　　② 네, 친구가 많아요.

③ 아니요, 제 친구예요.　　④ 아니요, 친구가 와요.

2. (4점)

① 네, 과일이 비싸요.　　　② 아니요, 과일이 있어요.

③ 네, 과일이 아니에요.　　④ 아니요, 과일을 안 좋아해요.

3. (3점)

① 혼자 먹어요.　　　　　② 식당에서 먹어요.

③ 비빔밥을 먹어요.　　　④ 여섯 시에 먹어요.

4. (3점)

① 주말에 갔어요.　　　　② 언니하고 갔어요.

③ 지하철로 갔어요.　　　④ 옷을 사러 갔어요.

※ [5~6] 다음을 듣고 <보기>와 같이 이어지는 말을 고르십시오.

> **보기**
>
> 가: 지우개 좀 빌려주세요.
>
> 나: _______________
>
> ① 네, 아닙니다.   ② 네, 그렇습니다.
>
> ❸ 네, 여기 있습니다.   ④ 네, 잘 모르겠습니다.

5. (4점)

① 네, 어서 오세요.   ②. 네, 정말 맛있어요.

③ 네, 맛있게 드세요.   ④ 네, 만나서 반가워요.

6. (3점)

① 괜찮습니다.   ② 죄송합니다.

③ 환영합니다.   ④ 고맙습니다.

※ [7~10] 여기는 어디입니까? <보기>와 같이 알맞은 것을 고르십시오.

> **보기**
>
> 가: 이 바지는 얼마예요?
> 나: 만 원이에요.
>
> ① 박물관　　❷ 백화점　　③ 편의점　　④ 경찰서

7. (3점)
① 식당　　② 시장　　③ 학교　　④ 극장

8. (3점)
① 은행　　② 약국　　③ 공원　　④ 꽃집

9. (3점)
① 서점　　② 병원　　③ 우체국　　④ 문구점

10. (4점)
① 호텔　　② 공항　　③ 사진관　　④ 미용실

※ [11~14] 다음은 무엇에 대해 말하고 있습니까? <보기>와 같이 알맞은 것을 고르십시오.

가: 안녕하세요? 저는 김민수입니다.
나: 저는 이지아입니다.

❶ 이름　　　　② 가족　　　　③ 국적　　　　④ 주말

11. (3점)
① 계절　　　　② 선물　　　　③ 나라　　　　④ 색깔

12. (3점)
① 날짜　　　　② 장소　　　　③ 시간　　　　④ 요일

13. (4점)
① 위치　　　　② 계획　　　　③ 약속　　　　④ 취미

14. (3점)
① 운동　　　　② 교통　　　　③ 날씨　　　　④ 음식

※ [15~16] 다음 대화를 듣고 가장 알맞은 그림을 고르십시오. (각 4점)

15. ①

②

③

④

16. ①

②

③

④

※ [17~21] 다음을 듣고 <보기>와 같이 대화 내용과 같은 것을 고르십시오. (각 3점)

> 남자: 수미 씨는 동생이 있어요?
> 여자: 네, 여동생이 있어요. 영어 선생님이에요.
>
> ① 남자는 선생님입니다.　　　　② 남자는 영어를 가르칩니다.
> ③ 여자는 학교에서 일합니다.　　❹ 여자는 여동생이 있습니다.

17.　① 남자는 여자와 여행을 갈 겁니다.
　　　② 여자는 방학에 공부를 하려고 합니다.
　　　③ 남자는 방학에 외국어 시험이 있습니다.
　　　④ 여자는 지금 가족들과 다른 나라에 있습니다.

18.　① 여자는 어제 공연을 보러 갔습니다.
　　　② 남자는 공연장에서 여자를 만났습니다.
　　　③ 여자는 배우들과 사진을 찍지 못했습니다.
　　　④ 남자는 배우를 보려고 한 시간을 기다렸습니다.

19.　① 남자는 내일 아르바이트가 있습니다.
　　　② 여자는 오늘 저녁에 남자를 만나려고 합니다.
　　　③ 남자는 여자와 내일 오후에 영화를 볼 겁니다.
　　　④ 여자는 영화를 보고 나서 저녁을 먹을 겁니다.

20. ① 남자는 목도리를 사고 싶어 합니다.

② 여자는 인터넷에서 목도리를 샀습니다.

③ 여자는 동영상을 보고 혼자 만들었습니다.

④ 남자는 여자에게 목도리 만드는 방법을 알려 줄 겁니다.

21. ① 여자는 케이크를 예약했습니다.

② 남자는 딸기 케이크를 만들 겁니다.

③ 여자는 남자와 함께 케이크를 사러 왔습니다.

④ 남자는 토요일에 케이크를 찾으러 갈 겁니다.

※ [22~24] 다음을 듣고 여자의 중심 생각을 고르십시오. (각 3점)

22. ① 매일 말하기 연습을 해야 합니다.

② 한국어 말하기를 잘하고 싶습니다.

③ 한국 친구와 이야기하는 것이 좋습니다.

④ 말하기는 혼자 연습하는 것이 도움이 됩니다.

23. ① 가벼운 지갑을 사야 합니다.

② 지갑은 디자인이 예뻐야 합니다.

③ 새로 나온 지갑을 사려고 합니다.

④ 부모님께 드릴 지갑을 사고 싶습니다.

24. ① 중요한 일은 미리 준비해야 합니다.

② 발표를 할 때는 실수하면 안 됩니다.

③ 시간이 있을 때는 일을 천천히 해도 됩니다.

④ 회의 시간 바로 전에 발표를 준비하는 것이 좋습니다.

※ [25~26] 다음을 듣고 물음에 답하십시오.

25. 여자가 왜 이야기를 하고 있는지 고르십시오. (3점)

① 회사 휴일을 알려 주려고

② 회사 점심시간을 말해 주려고

③ 회사의 특별한 날을 안내하려고

④ 회사에서 하는 행사 장소를 바꾸려고

26. 들은 내용과 같은 것을 고르십시오. (4점)

① 내일은 12시까지만 일합니다.

② 식당에서 빵과 우유를 받습니다.

③ 내일 회사 식당에서 점심을 줍니다.

④ 매주 금요일은 '가족과 함께하는 날'입니다.

※ [27~28] 다음을 듣고 물음에 답하십시오.

27. 두 사람이 무엇에 대해 이야기를 하고 있는지 고르십시오. (3점)

① 그릇을 사는 이유

② 그릇을 받는 날짜

③ 그릇을 만든 경험

④ 그릇을 만드는 장소

28. 들은 내용과 같은 것을 고르십시오. (4점)

① 여자는 어제 그릇을 만들러 갔습니다.

② 남자는 어제 만든 그릇을 일주일 후에 받을 겁니다.

③ 여자는 그릇 만들기 체험 하는 곳을 알고 있었습니다.

④ 남자는 그릇을 만드는 방법이 어려워서 힘들었습니다.

※ [29~30] 다음을 듣고 물음에 답하십시오.

29. 남자가 요리를 시작하게 된 이유를 고르십시오. (3점)

① TV 프로그램에 나가고 싶어서

② 멋있는 옷을 입고 일하고 싶어서

③ 자신이 좋아하는 일을 하고 싶어서

④ 다양한 요리 방법을 알려 주고 싶어서

30. 들은 내용과 같은 것을 고르십시오. (4점)

① 남자는 요리 대회에 나가려고 합니다.

② 남자는 대학교에서 요리를 전공했습니다.

③ 남자는 TV 요리 프로그램에 나갈 겁니다.

④ 남자는 요리 대회에서 여러 번 우승을 했습니다.

※ [31~33] 무엇에 대한 내용입니까? <보기>와 같이 알맞은 것을 고르십시오. (각 2점)

> **보기**
>
> 지금은 아침입니다. 6시입니다.
>
> ① 날씨   ② 국적   ❸ 시간   ④ 생일

31.

오늘은 3월 4일입니다. 내일은 3월 5일입니다.

① 나이   ② 날짜   ③ 요일   ④ 이름

32.

수미 씨는 의사입니다. 민수 씨는 기자입니다.

① 직업   운동   ③ 과일   ④ 가족

33.

내일 친구하고 밥을 먹을 겁니다. 12시에 식당에서 만날 겁니다.

① 쇼핑   ② 약속   ③ 여행   ④ 취미

※ [34~39] <보기>와 같이 (　)에 들어갈 말로 가장 알맞은 것을 고르십시오

보기

도서관에 갑니다. (　)을 읽습니다.

❶ 책　　　　② 달력　　　　③ 명함　　　　④ 영수증

34. (2점)

（　）에 갑니다. 고향 친구에게 소포를 보냅니다.

① 경찰서　　　　② 우체국　　　　③ 소방서　　　　④ 문구점

35. (2점)

시장이 (　). 버스를 타고 갑니다.

① 멉니다　　　　② 작습니다　　　　③ 비쌉니다　　　　④ 조용합니다

36. (2점)

영화를 좋아합니다. 매일 영화를 (　).

① 봅니다　　　　② 삽니다　　　　③ 부릅니다　　　　④ 먹습니다

37. (3점)

한국어 수업이 있습니다. 매일 9시(   ) 학교에 갑니다.

① 에게   ② 까지   ③ 에서   ④ 부터

38. (3점)

가방에 책이 많습니다. (   ) 무겁습니다.

① 별로   ② 너무   ③ 아까   ④ 전혀

39. (2점)

경치가 아름답습니다. 사진을 (   ).

① 찍습니다   ② 만듭니다   ③ 모읍니다   ④ 배웁니다

※ [40~42] 다음을 읽고 맞지 <u>않는</u> 것을 고르십시오. (각 3점)

40.

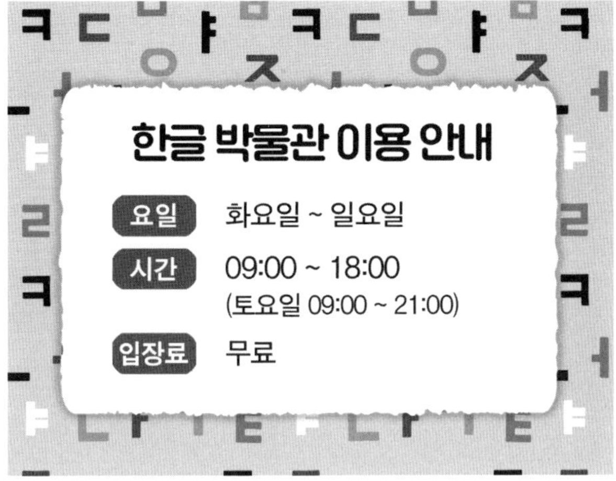

① 월요일은 쉽니다.

② 입장료는 공짜입니다.

③ 오전 아홉 시에 문을 엽니다.

④ 토요일은 여섯 시까지 합니다.

41.

① 부산에서 출발합니다.

② 토요일에 서울에 갑니다.

③ 오후 두 시 반에 도착합니다.

④ 오월 십이 일에 버스를 탑니다.

42.

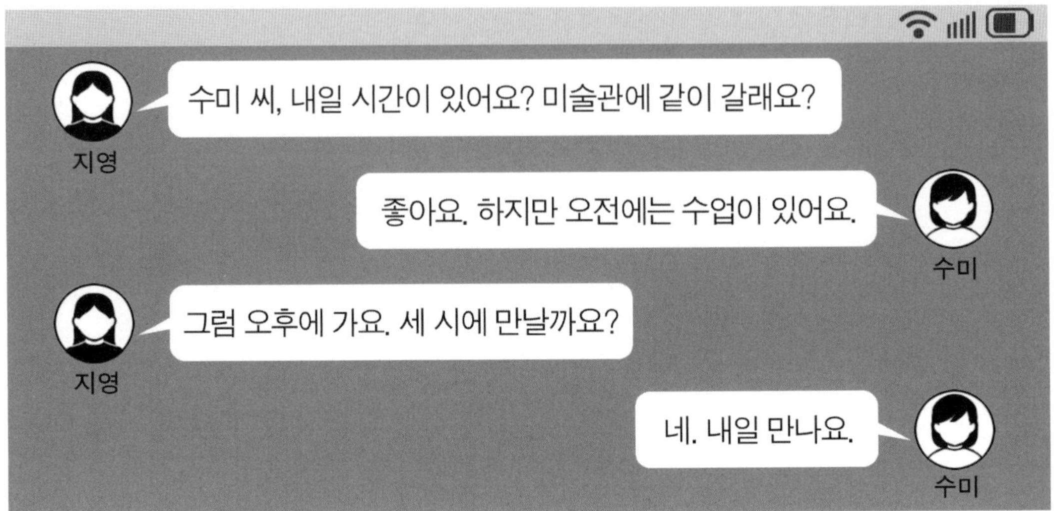

① 수미 씨는 내일 시간이 없습니다.
② 지영 씨는 수미 씨를 만날 겁니다.
③ 수미 씨는 내일 오전에 수업이 있습니다.
④ 지영 씨는 내일 오후에 미술관에 갑니다.

※ [43~45] 다음을 읽고 내용과 같은 것을 고르십시오.

43. (3점)

> 학교 기숙사 옆에 운동장이 있습니다. 운동장은 아주 크고 넓습니다. 저는 여기에서 매일 저녁에 친구와 운동을 합니다.

① 운동장은 크지 않습니다.
② 저는 가끔 운동을 합니다.
③ 운동장은 기숙사에서 가깝습니다.
④ 저는 매일 아침에 운동장에 갑니다.

44. (2점)

> 매년 가을에 학교에서 노래 대회를 합니다. 저는 노래 대회에 처음 구경을 갔습니다. 대회에서 친구들이 부르는 노래도 듣고 열심히 응원도 했습니다.

① 노래 대회는 봄에 합니다.
② 저는 노래 대회에 나갔습니다.
③ 저는 노래 대회를 자주 봤습니다.
④ 노래 대회에 가서 친구들을 응원했습니다.

45. (3점)

> 저는 요리하는 것을 좋아합니다. 특히 김밥과 떡볶이를 잘 만듭니다. 지난주에는 친구들과 우리 집에서 김밥을 만들어 먹었습니다.

① 저는 요리를 잘 못합니다.
② 저는 한국 음식을 못 만듭니다.
③ 저는 지난주에 떡볶이를 만들었습니다.
④ 저는 친구들과 집에서 요리를 했습니다.

46. (3점)

> 다음 주에 제가 좋아하는 가수의 공연이 있습니다. 멋있고 노래를 잘해서 그 가수를 좋아합니다. 저는 그 가수의 공연을 꼭 볼 겁니다.

① 저는 가수가 되려고 합니다.
② 저는 멋있는 가수를 좋아합니다.
③ 저는 노래를 잘 부르고 싶습니다.
④ 저는 다음 주에 공연을 볼 겁니다.

47. (3점)

> 저는 어제 옷 가게에서 코트를 하나 샀습니다. 그 코트는 정말 가볍고 따뜻했습니다. 가격도 싸서 좋습니다.

① 저는 가벼운 코트가 필요합니다.
② 저는 따뜻한 코트가 사고 싶습니다.
③ 저는 어제 산 코트가 마음에 듭니다.
④ 저는 코트의 가격이 가장 중요합니다.

48. (2점)

> 친구가 고향으로 돌아갑니다. 앞으로 만날 수 없어서 슬픕니다. 친구와 한국에서 계속 같이 공부하고 싶습니다.

① 저는 한국에서 공부하고 싶습니다.
② 친구가 고향에 안 가면 좋겠습니다.
③ 친구를 만나러 고향에 가야 합니다.
④ 앞으로 친구를 자주 만나려고 합니다.

※ **[49~50] 다음을 읽고 물음에 답하십시오. (각 2점)**

> 저는 친구와 '김치 만들기 행사'에 갔습니다. 이 행사는 매년 시청 앞에서 열립니다. 저는 이곳에서 처음 김치를 만들어 봤습니다. 친구는 작년에도 만들어 봤기 때문에 저를 많이 도와주었습니다. 친구와 함께 김치를 (㉠) 더 재미있었습니다. 다음에 또 가고 싶습니다.

49. ㉠에 들어갈 말로 가장 알맞은 것을 고르십시오.

① 만들면서

② 만드니까

③ 만들어도

④ 만드는데

50. 윗글의 내용과 같은 것을 고르십시오.

① 저는 김치를 만들어 본 적이 있습니다.

② 저는 김치 만드는 것이 즐겁지 않았습니다.

③ 이 행사는 올해 처음 시청 앞에서 열렸습니다.

④ 친구는 저에게 김치 만드는 방법을 가르쳐 주었습니다.

※ [51~52] 다음을 읽고 물음에 답하십시오.

> 사람들은 보통 다 읽은 신문을 그냥 버립니다. 하지만 신문은 청소할 때도 사용할 수 있습니다. 더러운 창문을 닦을 때 신문으로 닦으면 창문이 아주 깨끗해집니다. (㉠) 물이나 땀에 젖은 신발에 신문을 넣으면 신발이 빨리 마릅니다. 냄새도 나지 않아서 좋습니다.

51. ㉠에 들어갈 말로 가장 알맞은 것 고르십시오. (3점)

① 그리고

② 그래서

③ 그러므로

④ 그렇지만

52. 무엇에 대한 내용인지 맞는 것을 고르십시오. (2점)

① 신문을 버리는 곳

② 신문을 만드는 이유

③ 신문을 사용하는 방법

④ 신문을 읽으면 좋은 점

※ **[53~54] 다음을 읽고 물음에 답하십시오.**

> 저는 요즘 주말 아침마다 친구와 같이 달리기를 합니다. 달리기를 하면서 생활 습
> 관도 (㉠). 이전에는 주말에 늦잠을 많이 잤는데 달리기를 시작하면서 일찍 일어
> 납니다. 주말에 운동을 하니까 피곤하지 않고 몸도 더 건강해졌습니다.

53. ㉠에 들어갈 말로 가장 알맞은 말을 고르십시오. (2점)

① 바뀌고 싶습니다

② 바뀌려고 합니다

③ 바뀌게 되었습니다

④ 바뀌면 좋겠습니다

54. 윗글의 내용과 같은 것을 고르십시오. (3점)

① 저는 요즘 주말에 늦게 일어납니다.

② 저는 아침마다 혼자 달리기를 합니다.

③ 저는 주말에 달리기를 해서 피곤합니다.

④ 저는 달리기를 하고 몸이 더 튼튼해졌습니다.

※ [55~56] 다음을 읽고 물음에 답하십시오.

한국에는 기차를 타고 곳곳을 여행하는 기차 여행 상품이 있습니다. 이 기차는 호텔처럼 방으로 되어 있는데, 방 안에 침대와 샤워실이 있어서 아주 편합니다. 일주일에 한 번 화요일에 서울에서 출발해서 2박 3일 동안 다른 도시를 구경할 수 있습니다. 이 여행 상품을 (㉠) 인터넷이나 전화로 예약해야 합니다. 조금 비싸지만 인기가 많아서 빨리 예약해야 합니다.

55. ㉠에 들어갈 말로 가장 알맞은 말을 고르십시오. (2점)

① 신청하러

② 신청하고

③ 신청하려면

④ 신청하지만

56. 윗글의 내용과 같은 것을 고르십시오. (3점)

① 이 기차 여행은 삼일 동안 합니다.

② 이 기차 여행 상품은 매일 있습니다.

③ 이 기차 안에서는 잠을 잘 수가 없습니다.

④ 이 기차는 비싸기 때문에 사람들이 많이 안 탑니다.

※ [57~58] 다음을 순서에 맞게 배열한 것을 고르십시오.

57. (3점)

> (가) 필요한 것을 메모할 때는 휴대 전화 메모장을 이용합니다.
> (나) 저는 여행 계획을 세울 때 필요한 물건을 미리 적어 둡니다.
> (다) 휴대 전화 메모장은 언제 어디서나 내용을 바로 볼 수 있어서 편합니다.
> (라) 또 잊어버리는 물건 없이 여행 준비를 꼼꼼하게 할 수 있어서 좋습니다.

① (나)-(가)-(다)-(라) 　② (나)-(라)-(가)-(다)
③ (다)-(가)-(라)-(나) 　④ (다)-(나)-(가)-(라)

58. (2점)

> (가) 눈도 더 나빠질 수 있습니다.
> (나) 요즘 사람들은 휴대 전화를 많이 사용합니다.
> (다) 그런데 휴대 전화를 오래 사용하면 눈이 아프고 피곤해집니다.
> (라) 그러므로 휴대 전화를 사용할 때는 눈 운동을 자주 해야 합니다.

① (가)-(나)-(라)-(다) 　② (가)-(라)-(다)-(나)
③ (나)-(다)-(가)-(라) 　④ (나)-(가)-(라)-(다)

※ [59~60] 다음을 읽고 물음에 답하십시오.

저는 지난여름에 자전거를 타고 한국의 시골 마을을 여행했습니다. 날씨가 너무 더워서 정말 힘들었습니다. (㉠) 힘들게 가고 있을 때 어떤 자동차가 갑자기 제 앞에서 멈추었습니다. (㉡) 또 저녁이 되어서 잘 곳을 못 찾고 있을 때는 식당 주인 할머니께서 식당에서 잘 수 있게 해 주셨습니다. (㉢) 몸은 힘들었지만 사람들의 따뜻한 마음 덕분에 정말 행복한 기억이 되었습니다. (㉣)

59. 다음 문장이 들어갈 곳으로 가장 알맞은 것을 고르십시오. (2점)

자동차에서 내린 아주머니께서는 저에게 물과 과일을 주며 응원해 주셨습니다.

① ㉠   ② ㉡   ③ ㉢   ④ ㉣

60. 윗글의 내용과 같은 것을 고르십시오. (3점)
① 저는 자동차로 시골 마을을 여행했습니다.
② 식당 할머니는 저에게 과일을 주셨습니다.
③ 여행 가기 전에 잘 곳을 미리 찾아봤습니다.
④ 친절한 사람들을 만나서 행복한 여행이 되었습니다.

※ [61~62] 다음을 읽고 물음에 답하십시오. (각 2점)

우리 집 근처에 가구점이 문을 열었습니다. 이곳에서는 가구도 살 수 있고 직접 가구를 만들어 볼 수도 있습니다. 만들고 싶은 것을 이야기하면 사장님께서 가르쳐 줍니다. 이번 주에는 제가 사용할 의자를 만들었습니다. 처음이라서 조금 힘들었지만 재미있었습니다. 다음 주부터는 가족들과 함께 사용할 큰 책상을 (㉠).

61. ㉠에 들어갈 말로 가장 알맞은 것을 고르십시오.

① 만들지 못합니다

② 만들고 있습니다

③ 만들기 때문입니다

④ 만들기로 했습니다

62. 윗글의 내용과 같은 것을 고르십시오.

① 이곳에서는 가구를 살 수 없습니다.

② 다음 주부터는 가구점에 가지 않습니다.

③ 가구를 만들 때 사장님이 도와줄 겁니다.

④ 저는 가족에게 선물할 의자를 만들었습니다.

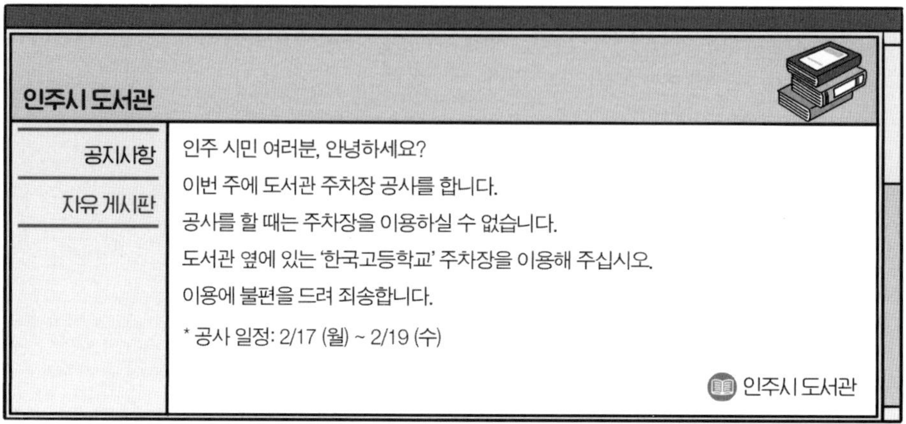

63. 왜 윗글을 썼는지 맞는 것을 고르십시오. (2점)

① 도서관 주차 신청을 받으려고

② 도서관 주차장 위치를 설명하려고

③ 도서관 주차장 이용 방법을 안내하려고

④ 도서관 주차장 공사하는 날을 알려 주려고

64. 윗글의 내용과 같은 것을 고르십시오. (3점)

① 주차장 공사는 하루만 합니다.

② 도서관에는 차를 가져갈 수 없습니다.

③ 수요일부터 주차장을 이용할 수 있습니다.

④ 공사 기간에는 근처 고등학교에 주차할 수 있습니다.

※ **[65~66] 다음을 읽고 물음에 답하십시오.**

> 인주 공원에서는 한 달 동안 '세계 꽃 축제'가 열립니다. '세계 꽃 축제'에서는 여러 나라의 (㉠) 수 있고 다양한 체험을 할 수 있습니다. 이 축제에 가면 한국, 미국, 일본, 네덜란드 등 여러 나라의 유명한 꽃들을 볼 수 있습니다. 꽃들과 사진도 찍을 수 있고 꽃다발 만들기, 꽃 비누 만들기 프로그램에도 무료로 참여할 수 있습니다.

65. ㉠에 들어갈 말로 가장 알맞은 것을 고르십시오. (2점)

① 꽃을 구경할

② 꽃다발을 팔

③ 사진을 찍을

④ 비누를 받을

66. 윗글의 내용과 같은 것을 고르십시오. (3점)

① 이 축제는 인주 공원에서 일 년 동안 합니다.

② 이 축제 프로그램 체험 참가비는 무료입니다.

③ 이 축제에서는 한국의 꽃들만 볼 수 있습니다.

④ 이 축제에서는 꽃하고 사진을 찍으면 안 됩니다.

※ **[67~68] 다음을 읽고 물음에 답하십시오. (각 3점)**

　　최근 아이를 키우는 부모님들에게 특별한 숟가락이 인기가 많습니다. 이 숟가락은 음식의 온도를 알려 줍니다. 음식이 38도보다 뜨거우면 숟가락 윗부분의 색깔이 하얀색으로 바뀝니다. 아이들은 뜨거운 음식을 못 먹어서 조심해야 합니다. 그런데 이 숟가락은 (　㉠　) 아이에게 언제 음식을 줘도 되는지 알 수 있어서 안전합니다. 또 숟가락이 가벼워서 사용하기도 편리합니다. 무엇보다 가격도 비싸지 않고 모양도 예뻐서 사람들이 더 좋아합니다.

67. ㉠에 들어갈 말로 가장 알맞은 것을 고르십시오.

① 색깔이 변하니까

② 가격이 비싸니까

③ 무게가 가벼우니까

④ 모양이 마음에 드니까

68. 윗글의 내용과 같은 것을 고르십시오.

① 이 숟가락은 비싸서 인기가 없습니다.

② 이 숟가락은 음식이 차가우면 하얀색이 됩니다.

③ 이 숟가락을 사용하면 음식의 온도를 알기 쉽습니다.

④ 이 숟가락을 쓰면 뜨거운 음식도 잘 먹을 수 있습니다.

※ **[69~70] 다음을 읽고 물음에 답하십시오. (각 3점)**

> 우리 아버지께서는 항상 같은 구두만 신고 다니셨습니다. 그래서 저는 새 구두를 사 드리고 싶었습니다. 그래서 아르바이트를 해서 돈을 모았습니다. 아버지 생신날, 백화점에서 구두를 사서 선물했습니다. 그런데 구두를 받은 아버지께서는 (㉠) 계속 구두만 보고 있었습니다. 저는 아버지께서 제 선물을 안 좋아하시는 줄 알았습니다. 그런데 며칠 후 저는 아버지 방에서 제가 선물한 구두를 봤습니다. 어머니께서는 "너희 아버지가 매일 그 구두를 닦는다."고 말씀하셨습니다. 아버지께서는 제가 선물한 구두가 소중해서 못 신고 계셨습니다.

69. ㉠에 들어갈 말로 가장 알맞은 것을 고르십시오.

① 아주 기뻐하면서

② 신발을 바로 신고

③ 아무 말도 안 하고

④ 큰 소리로 웃으면서

70. 윗글의 내용으로 알 수 있는 것을 고르십시오.

① 아버지는 구두를 마음에 안 들어 하셨습니다.

② 아버지는 제가 준 생일 선물을 받지 않으셨습니다.

③ 저는 아버지 선물을 사려고 아르바이트를 했습니다.

④ 저는 아버지와 같이 백화점에 가서 신발을 샀습니다.

TOPIK 한국어능력시험

제4회 실전 모의고사

The 4th Actual Mock Test

TOPIK I

듣기, 읽기
(Listening, Reading)

수험번호 (Registration No.)	
이　름 (Name)	한국어(Korean)
	영　어(English)

유 의 사 항
Information

1. 시험 시작 지시가 있을 때까지 문제를 풀지 마십시오.

   Do not open the booklet until you are allowed to start.

2. 수험번호와 이름을 정확하게 적어 주십시오.

   Write your name and registration number on the answer sheet.

3. 답안지를 구기거나 훼손하지 마십시오.

   Do not fold the answer sheet; keep it clean.

4. 답안지의 이름, 수험번호 및 정답의 기입은 배부된 펜을 사용하여 주십시오.

   Use the given pen only.

5. 정답은 답안지에 정확하게 표시하여 주십시오.

   Mark your answer accurately and clearly on the answer sheet.

   marking example 

6. 문제를 읽을 때에는 소리가 나지 않도록 하십시오.

   Keep quiet while answering the questions.

7. 질문이 있을 때에는 손을 들고 감독관이 올 때까지 기다려 주십시오.

   When you have any questions, please raise your hand.

제4회 │ 듣기 (1번~30번)

※ [1~4] 다음을 듣고 <보기>와 같이 물음에 맞는 대답을 고르십시오.

> **보기**
>
> 가: 학교에 가요?
> 나: ______________
>
> ❶ 네, 학교에 가요.　　　　　② 아니요, 학교가 커요.
> ③ 네, 학교가 있어요.　　　　④ 아니요, 학교가 아니에요.

1. (4점)
① 네, 모자예요.　　　　　② 아니요, 모자가 커요.
③ 네, 모자가 아니에요.　　④ 아니요, 모자가 없어요.

2. (4점)
① 네, 옷이에요.　　　　　② 아니요, 옷이 싸요.
③ 네, 옷을 좋아해요.　　　④ 아니요, 옷이 아니에요.

3. (3점)
① 비빔밥을 먹었어요.　　　② 식당에서 먹었어요.
③ 언니하고 먹었어요.　　　④ 열한 시에 먹었어요.

4. (3점)
① 혼자 먹었어요.　　　　　② 지금 먹었어요.
③ 많이 먹었어요.　　　　　④ 학교에서 먹었어요.

※ [5~6] 다음을 듣고 <보기>와 같이 이어지는 말을 고르십시오.

가: 처음 뵙겠습니다.

나: _______________

① 감사합니다.　　　　　② 안녕히 가세요.

❸ 만나서 반가워요.　　　④ 안녕히 주무세요.

5. (4점)

① 고맙습니다.　　　　　② 반갑습니다.

③ 괜찮습니다.　　　　　④ 환영합니다.

6. (3점)

① 잘 다녀오세요.　　　　② 안녕히 계세요.

③ 네, 들어오세요.　　　　④ 네, 만나서 반가워요.

※ [7~10] 여기는 어디입니까? <보기>와 같이 알맞은 것을 고르십시오.

보기

가: 공책하고 지우개 주세요.

나: 네, 여기 있어요.

① 극장　　　　② 학교　　　　③ 세탁소　　　❹ 문구점

7. (3점)

① 공원　　　　② 시장　　　　③ 회사　　　　④ 약국

8. (3점)

① 식당　　　　② 서점　　　　③ 여행사　　　　④ 영화관

9. (3점)

① 도서관　　　　② 미용실　　　　③ 박물관　　　　④ 가구점

10. (4점)

① 가구점　　　　② 사진관　　　　③ 미용실　　　　④ 우체국

※ [11~14] 다음은 무엇에 대해 말하고 있습니까? <보기>와 같이 알맞은 것을 고르십시오.

가: 동생은 몇 살이에요?

나: 저보다 네 살 적어요.

① 가족　　　❷ 나이　　　③ 시간　　　④ 이름

11. (3점)
　　① 가격　　　② 시간　　　③ 날씨　　　④ 휴일

12. (3점)
　　① 이름　　　② 가족　　　③ 여행　　　④ 직업

13. (4점)
　　① 기분　　　② 요일　　　③ 소개　　　④ 장소

14. (3점)
　　① 교실　　　② 선물　　　③ 음식　　　④ 쇼핑

※ [15~16] 다음 대화를 듣고 가장 알맞은 그림을 고르십시오. (각 4점)

15.

① 

② 

③ 

④ 

16.

① 

② 

③ 

④ 

※ **[17~21] 다음을 듣고 <보기>와 같이 대화 내용과 같은 것을 고르십시오. (각 3점)**

보기

남자: 주말에 뭐 했어요?

여자: 룸메이트하고 같이 영화를 봤어요.

① 남자는 주말에 영화를 봤습니다.

② 남자는 주말에 여자를 만날 겁니다.

③ 여자는 주말에 혼자 영화를 봤습니다.

❹ 여자는 주말에 친구와 극장에 갔습니다.

17. ① 남자는 집들이 선물을 샀습니다.

② 남자는 토요일 오후에 시간이 없습니다.

③ 여자는 토요일에 집들이를 할 예정입니다.

④ 여자는 토요일에 친구 집에 가려고 합니다.

18. ① 여자는 토요일에 고향에 갈 예정입니다.

② 두 사람은 토요일에 공원에서 만날 겁니다.

③ 여자는 주말에 남자와 꽃 사진을 찍었습니다.

④ 남자는 이번 주말에 사진 모임에 가지 않습니다.

19. ① 남자는 어제 여행을 갔습니다.

② 남자는 어제 학교에 못 갔습니다.

③ 남자는 어제 동생을 못 만났습니다.

④ 남자는 어제 여자하고 통화를 했습니다.

20. ① 남자는 이번 주에 시험이 있습니다.

② 남자와 여자는 발음 연습을 할 겁니다.

③ 남자는 시험이 끝나서 걱정이 없습니다.

④ 남자는 한국어 말하기 시험을 봤습니다.

21. ① 남자는 병원에 예약을 했습니다.

② 남자는 병원 예약을 취소했습니다.

③ 남자는 다시 연락하기로 했습니다.

④ 남자는 오늘 병원에 가려고 합니다.

※ **[22~24] 다음을 듣고 여자의 중심 생각을 고르십시오. (각 3점)**

22. ① 지하철은 갈아타야 해서 힘듭니다.

② 지하철보다 버스를 타고 가는 것이 더 편합니다.

③ 버스는 아침에 사람이 많아서 타기가 불편합니다.

④ 지하철은 조금 힘들어도 앉아서 갈 수 있어서 좋습니다.

23. ① 주말에 극장에 가고 싶습니다.

② 영화를 볼 때 영화표 가격이 가장 중요합니다.

③ 많은 사람과 같이 영화를 보는 것이 좋습니다.

④ 사람이 적은 평일에 영화를 보는 것이 좋습니다.

24. ① 운동을 가끔 하는 것이 좋습니다.

② 운동은 오후에 1시간만 하면 됩니다.

③ 시간이 있을 때 운동하는 것이 좋습니다.

④ 건강한 생활을 위해 매일 운동하는 것이 좋습니다.

25. 여자가 왜 이야기를 하고 있는지 고르십시오. (3점)

① 도서관 이용 규칙을 안내하려고

② 도서관 이용 시간을 변경하려고

③ 도서관의 위치를 가르쳐 주려고

④ 도서관에서 읽은 책을 소개하려고

26. 들은 내용과 같은 것을 고르십시오. (4점)

① 도서관에서는 음식을 먹어도 됩니다.

② 책을 읽은 후에는 제자리에 놓아야 합니다.

③ 도서관은 주말에 밤 열 시까지 운영합니다.

④ 도서관 안에서는 자유롭게 이야기해도 됩니다.

27. 두 사람이 무엇에 대해 이야기를 하고 있는지 고르십시오. (3점)

① 운동을 시작한 이유

② 운동 영상의 좋은 점

③ 집에서 운동하는 시간

④ 집에서 헬스장 가는 방법

28. 들은 내용과 같은 것을 고르십시오. (4점)

① 여자는 운동을 열심히 하고 있습니다.

② 남자는 집에서 운동을 하고 있습니다.

③ 여자는 남자에게 헬스장을 소개했습니다.

④ 남자는 운동을 매일 같은 시간에 합니다.

※ [29~30] 다음을 듣고 물음에 답하십시오.

29. 남자가 책을 읽는 이유를 고르십시오. (3점)

① 시험 준비를 해서

② 잠이 잘 오지 않아서

③ 친구가 책을 추천해 줘서

④ 회사 일로 스트레스를 받아서

30. 들은 내용과 같은 것을 고르십시오. (4점)

① 남자는 잠자기 전에 책을 읽습니다.

② 남자는 여자에게 책을 추천했습니다.

③ 남자는 회사에서 책을 읽기 시작했습니다.

④ 남자는 책을 읽어도 잠이 잘 오지 않습니다.

※ [31~33] 무엇에 대한 내용입니까? <보기>와 같이 알맞은 것을 고르십시오. (각 2점)

> **보기**
>
> 저는 옷을 삽니다. 언니는 가방을 삽니다.
>
> ① 가족　　　② 이름　　　❸ 쇼핑　　　④ 나이

31.

저는 노래를 부릅니다. 제 친구는 그림을 그립니다.

① 취미　　　② 공부　　　③ 성격　　　④ 운동

32.

저는 봄을 좋아합니다. 그리고 가을도 좋아합니다.

① 음식　　　② 방학　　　③ 계절　　　④ 장소

33.

토요일에는 청소를 합니다. 일요일에는 친구를 만납니다.

① 이름　　　② 주말　　　③ 날씨　　　④ 여행

※ **[34~39]** <보기>와 같이 (   )에 들어갈 말로 가장 알맞은 것을 고르십시오

> **보기**
>
> (   )에 갑니다. 음식을 주문합니다.
>
> ① 교실　　　② 병원　　　③ 서점　　　**❹ 식당**

34. (2점)

> 영화를 봅니다. (   )에 갑니다.

① 극장　　　② 공항　　　③ 서점　　　④ 식당

35. (2점)

> 여행을 갑니다. 기차를 (   ).

① 옵니다　　　② 합니다　　　③ 삽니다　　　④ 탑니다

36. (2점)

> 차가 (   ). 그래서 길이 막힙니다.

① 읽습니다　　　② 작습니다　　　③ 많습니다　　　④ 보냅니다

37. (3점)

회의가 있습니다. 오후 2시(　　) 시작합니다.

① 가　　　　② 에　　　　③ 는　　　　④ 를

38. (3점)

버스가 곧 출발합니다. (　　) 타야 합니다.

① 빨리　　　　② 가끔　　　　③ 아직　　　　④ 특히

39. (2점)

날씨가 (　　). 코트를 입습니다.

① 납니다　　　　② 잡니다　　　　③ 춥습니다　　　　④ 그립니다

※ [40~42] 다음을 읽고 맞지 <u>않는</u> 것을 고르십시오. (각 3점)

40.

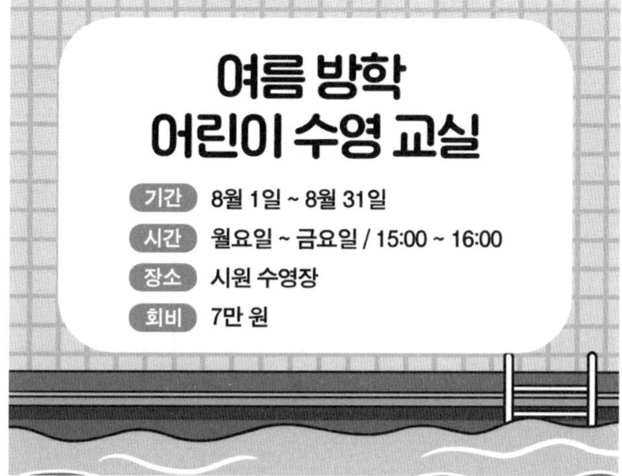

① 한 달 동안 수업을 합니다.

② 수업은 평일 오전에 합니다.

③ 하루에 한 시간 수업을 합니다.

④ 여름 방학에 하는 수영 교실입니다.

41.

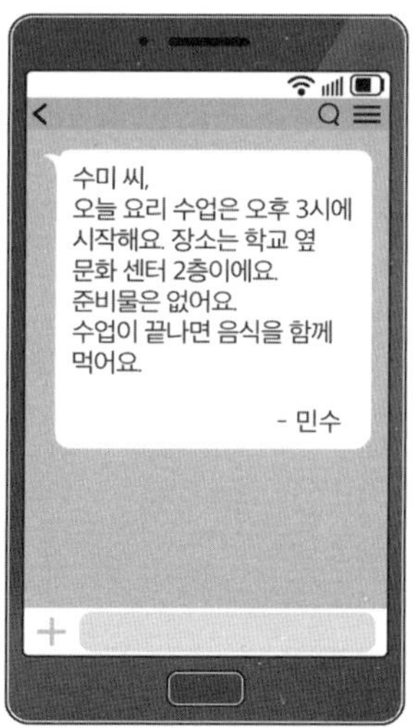

① 요리 수업에 준비물을 가져가야 합니다.

② 요리 수업은 문화 센터 2층에서 합니다.

③ 요리 수업은 오늘 오후 3시부터 합니다.

④ 요리 수업 후에는 음식을 같이 먹습니다.

42.

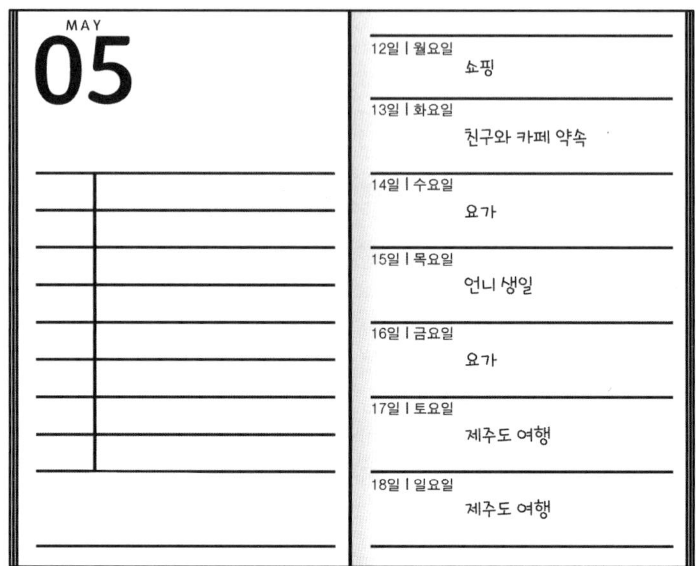

① 화요일에 친구를 만납니다.

② 주말에 제주도 여행을 갑니다.

③ 일주일에 한 번 운동을 합니다.

④ 오월 십오 일은 언니 생일입니다.

※ [43~45] 다음을 읽고 내용과 같은 것을 고르십시오.

43. (3점)

> 어제는 회사 일이 많아서 집에 늦게 왔습니다. 그래서 저녁을 간단히 먹고 쉬었습니다. 그날은 너무 피곤해서 텔레비전을 보지 않았습니다.

① 저는 어제 집에 일찍 왔습니다.
② 저는 저녁을 밖에서 먹었습니다.
③ 저는 어제 회사 일이 많았습니다.
④ 저는 텔레비전을 오래 보았습니다.

44. (2점)

> 저는 매주 주말에 친구와 공원에 갑니다. 그곳에서 친구와 산책도 하고 사진도 찍습니다. 그래서 주말이 항상 기다려집니다.

① 저는 혼자 공원에 갑니다.
② 저는 매일 산책을 합니다.
③ 저는 공원에서 사진을 찍지 않습니다.
④ 저는 주말이 빨리 왔으면 좋겠습니다.

45. (3점)

> 오늘 친구와 함께 도서관에 갔습니다. 내일 시험이 있어서 책을 읽고 공부를 했습니다. 공부를 마친 후 친구와 식당에서 점심을 먹었습니다.

① 저는 혼자 도서관에 갔습니다.
② 도서관에서 친구와 책을 읽었습니다.
③ 식당에서 밥을 먹고 공부를 했습니다.
④ 시험이 있어서 도서관에 가려고 합니다.

※ **[46~48]** 다음 글을 읽고 중심 생각을 고르십시오.

46. (3점)

> 제 친구가 유명한 맛집에 다녀왔습니다. 친구가 맛있는 음식 사진을 많이 찍어서 보여 주었습니다. 저는 친구가 많이 부러웠습니다.

① 저는 음식 사진을 자주 찍습니다.
② 저는 유명한 맛집에 가고 싶습니다.
③ 저는 친구와 함께 사진을 찍었습니다.
④ 저는 집에서 맛있는 음식을 먹었습니다.

47. (3점)

> 저는 요즘 건강이 좋지 않아서 다이어트를 시작했습니다. 처음에는 음식을 적게 먹어서 힘들었습니다. 하지만 지금은 건강해지고 살이 빠져서 기분이 좋습니다.

① 다이어트 결과가 마음에 듭니다.
② 다이어트를 하기가 너무 힘듭니다.
③ 다이어트 때문에 건강이 나빠졌습니다.
④ 다이어트를 시작하고 스트레스를 받습니다.

48. (2점)

> 저는 구두가 필요해서 백화점에 갔습니다. 디자인이 예쁜 구두가 있었지만 제 사이즈가 없어서 주문했습니다. 구두가 빨리 왔으면 좋겠습니다.

① 디자인보다 가격이 중요합니다.
② 제 사이즈의 구두를 바로 샀습니다.
③ 백화점에서 구두를 많이 보았습니다.
④ 주문한 구두가 빨리 오기를 바랍니다.

※ **[49~50] 다음을 읽고 물음에 답하십시오. (각 2점)**

> 우리 회사는 서울에 있는 작은 회사입니다. 주로 운동복을 만들어서 팝니다. 직원 수는 많지 않지만 서로 (㉠) 분위기가 좋습니다. 그래서 직원들은 회사 생활에 만족하며 매일 즐겁게 일하고 있습니다. 앞으로도 지금처럼 함께 일하고 싶습니다.

49. ㉠에 들어갈 말로 가장 알맞은 것을 고르십시오.

① 도와주면

② 도와줘서

③ 도와주지만

④ 도와주려고

50. 윗글의 내용과 같은 것을 고르십시오.

① 우리 회사는 직원 수가 많습니다.

② 우리 회사는 다양한 물건을 팝니다.

③ 우리 회사 직원들은 사이가 좋습니다.

④ 우리 회사 직원들은 운동을 좋아합니다.

※ **[51~52] 다음을 읽고 물음에 답하십시오.**

> 　잠을 잘 자는 것은 건강에 매우 중요합니다. 잠자기 전에 휴대 전화를 오래 보면 잠이 잘 오지 않을 수 있습니다. 그래서 잠자기 한 시간 전에는 휴대 전화를 보지 않아야 합니다. (　㉠　) 방 안을 어둡게 해야 합니다. 잠이 오지 않을 때는 따뜻한 우유를 마셔도 좋습니다. 생활 습관을 조금만 바꾸면 잠을 잘 잘 수 있습니다.

51. ㉠에 들어갈 말로 가장 알맞은 것 고르십시오. (3점)
① 그리고
② 그러나
③ 그래서
④ 그러면

52. 무엇에 대한 내용인지 맞는 것을 고르십시오. (2점)
① 잠을 자는 시간
② 잠을 잘 자는 방법
③ 건강을 지키는 생활 습관
④ 휴대 전화를 사용하면 안 되는 이유

※ [53~54] 다음을 읽고 물음에 답하십시오.

저는 요즘 집에서 요리를 자주 하려고 합니다. 예전에는 밖에서 음식을 자주 사 먹었습니다. 하지만 요리를 시작한 후에는 외식을 거의 하지 않습니다. 집에서 직접 요리를 해서 먹습니다. 그래서 식비가 전보다 줄었습니다. 몸도 더 (㉠). 앞으로도 집에서 요리를 계속할 생각입니다.

53. ㉠에 들어갈 말로 가장 알맞은 말을 고르십시오. (2점)

① 건강하고 싶습니다

② 건강한 것 같습니다

③ 건강할 수 있습니다

④ 건강한 적이 있습니다

54. 윗글의 내용과 같은 것을 고르십시오. (3점)

① 요리를 하면서 식비가 늘었습니다.

② 요리를 시작한 후 외식을 많이 합니다.

③ 예전에도 집에서 요리를 자주 했습니다.

④ 밖에서 음식을 사 먹는 일이 줄었습니다.

※ [55~56] 다음을 읽고 물음에 답하십시오.

> 예전 시장은 주로 동네 사람들이 필요한 물건만 사고 바로 집에 갔습니다. 그래서 시장은 주로 장을 보러 가는 곳이었습니다. 하지만 요즘 시장은 다양한 물건과 (㉠) 젊은 사람뿐만 아니라 외국인 관광객도 시장에 많이 옵니다. 이처럼 시장은 물건을 사는 곳이면서 한국의 생활과 문화를 볼 수 있는 장소가 되었습니다.

55. ㉠에 들어갈 말로 가장 알맞은 말을 고르십시오. (2점)
① 값이 비싸서
② 길이 복잡해서
③ 볼거리가 많아서
④ 사람들이 친절해서

56. 윗글의 내용과 같은 것을 고르십시오. (3점)
① 예전 시장은 젊은 사람들이 갔습니다.
② 요즘 시장은 동네 사람들만 가는 곳입니다.
③ 요즘 시장은 필요한 물건만 사고 집에 갑니다.
④ 요즘에는 외국인 관광객도 시장을 자주 방문합니다.

※ [57~58] 다음을 순서에 맞게 배열한 것을 고르십시오.

57. (3점)

> (가) 집에 와서 보니 단추가 떨어져 있었습니다.
> (나) 그래서 다음 날 가게에 가서 교환을 요청했습니다.
> (다) 직원은 옷을 확인한 후 새 셔츠로 바꾸어 주었습니다.
> (라) 집 근처에 있는 작은 옷가게에서 셔츠를 한 장 샀습니다.

① (다)–(가)–(라)–(나) 　② (다)–(라)–(가)–(나)
③ (라)–(가)–(나)–(다) 　④ (라)–(나)–(가)–(다)

58. (2점)

> (가) K–Pop은 한국에서 시작된 음악입니다.
> (나) 이런 무대와 영상 때문에 K–Pop은 많은 관심을 받습니다.
> (다) K–Pop 가수들은 화려한 무대에서 노래하며 춤을 잘 춥니다.
> (라) 요즘에는 세계 여러 나라 사람들도 K–Pop을 많이 좋아합니다.

① (가)–(나)–(다)–(라) 　② (가)–(다)–(나)–(라)
③ (다)–(가)–(라)–(나) 　④ (다)–(라)–(가)–(나)

※ [59~60] 다음을 읽고 물음에 답하십시오.

저는 예전에는 운동을 거의 하지 않았습니다. (㉠) 그래서 몸이 자주 피곤하고 건강도 좋지 않았습니다. (㉡) 어느 날 병원에서 의사 선생님이 운동을 조금씩 해 보라고 설명해 주었습니다. (㉢) 그 후에 저는 매일 아침 공원에서 걷기 운동을 시작했습니다. (㉣) 처음에는 힘들었지만 시간이 지나면서 몸이 점점 좋아졌습니다.

59. 다음 문장이 들어갈 곳으로 가장 알맞은 것을 고르십시오. (2점)

그래서 생활 습관을 바꿔야겠다고 생각했습니다.

① ㉠   ② ㉡   ③ ㉢   ④ ㉣

60. 윗글의 내용과 같은 것을 고르십시오. (3점)
① 저는 예전부터 매일 운동을 했습니다.
② 저는 운동은 했지만 몸이 더 피곤해졌습니다.
③ 저는 병원에 가기 전부터 걷기 운동을 시작했습니다.
④ 저는 요즘 매일 아침 공원에서 운동을 하고 있습니다.

※ [61~62] 다음을 읽고 물음에 답하십시오. (각 2점)

요즘 드라마 촬영지를 찾아 여행하는 사람들이 많습니다. 사람들은 드라마에 나온 장소에 직접 가 보고 싶어 합니다. 그래서 기차를 타고 여러 지역의 촬영지를 이틀 동안 차례로 (㉠) 여행 일정도 생겼습니다. 이 여행에서는 드라마를 찍은 장소에서 사진도 찍고 구경도 할 수 있습니다. 또 촬영지 근처 식당에서는 드라마에 나온 음식을 먹을 수 있습니다. 이런 이유로 드라마 촬영지 여행은 점점 인기를 얻고 있습니다.

61. ㉠에 들어갈 말로 가장 알맞은 것을 고르십시오.

① 방문하는

② 방문해서

③ 방문하면

④ 방문하지만

62. 윗글의 내용과 같은 것을 고르십시오.

① 드라마 촬영지 여행은 기차를 이용하지 않습니다.

② 드라마 촬영지 여행의 인기가 점점 줄어들고 있습니다.

③ 이 여행은 드라마 촬영지를 하루에 방문하는 일정입니다.

④ 촬영지 주변에서 드라마에 나온 음식을 먹어 볼 수 있습니다.

인주시청

공지사항	인주 달리기 대회
묻고 답하기	안녕하세요, 시민 여러분. 이번 달 시청 앞 광장에서 달리기 대회가 열립니다. 참가자는 대회 시작 30분 전까지 도착해 주시기 바랍니다. 이번 대회는 인주 곳곳을 달리며 가을을 느낄 수 있는 행사입니다. 많은 관심과 참여를 부탁드립니다. · 일시: 10월 20일 (일) 오전 9시 · 장소: 시청 앞 광장

63. 왜 윗글을 썼는지 맞는 것을 고르십시오. (2점)

① 달리기 대회 날짜를 바꾸려고

② 달리기 대회 신청을 받으려고

③ 달리기 대회 결과를 알려 주려고

④ 달리기 대회 일정과 내용을 안내하려고

64. 윗글의 내용과 같은 것을 고르십시오. (3점)

① 달리기 대회는 인주 밖에서 열립니다.

② 달리기 대회는 봄에 열리는 행사입니다.

③ 달리기 대회는 시민들을 위한 행사입니다.

④ 참가자는 대회가 시작된 후에 도착해도 됩니다.

※ [65~66] 다음을 읽고 물음에 답하십시오.

재활용 놀이 프로그램은 버릴 물건으로 다양한 놀이 작품을 직접 만들어 보는 체험 활동입니다. 이 프로그램에서는 종이 상자와 플라스틱으로 여러 가지 물건을 만듭니다. 이 활동을 통해 버릴 물건으로 새로운 물건을 (㉠). 아이들은 놀이를 하면서 환경 보호도 배웁니다. 그래서 이 프로그램은 교육과 환경에 도움이 됩니다.

65. ㉠에 들어갈 말로 가장 알맞은 것을 고르십시오. (2점)

① 만들 수 있습니다

② 만들 것 같습니다

③ 만들기 때문입니다

④ 만든 적이 있습니다

66. 윗글의 내용과 같은 것을 고르십시오. (3점)

① 이 프로그램은 어른을 대상으로 합니다.

② 아이들은 놀이를 통해 환경을 보호합니다.

③ 이 프로그램에서는 플라스틱만 사용합니다.

④ 이 프로그램은 물건을 버리는 방법을 배웁니다.

※ **[67~68] 다음을 읽고 물음에 답하십시오. (각 3점)**

어떤 사람들은 밤에 공부하는 것을 좋아합니다. 밤에는 주변이 조용해서 집중하기 쉽기 때문입니다. 그래서 낮보다 공부가 더 잘된다고 생각합니다. 하지만 밤늦게까지 공부를 오래 하면 몸이 쉽게 피곤해질 수 있습니다. (㉠) 다음 날 일상생활에 영향을 줄 수 있습니다. 그러므로 낮에 충분히 쉬어서 건강을 잘 챙기는 것이 좋습니다.

67. ㉠에 들어갈 말로 가장 알맞은 것을 고르십시오.

① 잠이 부족하면

② 잠이 부족해도

③ 잠이 부족하지만

④ 잠이 부족하니까

68. 윗글의 내용과 같은 것을 고르십시오.

① 밤에 공부하는 것이 건강에 좋습니다.

② 낮에는 공부를 하지 않는 것이 좋습니다.

③ 밤에는 공부하기에 환경이 좋지 않습니다.

④ 잠을 충분히 자지 않으면 몸이 쉽게 피곤해집니다.

※ **[69~70] 다음을 읽고 물음에 답하십시오. (각 3점)**

> 저는 아침마다 옷을 고르는 데 시간이 오래 걸립니다. 그래서 저는 전날 밤에 다음 날 입을 옷을 미리 준비합니다. 가방도 함께 챙겨 두면 아침에 훨씬 여유가 생깁니다. 아침에 갑자기 물건을 찾지 못해 당황하는 일도 줄어듭니다. 바쁜 아침 시간을 줄이기 위해서 저는 항상 필요한 물건을 미리 (㉠). 이런 작은 습관 덕분에 요즘은 지각하는 일이 거의 없습니다.

69. ㉠에 들어갈 말로 가장 알맞은 것을 고르십시오.
① 준비해 놓습니다
② 준비해도 됩니다
③ 준비할 뻔합니다
④ 준비한 적이 있습니다

70. 윗글의 내용으로 알 수 있는 것을 고르십시오.
① 아침 준비 시간이 더 길어졌습니다.
② 아침마다 옷을 고르는 것이 즐겁습니다.
③ 아침에 시간이 많아서 지각하지 않습니다.
④ 미리 준비하는 습관으로 아침이 더 편해졌습니다.

TOPIK 한국어능력시험

제5회 실전 모의고사

The 5th Actual Mock Test

TOPIK I

듣기, 읽기
(Listening, Reading)

수험번호 (Registration No.)	
이 름 (Name)	한국어(Korean)	
	영 어(English)	

유 의 사 항
Information

1. 시험 시작 지시가 있을 때까지 문제를 풀지 마십시오.
   Do not open the booklet until you are allowed to start.

2. 수험번호와 이름을 정확하게 적어 주십시오.
   Write your name and registration number on the answer sheet.

3. 답안지를 구기거나 훼손하지 마십시오.
   Do not fold the answer sheet; keep it clean.

4. 답안지의 이름, 수험번호 및 정답의 기입은 배부된 펜을 사용하여 주십시오.
   Use the given pen only.

5. 정답은 답안지에 정확하게 표시하여 주십시오.
   Mark your answer accurately and clearly on the answer sheet.

   marking example 

6. 문제를 읽을 때에는 소리가 나지 않도록 하십시오.
   Keep quiet while answering the questions.

7. 질문이 있을 때에는 손을 들고 감독관이 올 때까지 기다려 주십시오.
   When you have any questions, please raise your hand.

※ [1~4] 다음을 듣고 <보기>와 같이 물음에 맞는 대답을 고르십시오.

보기

가: 연필이에요?

나: ______________

❶ 네, 연필이에요.　　　② 네, 연필이 비싸요.

③ 아니요, 연필이 없어요.　　　④ 아니요, 연필이 많아요.

---

1. (4점)

① 네, 비행기예요.　　　② 네, 비행기가 있어요.

③ 아니요, 비행기가 커요.　　　④ 아니요, 비행기가 좋아요.

2. (4점)

① 네, 숙제가 있어요.　　　② 네, 숙제가 맞아요.

③ 아니요, 숙제를 안 해요.　　　④ 아니요, 숙제가 아니에요.

3. (3점)

① 한 권이에요.　　　② 서점에서 사요.

③ 책상 위에 있어요.　　　④ 친구하고 읽어요.

4. (3점)

① 자주 먹어요.　　　② 사과를 먹어요.

③ 아침에 먹어요.　　　④ 시장에서 먹어요.

※ [5~6] 다음을 듣고 <보기>와 같이 이어지는 말을 고르십시오.

가: 맛있게 드세요.

나: _____________

① 미안합니다.　　　　　　　❷ 잘 먹겠습니다.

③ 잘 먹었습니다.　　　　　　④ 그동안 수고했어요.

5.　(4점)

① 미안해요.　　　　　　　② 고마워요.

③ 안녕하세요.　　　　　　④ 안녕히 계세요.

6.　(3점)

① 괜찮습니다.　　　　　　② 모르겠습니다.

③ 잘 먹겠습니다.　　　　　④ 여기 있습니다.

※ [7~10] 여기는 어디입니까? <보기>와 같이 알맞은 것을 고르십시오.

> **보기**
>
> 가: 배가 고프네요. 김밥 주세요.
> 나: 여기 있습니다.
>
> ① 극장　　　② 공항　　　❸ 식당　　　④ 교실

7. (3점)
　① 집　　　② 은행　　　③ 사진관　　　④ 우체국

8. (3점)
　① 문구점　　　② 여행사　　　③ 커피숍　　　④ 박물관

9. (3점)
　① 교실　　　② 공항　　　③ 정류장　　　④ 편의점

10. (4점)
　① 가게　　　② 교실　　　③ 운동장　　　④ 기숙사

※ **[11~14] 다음은 무엇에 대해 말하고 있습니까? <보기>와 같이 알맞은 것을 고르십시오.**

> **보기**
>
> 가: 뭐가 맛있어요?
>
> 나: 김치찌개는 조금 맵고 불고기가 맛있어요.
>
> ❶ 맛   ② 역   ③ 가족   ④ 주말

11. (3점)

① 이름   ② 나이   ③ 생일   ④ 직업

12. (3점)

① 메뉴   ② 가격   ③ 장소   ④ 분위기

13. (4점)

① 계획   ② 날씨   ③ 교통   ④ 약속

14. (3점)

① 여행   ② 쇼핑   ③ 기분   ④ 취미

※ [15~16] 다음 대화를 듣고 가장 알맞은 그림을 고르십시오. (각 4점)

15.

① 

② 

③ 

④ 

16.

① 

② 

③ 

④ 

보기

남자: 요즘 한국어 수업을 들어요?

여자: 네, 학교에서 한국어 수업을 들어요.

① 남자는 선생님입니다.   ② 남자는 학교에서 일합니다.

③ 여자는 학생이 아닙니다.   ❹ 여자는 한국어를 공부합니다.

17. ① 두 사람은 약을 사려고 합니다.

② 여자는 어제 감기에 걸렸습니다.

③ 두 사람은 지금 약국에 있습니다.

④ 남자는 병원에 못 가서 약국에 가려고 합니다.

18. ① 남자는 오늘 부산에 갑니다.

② 남자는 기차표를 미리 샀습니다.

③ 여자는 기차표가 없어서 속상합니다.

④ 내일은 오전에 출발하는 기차표가 있습니다.

19. ① 여기에서 빵집까지 멉니다.

② 남자는 빵집을 찾고 있습니다.

③ 남자는 햄버거를 먹고 싶습니다.

④ 두 사람은 횡단보도를 건너고 있습니다.

20. ① 벚꽃 축제는 학교 근처에서 합니다.

② 주말에 날씨가 안 좋아서 축제에 못 갑니다.

③ 두 사람은 일요일에 하늘공원에서 만납니다.

④ 벚꽃 축제에서는 여러 나라의 음식을 먹기 힘듭니다.

21. ① 여자는 이 식당에 자주 옵니다.

② 남자는 이 식당에 처음 와 봤습니다.

③ 남자는 남은 불고기를 포장하려고 합니다.

④ 여자는 불고기를 사서 남자 친구에게 주고 싶습니다.

※ [22~24] 다음을 듣고 여자의 중심 생각을 고르십시오. (각 3점)

22. ① 주말에 시간이 없습니다.

② 영화를 혼자 보고 싶습니다.

③ 평일에 영화를 보고 싶습니다.

④ 학교 앞 영화관은 사람이 없습니다.

23. ① 농구를 잘 몰라서 이해하기 어렵다.

② 농구 경기를 보는 것은 기분이 좋다.

③ 다음 농구 경기는 남자와 같이 볼 것이다.

④ 집에서 친구들과 한국 팀을 응원할 것이다.

24. ① 시험이 어려워서 걱정이다.

② 생일 파티를 하기 전에 공부한다.

③ 미리 공부하면 시험을 잘 볼 수 있다.

④ 시험이 쉽기 때문에 공부를 안 해도 된다.

※ [25~26] 다음을 듣고 물음에 답하십시오.

25. 여자가 왜 이야기를 하고 있는지 고르십시오. (3점)

① 요리 교실에 있는 물건을 찾으려고

② 요리 교실 장소와 내용을 안내하기 위해

③ 요리 교실에서 만든 요리를 판매하기 위해

④ 요리 교실에 필요한 재료를 구매하기 위해

26. 들은 내용과 같은 것을 고르십시오. (4점)

① 요리 교실은 2층에서 합니다.

② 요리 교실에서 삼계탕을 배웁니다.

③ 요리에 필요한 재료를 사 와야 합니다.

④ 요리 교실이 끝나면 다른 장소에서 시식합니다.

※ [27~28] 다음을 듣고 물음에 답하십시오.

27. 두 사람이 무엇에 대해 이야기를 하고 있는지 고르십시오. (3점)

① 박물관이 있는 장소

② 박물관에서 일하는 사람

③ 박물관에 갈 수 있는 날

④ 박물관에서 할 수 있는 일

28. 들은 내용과 같은 것을 고르십시오. (4점)

① 남자는 한복 박물관에 가 본 적이 없습니다.

② 여자는 어제 친구와 한복 박물관에 갔습니다.

③ 남자는 한복을 입고 전통 결혼식 체험을 했습니다.

④ 여자는 이번 주말에 한복 박물관에 갈 수 없습니다.

※ [29~30] 다음을 듣고 물음에 답하십시오.

29. 남자가 책을 쓰게 된 이유를 고르십시오. (3점)

① 한국 문화를 소개하고 싶어서

② 한국에서 생활을 하고 싶어서

③ 한국에서 한국어를 가르치고 싶어서

④ 한국과 다른 나라의 문화를 알고 싶어서

30. 들은 내용과 같은 것을 고르십시오. (4점)

① 남자는 책 읽는 것을 좋아합니다.

② 남자는 한국어를 가르친 적이 없습니다.

③ 남자는 한국 생활에 대한 책을 쓸 계획입니다.

④ 남자는 다른 나라의 문화에 대한 책을 썼습니다.

※ [31~33] 무엇에 대한 내용입니까? <보기>와 같이 알맞은 것을 고르십시오. (각 2점)

보기

저는 20살입니다. 제 형은 22살입니다.

① 이름　　　　② 국적　　　　❸ 나이　　　　④ 생일

31.

저는 일본에서 왔습니다. 마이클 씨는 미국에서 왔습니다.

① 국적　　　　② 여행　　　　③ 이름　　　　④ 직업

32.

음력 1월 1일은 설날입니다. 학교에 안 갑니다.

① 시간　　　　② 휴일　　　　③ 주말　　　　④ 방학

33.

언니와 쇼핑을 합니다. 즐겁고 행복합니다.

① 생일　　　　② 기분　　　　③ 취미　　　　④ 약속

※ [34~39] <보기>와 같이 (   )에 들어갈 말로 가장 알맞은 것을 고르십시오

> **보기**
>
> (   )에 갑니다. 편지를 보냅니다.
>
> ① 도서관   ② 박물관   ③ 사진관   ❹ 우체국

34. (2점)

> (   )를 잃어버렸습니다. 문자를 못 보냅니다.

① 선물   ② 가방   ③ 카메라   ④ 휴대 전화

35. (2점)

> 옷이 (   ). 옷을 입을 수 없습니다.

① 있습니다   ② 작습니다   ③ 많습니다   ④ 좋습니다

36. (2점)

> 매일 청소를 합니다. 그래서 집이 (   ).

① 조용합니다   ② 깨끗합니다   ③ 가깝습니다   ④ 따뜻합니다

37. (3점)

> 꽃집에서 꽃을 샀습니다. 여자 친구( ) 줄 겁니다.

① 가   ② 와   ③ 에게   ④ 에서

38. (3점)

> 내일 발표를 합니다. ( ) 발표 준비를 다 못 해서 걱정입니다.

① 아직   ② 가끔   ③ 일찍   ④ 아마

39. (2점)

> 날씨가 너무 덥습니다. 그래서 창문을 ( ).

① 듣니다   ② 엽니다   ③ 붑니다   ④ 만듭니다

※ [40~42] 다음을 읽고 맞지 <u>않는</u> 것을 고르십시오. (각 3점)

40.

① 돈을 내지 않습니다.

② 대강당으로 가면 됩니다.

③ 공책을 준비해야 합니다.

④ 5시간 동안 행사를 합니다.

41.

① 값은 이천 원입니다.

② 학생증이 필요합니다.

③ 주말에는 못 먹습니다.

④ 팔월부터 갈 수 있습니다.

42.

① 안나 씨는 밥을 사려고 합니다.

② 안나 씨는 철수 씨를 만날 겁니다.

③ 철수 씨는 식당에 갈 수 없습니다.

④ 철수 씨는 11시에 전화를 할 겁니다.

※ [43~45] 다음을 읽고 내용과 같은 것을 고르십시오.

43. (3점)

> 학교는 우리 집과 매우 가깝습니다. 그래서 매일 친구와 걸어서 학교에 갑니다. 학교에 갈 때 친구와 노래를 들으면서 이야기하는 것이 즐겁습니다.

① 저는 학교에 혼자 갑니다.
② 집에서 학교까지 걸어서 갑니다.
③ 저는 학교에서 노래를 듣습니다.
④ 저는 친구와 이야기하는 것을 싫어합니다.

44. (2점)

> 제 취미는 등산입니다. 시간이 있으면 등산을 하러 한국의 유명한 산에 갑니다. 이번 주말에는 지리산을 갈 겁니다. 빨리 주말이 오면 좋겠습니다.

① 저는 등산을 좋아합니다.
② 저는 매일 등산을 하러 갑니다.
③ 저는 주말에 지리산에 갔습니다.
④ 저는 한국의 산을 모두 가 봤습니다.

45. (3점)

> 저는 축구를 좋아하지만 잘 못합니다. 그래서 주말마다 친구와 운동장에서 축구를 연습합니다. 나중에 친구와 축구 대회에 나가고 싶습니다.

① 저는 축구를 잘합니다.
② 저는 축구를 좋아하지 않습니다.
③ 저는 매일 친구와 축구를 합니다.
④ 저는 축구 대회에 나가고 싶습니다.

46. (3점)

> 우리 형은 요리를 잘합니다. 형이 만든 음식은 아주 맛있습니다. 저도 맛있는 음식을 만드는 방법을 배우고 싶습니다.

① 저는 요리를 배우고 싶습니다.
② 저는 형과 요리를 하고 싶습니다.
③ 저는 맛있는 음식을 사고 싶습니다.
④ 저는 형에게 요리를 해 주고 싶습니다.

47. (3점)

> 우리 가족은 저녁에 같이 밥을 먹습니다. 밥을 먹으면서 오늘 한 일을 이야기합니다. 가족과 이야기하면 기분이 좋아집니다. 그래서 저는 저녁 시간이 좋습니다.

① 저는 저녁을 혼자 먹습니다.
② 저는 저녁에 기분이 안 좋습니다.
③ 저는 가족과 이야기하지 않습니다.
④ 저는 가족과 함께하는 저녁 시간이 좋습니다.

48. (2점)

> 비를 맞으면 감기에 걸릴 수 있습니다. 그래서 사람들은 비가 오는 날에 항상 우산을 씁니다. 우산을 쓸 때에는 앞을 잘 보고 천천히 걸어야 합니다. 그렇지 않으면 위험할 수 있습니다.

① 비가 오면 우산을 씁니다.
② 비 때문에 감기에 걸립니다.
③ 우산을 항상 가지고 다닙니다.
④ 우산을 쓰면 조심해야 합니다.

※ **[49~50] 다음을 읽고 물음에 답하십시오. (각 2점)**

　　저는 주말마다 집 근처 시장에 갑니다. 시장에는 과일, 채소, 고기, 생선 등 다양한 것이 있습니다. 마트보다 가격이 (　㉠　) 사람들이 많이 옵니다. 토요일 오전에는 사람이 많지 않습니다. 그래서 저는 보통 토요일 오전에 갑니다. 시장에서는 상인이 친절하게 설명해 줍니다. 그래서 시장에서 물건을 사면 편하고 싼 가격에 살 수 있습니다.

49.　㉠에 들어갈 말로 가장 알맞은 것을 고르십시오.

① 싸고

② 싸게

③ 싸서

④ 싸지만

50.　윗글의 내용과 같은 것을 고르십시오.

① 시장은 집에서 멉니다.

② 시장에는 친절한 사람이 없습니다.

③ 주말 오전 시장에는 사람이 많습니다.

④ 시장에 가면 싸게 물건을 살 수 있습니다.

※ [51~52] 다음을 읽고 물음에 답하십시오.

51. ㉠에 들어갈 말로 가장 알맞은 것 고르십시오. (3점)

① 그리고

② 그래서

③ 그러나

④ 그러니까

52. 무엇에 대한 내용인지 맞는 것을 고르십시오. (2점)

① 도서 구매 방법

② 한국의 여행지 소개

③ 책을 소개하는 이유

④ 행사에서 할 수 있는 일

※ [53~54] 다음을 읽고 물음에 답하십시오.

> 저는 한국대학교 기숙사에 혼자 살고 있는 유학생입니다. 저는 오빠가 한 명 있습니다. 오빠는 한국에 있는 회사에 취직을 했습니다. 그래서 오빠에게 축하 선물을 주고 싶습니다. 주말에 오빠에게 줄 옷을 (㉠). 오빠가 이 옷을 입을 때마다 저를 생각하면 좋겠습니다.

53. ㉠에 들어갈 말로 가장 알맞은 말을 고르십시오. (2점)

① 사려고 합니다

② 사면 안 됩니다

③ 살 수 없습니다

④ 사고 싶어 합니다

54. 윗글의 내용과 같은 것을 고르십시오. (3점)

① 저는 오빠와 함께 살고 있습니다.

② 오빠는 한국 회사에서 일을 할 겁니다.

③ 오빠는 한국에서 공부하는 유학생입니다.

④ 저는 오빠에게 선물을 부탁하고 있습니다.

> 　저는 이번 주 토요일에 줄넘기 대회에 나갑니다. 줄넘기 대회는 매달 한국공원에서 합니다. 이 대회는 한국공원의 아름다운 풍경을 (㉠) 줄넘기를 할 수 있습니다. 공원 입구에 모여서 준비 운동을 하고 공원 가운데에 있는 호수 주변에서 다 같이 줄넘기를 합니다. 대회에서 이긴 사람은 자전거를 선물로 받습니다. 그래서 저는 아침 7시부터 8시까지 줄넘기를 연습합니다.

55. ㉠에 들어갈 말로 가장 알맞은 말을 고르십시오. (2점)

① 보러

② 봐서

③ 보면서

④ 보니까

56. 윗글의 내용과 같은 것을 고르십시오. (3점)

① 공원 입구에서 줄넘기를 합니다.

② 오전 여덟 시에 연습을 시작합니다.

③ 이 대회는 한 달에 한 번 열립니다.

④ 행사 참여자는 모두 자전거를 선물로 받습니다.

※ [57~58] 다음을 순서에 맞게 배열한 것을 고르십시오.

57. (3점)

> (가) 하지만 날씨가 생각보다 너무 추웠습니다.
> (나) 그래서 우리는 가까운 커피숍에 들어갔습니다.
> (다) 저는 어제 오랜만에 공원에서 친구를 만났습니다.
> (라) 커피숍에서 따뜻한 음료를 마시니 몸이 금방 따뜻해졌습니다.

① (다)-(가)-(나)-(라) ② (다)-(가)-(라)-(나)
③ (라)-(가)-(나)-(다) ④ (라)-(나)-(다)-(가)

58. (2점)

> (가) 그런데 휴대 전화가 복잡해서 사용하기 힘들었습니다.
> (나) 저는 어제 시원백화점에서 새로운 휴대 전화를 샀습니다.
> (다) 그래서 저는 휴대 전화를 좋아하는 친구에게 물어봤습니다.
> (라) 친구가 친절하게 설명해 줘서 쉽게 이해할 수 있었습니다.

① (가)-(다)-(나)-(라) ② (가)-(나)-(라)-(다)
③ (나)-(가)-(라)-(다) ④ (나)-(가)-(다)-(라)

※ [59~60] 다음을 읽고 물음에 답하십시오.

> 제가 다니는 한국어 학원은 10층 건물의 8층에 있습니다. (㉠) 평일 아침에 학원에 가면 엘리베이터를 오래 기다려야 합니다. (㉡) 그래서 저는 매일 학원에 일찍 갑니다. 그리고 엘리베이터를 타지 않고 계단으로 올라갑니다. 처음 계단으로 8층까지 올라갔을 때는 너무 힘이 들었습니다. (㉢) 하지만 지금은 계단으로 올라가는 것이 어렵지 않습니다. (㉣)

59. 다음 문장이 들어갈 곳으로 가장 알맞은 것을 고르십시오. (2점)

> 아침에는 사람이 많기 때문입니다.

① ㉠　　　　　② ㉡　　　　　③ ㉢　　　　　④ ㉣

60. 윗글의 내용과 같은 것을 고르십시오. (3점)
① 저는 10층에서 공부합니다.
② 저는 매일 학원에 빨리 갑니다.
③ 저는 아침마다 엘리베이터를 기다립니다.
④ 저는 계단으로 올라가는 것을 어려워합니다.

※ **[61~62] 다음을 읽고 물음에 답하십시오. (각 2점)**

> 지난달에 저는 부모님과 함께 제주도로 여행을 갔습니다. 우리는 비행기를 타고 갔습니다. 제주도에 도착해서 바다를 보러 갔습니다. 아름다운 경치를 보면서 사진을 많이 찍었습니다. 저녁에는 근처 식당에서 해산물을 먹었습니다. 음식이 맛있어서 기분이 좋았습니다. 다음 날에는 전통 시장에 가서 맛있는 귤을 샀습니다. 저는 이번 여행이 정말 좋았습니다. 그래서 다음에는 친한 친구와 같이 (㉠).

61. ㉠에 들어갈 말로 가장 알맞은 것을 고르십시오.

① 가고 싶습니다

② 간 것 같습니다

③ 갈 수 없습니다

④ 가려고 했습니다

62. 윗글의 내용과 같은 것을 고르십시오.

① 저는 친구와 여행을 갔습니다.

② 저는 시장에서 해산물을 먹었습니다.

③ 저는 제주도에서 맛있는 귤을 샀습니다.

④ 저는 음식을 먹으면서 사진을 찍었습니다.

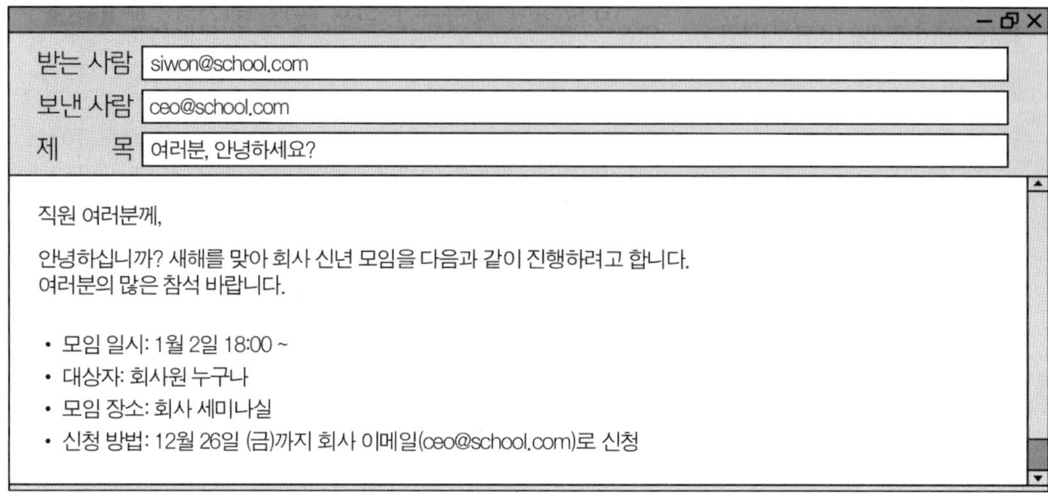

63. 왜 윗글을 썼는지 맞는 것을 고르십시오. (2점)

① 신년 모임을 바꾸려고

② 신년 모임을 참석하려고

③ 신년 모임을 축하하려고

④ 신년 모임을 안내하려고

64. 윗글의 내용과 같은 것을 고르십시오. (3점)

① 신년 모임은 오전에 진행합니다.

② 회사 직원은 모두 참석해야 합니다.

③ 12월 26일에 회사 대강당으로 가면 됩니다.

④ 신년 모임에 가려면 미리 신청을 해야 합니다.

※ [65~66] 다음을 읽고 물음에 답하십시오.

저는 오늘 저녁에 친구 생일 파티에 갈 겁니다. 제 친구는 요즘 건강이 좋지 않습니다. 그래서 친구 건강에 (㉠) 선물을 주고 싶었습니다. 어제 저는 학교가 끝난 후 백화점에 가서 건강 식품을 샀습니다. 그리고 생일 카드도 샀습니다. 집에 와서 카드에 축하 말을 썼습니다. 친구가 선물을 받고 기뻐하면 좋을 것 같습니다. 오늘 저녁이 너무 기대됩니다.

65. ㉠에 들어갈 말로 가장 알맞은 것을 고르십시오. (2점)

① 도움이 되는

② 마음에 드는

③ 관심이 있는

④ 돈이 많이 드는

66. 윗글의 내용과 같은 것을 고르십시오. (3점)

① 저는 요즘 건강이 좋지 않습니다.

② 저는 친구에게 카드만 선물할 겁니다.

③ 오늘 저녁 친구 생일 파티가 있습니다.

④ 친구는 건강이 안 좋아 병원에 있습니다.

※ **[67~68] 다음을 읽고 물음에 답하십시오. (각 3점)**

> 여름에는 몸에 힘이 없고 땀이 많이 납니다. 여름 날씨가 아침부터 밤까지 덥고 습하기 때문입니다. 그래서 더운 날에는 (㉠) 다음 날 더 피곤해지기도 합니다. 또한 물을 적게 마시면 몸이 더 힘들 수 있습니다. 이럴 때는 시원한 곳에서 잠깐 쉬는 것이 좋습니다. 그리고 물을 자주 마셔야 합니다. 밖에 나갈 때는 모자를 쓰고 그늘에서 쉬면 도움이 됩니다. 또한 햇빛이 아주 강한 시간에는 밖에 오래 있지 않는 것이 좋습니다.

67. ㉠에 들어갈 말로 가장 알맞은 것을 고르십시오.

① 많이 쉬어서
② 물을 마셔서
③ 온도가 낮아서
④ 잠을 잘 못 자서

68. 윗글의 내용과 같은 것을 고르십시오.

① 여름 날씨는 오전에만 덥습니다.
② 물을 적게 마시면 몸이 힘들지 않습니다.
③ 여름에는 그늘에서 쉬는 것이 도움이 됩니다.
④ 집 안에 있을 때는 모자를 쓰는 것이 좋습니다.

※ [69~70] 다음을 읽고 물음에 답하십시오. (각 3점)

> 우리 아이는 작년에 초등학교에 입학했습니다. 아이는 처음에 학교가 조금 낯설었습니다. 하지만 학교에서 새로운 친구를 사귀면서 학교 생활을 점점 좋아했습니다. 지금은 쉬는 시간에 친구들과 같이 노는 것을 가장 좋아합니다. 그런데 올해 우리는 갑자기 (㉠). 아이는 친구들과 헤어지는 것을 매우 슬퍼합니다. 그래서 우리는 아이와 함께 많은 이야기를 했습니다. 저는 아이가 친구들과 계속 연락을 할 수 있게 도와줄 겁니다. 아이가 새로운 학교에서도 다시 즐겁게 지내기를 바랍니다.

69. ㉠에 들어갈 말로 가장 알맞은 것을 고르십시오.

① 이사를 가게 되었습니다

② 아이를 도와주려고 합니다

③ 초등학교에 가기로 했습니다

④ 아이와 헤어지게 되었습니다

70. 윗글의 내용으로 알 수 있는 것을 고르십시오.

① 아이는 친구들을 낯설어합니다.

② 아이는 친구들과 헤어지기 싫어합니다.

③ 아이는 올해 초등학교에 입학했습니다.

④ 아이는 쉬는 시간에 혼자 있는 것을 좋아합니다.

토픽300⁺

TOPIK Ⅰ

NEW 실전모의고사

정답 및 해설

실전 모의고사 정답 및 풀이

1	③	2	④	3	③	4	②	5	④
6	①	7	②	8	③	9	②	10	③
11	③	12	①	13	②	14	①	15	①
16	①	17	③	18	②	19	①	20	④
21	④	22	④	23	④	24	①	25	②
26	①	27	③	28	④	29	③	30	②

1. 이어지는 내용 유추하기   p.13

> 남자 : 지우개가 **1. 있어요?**
> 여자 : ________________________.

정답 ③

해설 지우개가 있으면 '네, 지우개가 있어요.', 지우개가 없으면 '아니요, 지우개가 없어요.'가 된다. 이때 '지우개가 많아요.'도 지우개가 있다는 뜻으로 대답이 가능하다.

오답 ① '이것이 지우개예요?'에 알맞은 대답이다.
② '지우개가 없어요?'에 알맞은 대답이다.
④ '지우개가 무거워요?'에 알맞은 대답이다.

> **Key-Point!** 1급 수준의 문제로, 간단한 대화에서 '네' 또는 '아니요'를 이용하여 적절하게 답한 것을 찾아야 한다.

2. 이어지는 내용 유추하기   p.13

> 여자 : 한국어를 **2. 배워요?**
> 남자 : ________________________.

정답 ④

해설 한국어를 배우면 '네, 한국어를 배워요.', 한국어를 배우지 않으면 '아니요, 한국어를 안 배워요.'가 적절한 답이 된다.

오답 ① '한국어를 가르쳐요?'에 알맞은 대답이다.
② '한국어가 어려워요?'에 알맞은 대답이다.
③ '이것은 한국어가 아니에요?'에 알맞은 대답이다.

> **Key-Point!** 1급 수준의 문제로, 간단한 대화에서 '네' 또는 '아니요'를 이용하여 적절하게 답한 것을 찾아야 한다.

3. 이어지는 내용 유추하기   p.13

> 남자 : **3. 몇 시에** 친구를 만나요?
> 여자 : ________________________.

정답 ③

해설 친구를 만나는 시간을 물어보았으므로 친구를 만나는 시간을 대답해야 한다.

오답 ① 만나는 장소를 물어본 것이 아니다.
② 같이 만나는 사람을 물어본 것이 아니다.
④ 친구를 만나러 가는 방법에 대해 물어본 것이 아니다.

🔑 **Key-Point!** 1급 수준의 문제로, 간단한 대화에서 질문의 뜻에 맞게 대답한 것을 찾아야 한다.

4. 이어지는 내용 유추하기
p.13

여자 : 학교에 **4. 어떻게** 가요?
남자 : ___________________________.

정답 ②

해설 '학교에 어떻게 가냐'고 물어보았으므로 걸어서 간다고 답하거나 교통수단을 말해야 한다.

오답 ① 학교에 얼마나 자주 가는지를 물어본 것 아니다.
③ 학교에 언제 갈 것인지를 물어본 것이 아니다.
④ 학교에 누구하고 같이 가는지를 물어본 것이 아니다.

🔑 **Key-Point!** 1급 수준의 문제로, 간단한 대화에서 질문의 뜻에 맞게 대답한 것을 찾아야 한다.

5. 듣고 이어지는 말 고르기
p.14

여자 : **5. 많이 파세요.**
남자 : ___________________________.

정답 ④

해설 한국의 가게에서 물건을 산 후에 가게 주인에게 하는 인사이다. 따라서 인사를 받은 가게 주인이 물건을 사고 돌아가는 손님에게 하는 인사말을 찾아야 한다.

오답 ① 미안함을 표현했을 때 답하는 말이다.
② 실례했을 때 하는 말이다.
③ 만났을 때 하는 인사말이다.

🔑 **Key-Point!** 1급 수준의 문제로, 간단한 대화에서 주어진 대화에 이어질 말로 가장 적절한 것을 찾아야 한다.

6. 듣고 이어지는 말 고르기
p.14

여자 : **6. 초대해 주셔서** 감사합니다.
남자 : ___________________________.

정답 ①

해설 초대를 받아서 다른 사람의 집을 방문했을 때의 대화이다. 초대 받은 것에 대하여 감사함을 표현한 말에 이어지는 말로 가장 적절한 것을 찾으면 된다.

오답 ② 다른 사람에게 좋은 일이 생겼을 때 하는 말이다.
③ 반가움을 표현하는 말이다.
④ 축하할 때 하는 말이다.

🔑 **Key-Point!** 1급 수준의 문제로, 간단한 대화에서 주어진 대화에 이어질 말로 가장 적절한 것을 찾아야 한다.

7. 담화 장소 고르기
p.15

남자 : 어떤 **7. 사진을 찍으실 거예요?**
여자 : 여권 사진을 찍으려고요.

정답 ②

해설 사진을 찍는 장소를 찾아야 한다.

오답 ①, ③, ④
사진을 찍는 것과 관계없는 장소는 답이 아니다.

🔑 **Key-Point!** 1급 수준의 문제로, 간단한 대화를 듣고 대화의 장소로 적절한 것을 찾아야 한다.

8. 담화 장소 고르기
p.15

남자 : **8. 신랑 정말 멋있다.**
여자 : 그러게 **8. 드레스도 신부한테** 아주 잘 어울린다.

정답 ③

해설 신랑과 신부가 나오고 신부는 드레스를 입었다. 신랑과 드레스 입은 신부에게 어울리는 장소를 찾아야 한다.

오답 ①, ②, ④
신랑, 드레스 입은 신부와 관계없는 장소는 답이 아니다.

 1급 수준의 문제로, 주어진 대화를 듣고 대화의 장소로 적절한 것을 찾아야 한다.

9. 담화 장소 고르기 p.15

남자 : **9.** "한국의 사계절"이라는 책이 있어요?
여자 : 잠깐만요. 찾아 볼게요.

정답 ②

해설 책이 있는지를 물어보고 그것이 있는지를 찾아 보는 일을 하는 장소를 찾아야 한다.

오답 ①, ③, ④
책을 찾는 것과 관계없는 장소는 답이 아니다.

 1급 수준의 문제로, 주어진 대화를 듣고 대화의 장소로 적절한 것을 찾아야 한다.

10. 담화 장소 고르기 p.15

남자 : 지금 **10.** 머리를 자를 수 있어요?
여자 : 네, 이쪽으로 앉으세요.

정답 ③

해설 머리를 자르는 장소를 찾아야 한다.

오답 ①, ②, ④
머리를 자르는 것과 관계없는 장소는 답이 아니다.

 1급 수준의 문제로, 주어진 대화를 듣고 대화의 장소로 적절한 것을 찾아야 한다.

11. 화제 고르기 p.16

남자 : 저는 **11.** 12월 25일에 태어났어요.
여자 : 그래요? 저도 **11.** 12월 25일에 태어났어요.

정답 ③

해설 두 사람이 태어난 날에 대해 이야기 하고 있다.

오답 ①, ②, ④
태어난 날과 관계없는 것은 답이 아니다.

 1급 수준의 문제로, 간단한 대화를 듣고 무엇에 대해 이야기하는지 파악한 후 적절한 답을 찾아야 한다.

12. 화제 고르기 p.16

남자 : 우리 **12.** 달리기를 할까요?
여자 : 저는 **12.** 달리는 것보다 빨리 걷는 것을 좋아해요.

정답 ①

해설 두 사람이 운동에 대해 이야기하고 있다.

오답 ②, ③, ④
달리기나 걷기와 같이 운동과 관계없는 것은 답이 아니다.

 1급 수준의 문제로, 간단한 대화를 듣고 무엇에 대해 이야기하는지 파악한 후 적절한 답을 찾아야 한다.

13. 화제 고르기 p.16

남자 : 아버지 **13.** 회사가 어디에 있어요?
여자 : **13.** 시청 옆에 있어요.

정답 ②

해설 아버지 회사의 위치에 대해 이야기하고 있다.

오답 ①, ③, ④
아버지 회사의 위치와 관계없는 것은 답이 아니다.

 1급 수준의 문제로, 간단한 대화를 듣고 무엇에 대해 이야기하는지 파악한 후 적절한 답을 찾아야 한다.

14. 화제 고르기 p.16

남자 : **14.** 비가 많이 오네요. 내일도 비가 많이 올까요?
여자 : 내일은 **14.** 추워져서 눈이 온다고 해요.

정답 ①

해설 두 사람이 날씨에 대해 이야기하고 있다.

오답 ②, ③, ④
날씨와 관계없는 것은 답이 아니다.

 1급 수준의 문제로, 간단한 대화를 듣고 무엇에 대해 이야기하는지 파악한 후 적절한 답을 찾아야 한다.

15. 일치하는 그림 고르기   p.17

남자 : **15.** 빈 그릇은 어디에 놓아야 하나요?
여자 : 저쪽에 **15.** 빈 그릇을 놓는 곳이 있어요.

정답 ①

해설 식당에서 빈 그릇을 반납하는 곳이 어디인지를 묻고 있다.

오답 ② 식당에서 계산하는 상황이 아니다.
③ 식당에서 식사하는 상황이 아니다.
④ 식당에서 자신의 순서를 기다리고 있는 상황이 아니다.

Key-Point! 1급 수준의 문제로, 간단한 대화를 듣고 어디에서 무슨 대화를 하는지를 파악하고 이에 해당하는 그림을 찾아야 한다.

16. 일치하는 그림 고르기   p.17

남자 : 어디부터 닦을까요?
여자 : 저는 **16.** 자동차 안을 닦을 테니까 민수 씨는 자동차 앞을 닦아 주세요.

정답 ①

해설 세차장에서 차를 닦기 위해 대화를 나누는 상황이다.

오답 ② 차 안에 사람이 앉아 있는 상황이 아니다.
③ 주유소에서 기름을 넣는 상황이 아니다.
④ 손님이 주유소에서 직원에게 물어보는 상황이 아니다.

Key-Point! 1급 수준의 문제로, 간단한 대화를 듣고 어디에서 무슨 대화를 하는지를 파악하고 이에 해당하는 그림을 찾아야 한다.

17. 일치하는 내용 고르기   p.18

여자 : 저녁에 무엇을 먹을 거예요?
남자 : **17.** 점심을 많이 먹어서 저녁에는 간단히 빵만 먹으려고요. 수미 씨는요?
여자 : 저는 점심을 먹지 않아서 배가 많이 고프네요. 그래서 라면과 비빔밥을 먹으려고 해요.

정답 ③

해설 남자는 점심을 많이 먹었다고 하였다.

오답 ① 남자와 여자는 ~~같이 식당에 갑니다.~~
② 여자는 저녁에 ~~라면만~~ 먹을 겁니다.
④ 여자는 ~~점심에 빵을 많이 먹었습니다.~~

Key-Point! 2급 수준의 문제로, 대화를 통해 들은 내용과 일치하는 답을 찾아야 한다.

18. 일치하는 내용 고르기   p.18

남자 : **18.** 전기 자전거가 없어서 하나 사려는데 너무 비싸네요.
여자 : 학교 홈페이지에 중고 물건을 거래하는 사이트가 있어요.
남자 : 얼마 전에 거기에서 중고 오토바이를 샀는데 금방 고장 났어요.
여자 : 그렇군요. 그럼 제가 친구한테 안 타는 전기 자전거가 있는지 한번 물어볼게요.

정답 ②

해설 남자가 전기 자전거를 사려는 것으로 보아 지금 전기 자전거가 없음을 알 수 있다.

오답 ① 남자는 중고 오토바이를 ~~팔았습니다.~~
③ 여자는 남자에게 ~~전기 자전거를 팔려고 합니다.~~

④ 여자는 친구에게 전기 자전거가 있는지 물었
습니다.

> **Key-Point!** 2급 수준의 문제로, 대화를 통해 들은 내
> 용과 일치하는 답을 찾아야 한다.

19. 일치하는 내용 고르기　　　　p.18

여자 : 민수 씨, **19. 모두 왔는데 수미는 안 왔네
　　　요. 무슨 일 있어요?**
남자 : 네, 모임이 있다고 미리 말했는데 갑자기
　　　숙제를 한다고 하면서 안 간다고 하더라
　　　고요.
여자 : 수미도 따로 할 일이 있었겠죠.
남자 : 숙제가 있으면 미리 하거나 모임에 갔다
　　　온 후에 해도 될 것 같은데요. 오래간만의
　　　모임에 빠지니까 기분이 안 좋아요.

정답 ①

해설 여자는 남자에게 수미가 오지 않은 것에 대해 묻
고 있다.

오답 ② 여자는 수미가 숙제하는 것을 보았습니다.
　　　③ 남자는 수미에게 모임 이야기를 안 했습니다.
　　　④ 남자는 수미가 오지 않았지만 기분은 괜찮습
　　　니다.

> **Key-Point!** 2급 수준의 문제로, 대화를 통해 들은 내
> 용과 일치하는 답을 찾아야 한다.

20. 일치하는 내용 고르기　　　　p.19

여자 : 도장을 계속 찾아 보았는데 어디 있는지 모
　　　르겠어요. 통장을 하나 만들어야 하는데요.
남자 : 도장이 없어도 통장을 만들 수 있어요. 요
　　　즘은 휴대 전화에 앱을 설치해서 통장을
　　　만들 수 있어요.
여자 : 그래요? 인주은행 통장을 하나 만들고 싶
　　　은데 은행에 안 가도 돼요?
남자 : 네. 은행에 안 가도 돼요. **20. 휴대 전화에
　　　인주은행 앱을 설치한 후에 저에게 주면
　　　제가 도와드릴게요.**

정답 ④

해설 남자는 휴대 전화에서 앱을 설치한 후 통장을 만드
는 법을 알고 있고 그것을 여자에게 설명하고 있다.

오답 ① 남자는 은행 직원입니다.
　　　② 여자는 휴대 전화에 앱을 설치했습니다.
　　　③ 여자는 도장을 가지고 은행에 갔습니다.

> **Key-Point!** 2급 수준의 문제로, 대화를 통해 들은 내
> 용과 일치하는 답을 찾아야 한다.

21. 일치하는 내용 고르기　　　　p.19

여자 : 지금 세탁실에서 빨래를 할 수 있어요?
남자 : 아니요. 지금 세탁실 청소를 하고 있어요.
　　　21. 십 분 뒤에 청소가 끝나요.
여자 : 그럼, **21. 기다릴게요.** 빨래할 게 많아서요.
남자 : 네. 빨리 끝낼게요. 조금만 기다려 주세요.

정답 ④

해설 남자가 10분 뒤에 청소가 끝난다고 하였고 여자
는 기다린다고 하였으므로 여자는 오늘 빨래를 할
수 있다.

오답 ① 여자는 빨래할 게 적습니다.
　　　② 남자는 빨래를 하고 있습니다.
　　　③ 남자는 십 분 동안 청소를 했습니다.

> **Key-Point!** 2급 수준의 문제로, 대화를 통해 들은 내
> 용과 일치하는 답을 찾아야 한다.

22. 중심 생각 고르기　　　　p.19

남자 : 수미 씨, 뭐 하고 있어요? 글을 쓰고 있었
　　　어요?
여자 : 네, 생각할 게 많아서 마음을 편하게 하려
　　　고 뭐 좀 쓰고 있었어요.
남자 : 그렇군요. 저는 머리가 복잡할 때 청소를
　　　해요.
여자 : 맞아요. **22. 머리가 복잡할 때 다른 일에
　　　집중하면 머리가 맑아져서 좋아요.**

정답 ④

해설 여자는 머리가 복잡할 때 다른 일에 집중하면 머리가 맑아져서 좋다고 하였다.

오답 ① 친구와 대화를 하면 머리가 맑아진다고 말한 내용은 없다.
② 생각이 많을 때 청소하면 좋다고 말한 사람은 남자이다.
③ 글을 쓰면 머릿속 생각을 정리할 수 있어 좋다고 말한 내용은 없다.

Key-Point! 2급 수준의 문제로, 대화를 듣고 여자의 중심 생각을 찾아야 한다.

23. 중심 생각 고르기 p.19

남자 : 우리 같이 노트북을 사러 갈까요? 전시되어 있는 노트북을 싸게 판다고 해요.

여자 : 23. 가격이 싸더라도 오래 전시되어 있던 물건은 쉽게 고장 날 수 있어요.

남자 : 그래도 가격이 싸니까 그것을 사는 게 좋지 않을까요?

여자 : 저도 예전에 싼 가격으로 전시된 노트북을 샀다가 결국 고치기만 몇 번 하고 제대로 쓰지도 못했어요.

정답 ④

해설 여자는 전시되어 있는 노트북을 샀다가 고치기만 하고 제대로 쓰지 못한 경험이 있다. 그래서 오래 전시되어 있는 물건은 쉽게 고장 날 수 있다고 말하고 있다.

오답 ① 비싼 노트북이 좋다고 말하지 않았다.
② 고장 난 물건은 고쳐서 써야 한다고 말하지 않았다.
③ 남자가 여자에게 전시되어 있는 노트북을 사는 것에 대해 물어보고 있다. 여자는 친구에게 물어보고 노트북을 사야 한다고 말하지 않았다.

Key-Point! 2급 수준의 문제로, 대화를 듣고 여자의 중심 생각을 찾아야 한다.

24. 중심 생각 고르기 p.19

여자 : 먼저 엘리베이터로 가세요. 저는 계단으로 갈게요.

남자 : 날씨도 더운데 10층까지 걸어가게요? 너무 힘들지 않을까요?

여자 : 평소에 운동할 시간이 없으니까 이렇게 24. 생활 속에서 운동을 하면 좋아요.

남자 : 그렇군요. 그럼 저도 같이 계단으로 갈게요.

정답 ①

해설 여자는 계단 오르기를 통해 생활 속에서 운동을 하고 있다.

오답 ② 날씨가 더운데 10층까지 올라가는 것이 힘들지 않겠느냐고 말한 사람은 남자이다.
③ 10층에 올라갈 때는 엘리베이터를 이용해야 한다고 말한 사람은 없다.
④ '동료와 같이 가면 10층까지 걸어가도 힘들지 않다.'라고 말한 사람은 없다.

Key-Point! 2급 수준의 문제로, 대화를 듣고 여자의 중심 생각을 찾아야 한다.

[25~26]

(딩동댕)

여자 : 2026학년도 1학기 25. 봉사 장학금 수여식에 오신 여러분께 안내 말씀 드립니다. 수여식은 11시에 대강당에서 열립니다. 수여식이 끝나면 바로 26. 우리 학교 K-Pop학과 학생들의 축하 공연이 있을 계획입니다. 축하 공연이 끝나면 선물도 드릴 예정입니다. 그리고 12시 반부터 대강당 옆의 식당에서 식사를 무료로 드립니다. 식당에 오셔서 점심을 드시기 바랍니다. 감사합니다.

(딩동댕)

25. 여자가 왜 이야기를 하고 있는지 고르십시오.
[화자의 의도 고르기] p.20

정답 ②

해설 학교에서 하는 봉사 장학금 수여식 행사를 알리
고 있다.

오답 ① 봉사 장학금 수여식이 대강당에서 열린다고
말하고 있다. 대강당 위치를 설명하는 것은 아
니다.
③ 봉사 장학금 수여식에 대해 말하고 있다. 봉사
장학금이 얼마인지는 말하지 않았다.
④ 봉사 장학금 수여식에 대해 말하고 있다. 봉사
자들에게 감사 인사를 하려고 안내 방송을 하
는 것은 아니다.

🔑 Key-Point! 2급 수준의 문제로, 대화를 듣고 여자가
말하는 목적이나 의도를 찾아야 한다.

26. 들은 내용과 같은 것을 고르시오.
[일치하는 내용 고르기] p.20

정답 ①

해설 축하 공연을 우리 학교 K-Pop학과 학생들이 한
다고 하였다.

오답 ② 식사를 하려면 ~~돈을 내야 합니다.~~
③ ~~12시~~부터 점심을 먹을 수 있습니다.
④ 선물을 준 ~~후에~~ 축하 공연이 있습니다.

🔑 Key-Point! 2급 수준의 문제로, 대화를 통해 들은 내
용과 일치하는 답을 찾아야 한다.

[27~28]

남자 : 어제 학생 식당에서 열린 **27. 여러 나라
음식 만들기 수업**에 갔었어요.

여자 : 아, 그런 수업이 있었어요? 재미있었겠는
데요.

남자 : 네, 매주 수요일마다 세계 여러 나라의 간
단한 음식을 만들어 보는 수업이에요. 어
제는 베트남의 쌀국수를 만들었어요.

여자 : 직접 쌀국수를 만들어서 먹어 보면 더 맛
있겠는데요.

남자 : 맞아요. 처음으로 만들어서 먹어 보았는
데 정말 맛있었어요. 다음 주에는 중국의
요리를 만들어요. **28. 내일까지 학교 홈페
이지에 신청하면 참여할 수 있어요.**

여자 : 그래요? 그럼 지금 바로 신청해야겠네요.

27. 두 사람이 무엇에 대해 이야기를 하고 있는지 고
르십시오.
[화제 고르기] p.20

정답 ③

해설 여러 나라의 음식 만들기 수업에 대해서 이야기하
고 있다.

오답 ① 쌀국수를 만들어서 먹었다고 하였지만 요리
방법을 이야기하지는 않았다.
② 학생들이 좋아하는 세계 음식에 대해서는 말
하지 않았다.
④ 학생들에게 인기 있는 음식의 요리 방법에 대
해 말하지 않았다.

🔑 Key-Point! 2급 수준의 문제로, 대화를 듣고 무엇에
대해 이야기하는지 파악한 후 적절한 답을 찾아야 한다.

28. 들은 내용과 같은 것을 고르시오.
[일치하는 내용 고르기] p.20

정답 ④

해설 수업에 참여하기 위해서는 내일까지 홈페이지에
신청해야 한다.

오답 ① ~~매주~~ 베트남 음식을 만듭니다.
② 남자는 쌀국수를 ~~많이 만들어 보았습니다.~~
③ 수업 시간에 ~~선생님이 만들어 준~~ 세계 음식을
먹습니다.

🔑 Key-Point! 2급 수준의 문제로, 대화를 통해 들은 내
용과 일치하는 답을 찾아야 한다.

[29~30]

여자 : 김민수 선생님, 이번 태권도 대회 노인부
에서 일등을 하셨는데 축하드립니다.

남자 : **29. 제가 허리가 아파서 태권도를 시작했
는데** 이렇게 태권도 대회에서 일등을 하
니 기분이 무척 좋습니다.

여자 : 네, 그럼 혹시 태권도를 시작하신 것이 허
리가 아프신 것과 관계가 있나요?

남자 : 그렇습니다. 제가 서른다섯이라는 젊은
　　　나이에 허리 수술을 했어요. 그 후로 허리
　　　가 아파서 일을 제대로 못했어요. 쉰이 넘
　　　어서 태권도가 허리를 튼튼하게 한다는
　　　한 체육 선생님의 말씀을 듣고 배우기 시
　　　작했어요. 그때부터 지금까지 운동을 계
　　　속 하고 있답니다.
여자 : 그렇다면 앞으로도 계속 태권도를 하시겠
　　　네요?
남자 : 물론이죠. **30.죽는 날까지 쉬지 않고 태
　　　권도를 하려고 합니다.**

29. 남자가 태권도를 배우게 된 이유를 고르십시오.
　　　[화자의 의도 고르기]　　　　　　p.21

정답　③

해설　남자는 허리가 아파서 태권도를 시작하였다. 태권
　　　도를 한 이후로는 허리가 아프지 않고 튼튼해졌다.

오답　① 체육 선생님이 태권도를 권하였다.
　　　② 젊은 나이에 이미 허리 수술을 하였다.
　　　④ 이번 대회에서 일등을 하였다.

Key-Point!　2급 수준의 문제로, 남자의 취미에 대한
인터뷰 내용을 듣고 질문에 적절한 답을 찾아야 한다.

30. 들은 내용과 같은 것을 고르시오.
　　　[일치하는 내용 고르기]　　　　　p.21

정답　②

해설　남자는 앞으로도 계속 태권도를 하겠다고 하였다.

오답　① 남자의 직업은 ~~체육 선생님입니다~~.
　　　③ 남자는 ~~서른다섯 살부터~~ 태권도를 배우기 시
　　　　작했습니다.
　　　④ 남자는 허리 수술을 ~~받자마자~~ 태권도를 하기
　　　　시작했습니다.

Key-Point!　2급 수준의 문제로, 대화를 통해 들은 내
용과 일치하는 답을 찾아야 한다.

실전 모의고사 정답 및 풀이

읽기	31번~70번

31	④	32	④	33	①	34	②	35	④
36	④	37	①	38	①	39	①	40	②
41	①	42	②	43	②	44	②	45	③
46	④	47	③	48	④	49	②	50	③
51	③	52	④	53	③	54	④	55	①
56	②	57	②	58	②	59	③	60	③
61	①	62	①	63	④	64	③	65	③
66	③	67	①	68	④	69	②	70	①

31. 화제 고르기   p.22

저는 **31.비빔밥**을 먹습니다. 그리고 친구는 **31.불고기**를 먹습니다.

정답 ④

해설 '비빔밥'과 '불고기'는 음식이다.

오답 ①, ②, ③

Key-Point! 1급 수준의 문제로, 짧은 두 문장이 공통으로 설명하는 어휘를 찾아야 한다.

32. 화제 고르기   p.22

32.아버지는 의사입니다. **32.동생**은 기자입니다.

정답 ④

해설 '아버지'와 '동생'은 가족이다.

오답 ①, ②, ③

Key-Point! 1급 수준의 문제로, 짧은 두 문장이 공통으로 설명하는 어휘를 찾아야 한다.

33. 화제 고르기   p.22

33.12시에 친구를 만납니다. **34.2시에** 같이 영화를 봅니다.

정답 ①

해설 12시와 2시에 친구를 만나서 영화를 보기로 약속한 내용이다.

오답 ②, ③, ④

Key-Point! 1급 수준의 문제로, 짧은 두 문장이 공통으로 설명하는 어휘를 찾아야 한다.

34. 빈칸에 알맞은 말 고르기   p.23

34. 배가 고픕니다. (   )에 갑니다.

정답   ②

해설   배가 고프므로 음식을 먹을 수 있는 식당에 가야 한다는 내용이 적절하다.

오답   ①, ③, ④

Key-Point!   1급 수준의 문제로, 짧은 두 문장의 내용을 이해하여 빈칸에 알맞은 어휘를 찾아야 한다.

35. 빈칸에 알맞은 말 고르기   p.23

가방에 **35. 책이 한 권 있습니다.** 가방이 (   ).

정답   ④

해설   가방에 책이 한 권뿐이어서 가방이 가볍다는 내용이다.

오답   ① (꽃이) 예쁩니다.
      ② (돈이) 많습니다.
      ③ (물이) 따뜻합니다.

Key-Point!   1급 수준의 문제로, 짧은 두 문장의 내용을 이해하여 빈칸에 알맞은 어휘를 찾아야 한다.

36. 빈칸에 알맞은 말 고르기   p.23

친구 **36. 집에 들어갑니다.** 신발을 (   ).

정답   ④

해설   한국에서는 집에 들어갈 때 신발을 벗는다.

오답   ① (사진을) 찍습니다.
      ② (옷을) 입습니다.
      ③ (친구를) 만납니다.

Key-Point!   1급 수준의 문제로, 짧은 두 문장의 내용을 이해하여 빈칸에 알맞은 어휘를 찾아야 한다.

37. 빈칸에 알맞은 말 고르기   p.24

저는 **37. 야구**를 좋아합니다. 동생(   ) **37. 축구**를 좋아합니다.

정답   ①

해설   나와 동생이 서로 다른 운동을 좋아한다는 내용이다. 따라서 대조의 의미가 있는 보조사 '은'이 적절하다.

오답   ② 도: 동일의 의미인 보조사이다.
      ③ 을: 목적격 조사이다.
      ④ 의: 관형격 조사이다.

Key-Point!   1급 수준의 문제로, 앞뒤 문장을 이해하고 조사의 형태와 역할을 파악하여 문맥에 적절한 조사를 찾아야 한다.

38. 빈칸에 알맞은 말 고르기   p.24

일주일 후에 **38. 시험을 봅니다.** (   ) 공부를 합니다.

정답   ①

해설   일주일 후에 시험을 보기 때문 때문에 시험 전에 공부를 한다는 내용이다.

오답   ② 아까: 시간 개념에서 '조금 전'의 의미이다.
      ③ 아직: 시간 개념에서 '도달하지 않음'의 의미이다.
      ④ 너무: 강조를 나타내는 부사이다.

Key-Point!   1급 수준의 문제로, 앞뒤 문장을 이해하고 부사의 의미와 쓰임을 파악하여 문맥에 적절한 부사를 찾아야 한다.

39. 빈칸에 알맞은 말 고르기   p.24

병원에 갑니다. 간호사에게 **38. 주사를** (   ).

정답   ①

해설   '주사를'에 적절한 서술어는 '맞다'이다.

오답 ② '주사를'에 적절한 서술어가 아니다.
　　　 (밥을) 먹습니다.
　　③ '주사를'에 적절한 서술어가 아니다.
　　　 (몸이) 아픕니다.
　　④ '간호사가 나에게 주사를 놓다.'의 문장처럼 간
　　　 호사가 주어로 쓰일 때에는 '놓다'를 서술어로
　　　 사용한다.
　　　 (간호사가 환자에게 주사를) 놓습니다.

🔑 **Key-Point!**　1급 수준의 문제로, 앞뒤 문장을 이해하고
주어와 서술어의 호응을 파악하여 문맥에 적절한 어휘
를 찾아야 한다.

40. 일치하지 않는 내용 고르기　　　p.25

정답　②

해설　1+1 행사를 하므로 우유 2개를 ~~3000원~~에 팝니다.
　　 (→ 1500원)

오답　① 3. 1. ~ 3. 15.이므로 15일 동안 행사하는 것이
　　　 맞다.
　　③ 1+1은 물건을 하나 사면 하나를 더 주는 것을
　　　 말한다.
　　④ 딸기우유와 초코우유가 1+1이 가능하다 하였
　　　 으므로 딸기우유 한 개와 초코우유 한 개를 같
　　　 이 1500원에 살 수 있다.

🔑 **Key-Point!**　1급 수준의 문제로, 주로 안내문·광고문·
메뉴판 등의 실용문이 제시된다. 숫자 정보와 내용의 세
부 정보를 확인하여 내용과 일치하지 않는 답을 찾아야
한다.

41. 일치하지 않는 내용 고르기　　　p.26

정답　①

해설　빵을 ~~만드는~~ 일을 합니다. (→ 포장하는)

오답　② 토, 일만 일을 하기 때문에 평일은 일을 하지
　　　 않는다.
　　③ 월급이 50만 원이라고 하였으므로 한 달을 일
　　　 하면 50만 원을 받는다.
　　④ 연락처에 사장님의 전화번호가 쓰여 있으므로
　　　 일을 하려면 사장님께 전화해야 한다.

🔑 **Key-Point!**　1급 수준의 문제로, 주로 안내문·광고문·
메뉴판 등의 실용문이 제시된다. 숫자 정보와 내용의 세
부 정보를 확인하여 내용과 일치하지 않는 답을 찾아야
한다.

42. 일치하지 않는 내용 고르기　　　p.27

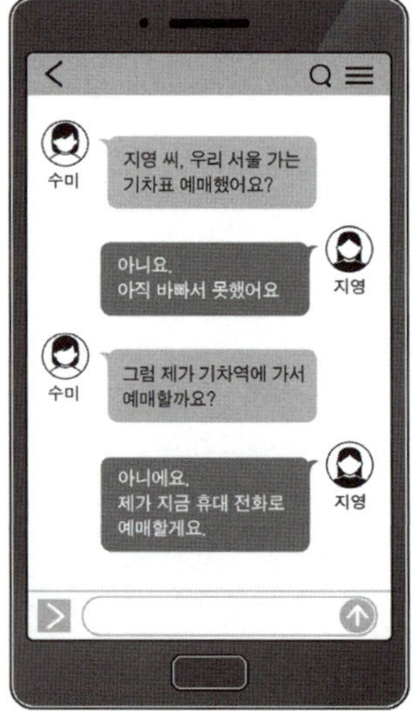

정답 ②

해설 수미 씨는 기차역에 ~~갈 겁니다.~~ (→ 가지 않을 겁니다.)

오답 ① 지영 씨는 바빠서 예매를 못 했다.
③ 지영 씨는 휴대 전화로 기차표를 예매할 것이다.
④ 수미 씨가 지영 씨와 같이 서울에 가기 위해 기차표를 예매하려고 하는 내용이다.

🔑 **Key-Point!** 1급 수준의 문제로, 주로 이메일·문자 메시지 등의 실용문이 제시된다. 글의 주체와 상황을 이해하여 내용과 일치하지 않는 답을 찾아야 한다.

43. 일치하는 내용 고르기 p.28

우리 집 근처에 식당이 있습니다. 물국수와 비빔국수 두 가지만 팝니다. **43. 저는 국수를 좋아하기 때문에 항상 물국수와 비빔국수 두 그릇을 먹습니다.**

정답 ②

해설 나는 국수를 좋아하기 때문에 항상 두 그릇을 먹는다.

오답 ① 식당이 집에서 ~~멉니다.~~ (→ 근처입니다. 가깝습니다.)
③ 저는 국수를 ~~한 그릇만~~ 먹습니다. (→ 두 그릇)
④ 식당에서 파는 국수 종류가 ~~아주 많습니다.~~ (→ 두 종류)

🔑 **Key-Point!** 1~2급 수준의 문제로, 세부 내용의 이해 능력을 확인하는 문제이다. 짧은 글을 읽고 글의 내용과 일치하는 답을 찾아야 한다.

44. 일치하는 내용 고르기 p.28

저는 **44. 한 달** 동안 줄넘기를 했습니다. 처음에는 한 번에 열 개만 할 수 있었습니다. 지금은 한 번에 백 개를 합니다.

정답 ②

해설 한 달 동안 줄넘기를 했다고 하였다. 한 달은 30일을 의미한다.

오답 ① 저는 줄넘기를 ~~배웁니다.~~ (→ 했습니다.)
③ 저는 ~~처음부터~~ 줄넘기를 잘했습니다. (→ 지금)
④ 저는 ~~지금~~ 줄넘기를 한 번에 열 개만 할 수 있습니다. (→ 처음에)

🔑 **Key-Point!** 1~2급 수준의 문제로, 세부 내용의 이해 능력을 확인하는 문제이다. 짧은 글을 읽고 글의 내용과 일치하는 답을 찾아야 한다.

45. 일치하는 내용 고르기 p.28

저는 **45. 여러 나라 동전을 모읍니다.** 지금 미국, 중국, 일본, 베트남 동전이 있고 영국 동전은 없습니다. 다른 나라 사람들에게 동전을 받으면 기분이 좋습니다.

정답 ③

해설 세계 여러 나라의 동전을 모으는 것이 취미이다.

오답 ① 저는 ~~동전을 모아 은행에 저축합니다.~~ (→ 동전을 모읍니다.)
② 저는 지금 ~~영국과 베트남~~ 동전이 있습니다. (→ 베트남)
④ 저는 다른 나라 사람에게 동전을 ~~선물합니다.~~ (→ 받습니다.)

🔑 **Key-Point!** 1~2급 수준의 문제로, 세부 내용의 이해 능력을 확인하는 문제이다. 짧은 글을 읽고 글의 내용과 일치하는 답을 찾아야 한다.

46. 중심 내용 고르기 p.29

저는 한 달 전에 식당을 시작했습니다. 처음에는 손님이 없다가 지금은 많아졌습니다. **46. 너무 바쁘지만 기분이 좋습니다.**

정답 ④

해설 한 달 전에 식당을 열었으며 식당에 손님이 많아 바쁘기도 하지만 식당이 잘되니 기분이 좋다는 내용이 중심 내용이다.

오답 ① 한 달 전에 이미 식당을 열었다.
② 식당에 손님이 줄지 않고 늘었다.
③ 맛있는 음식을 먹고 싶다는 내용은 나오지 않는다.

🔖Key-Point!　2급 수준의 문제로, 중심 내용의 이해 능력을 확인하는 문제이다. 짧은 글을 읽고 핵심 단어나 표현을 찾아 중심 내용이 무엇인지 파악하여 알맞은 답을 찾아야 한다.

47. 중심 내용 고르기　　　　　　　　　p.29

얼마 전에 우리 도시에 공항이 생겼습니다. 이제는 비행기를 타러 서울에 가지 않아도 됩니다. **47.가까운 곳에 공항이 있어서 아주 좋습니다.**

정답　③

해설　거주하는 도시에 공항이 생겨 비행기를 타러 멀리 가지 않아서 좋다는 것이 중심 내용이다.

오답　① 비행기를 타고 싶다는 내용은 없다.
　　　② 내가 사는 도시에 이미 공항이 생겼다.
　　　④ 비행기를 타러 서울에 가는 것이 즐겁다는 내용은 없다.

🔖Key-Point!　2급 수준의 문제로, 중심 내용의 이해 능력을 확인하는 문제이다. 짧은 글을 읽고 핵심 단어나 표현을 찾아 중심 내용이 무엇인지 파악하여 알맞은 답을 찾아야 한다.

48. 중심 내용 고르기　　　　　　　　　p.29

내일은 아버지와 어머니가 결혼한 지 30년이 되는 날입니다. 저와 오빠는 금반지를 선물로 드렸습니다. **48.앞으로도 아버지와 어머니가 행복하게 사셨으면 좋겠습니다.**

정답　④

해설　내일이 부모님의 30주년 결혼 기념일이며 앞으로도 부모님이 행복하게 살기를 바라는 것이 중심 내용이다.

오답　① 내가 결혼을 하고 싶다는 내용은 없다.
　　　② 나와 오빠가 부모님에게 금반지를 선물로 주었다.
　　　③ 오빠의 생일에 관한 내용은 없다.

🔖Key-Point!　2급 수준의 문제로, 중심 내용의 이해 능력을 확인하는 문제이다. 짧은 글을 읽고 핵심 단어나 표현을 찾아 중심 내용이 무엇인지 파악하여 알맞은 답을 찾아야 한다.

[49~50]

저는 사람 얼굴을 그리는 것을 좋아합니다. 하지만 그림 그리는 것을 배운 적이 없어서 잘 못 그립니다. 그래서 지난주에 **50.처음으로** 그림을 (　㉠　) **미술 학원에 갔습니다.** 선생님이 친절하게 **49.가르쳐 주십니다.** 지금은 잘 못 그리지만 한 달 후면 사람 얼굴을 잘 그릴 수 있습니다. 어머니 얼굴을 예쁘게 그리고 싶습니다.

49. ㉠에 들어갈 말로 가장 알맞은 것을 고르십시오. [빈칸에 알맞은 말 고르기]　　　p.30

정답　②

해설　-(으)려고: 목적이나 의도를 나타내는 표현이다.
　　　예 한국어를 <u>배우려고</u> 한국에 왔어요.

오답　① -아서/어서: 이유나 원인을 나타내는 연결 어미이다.
　　　예 한국 드라마가 <u>좋아서</u> 한국에 왔어요.
　　　③ -(으)니까: 이유를 나타내는 표현이다.
　　　예 한국어를 <u>공부하니까</u> 기분이 좋다.
　　　④ -지만: 반대나 다름을 나타내는 표현이다.
　　　예 형은 바다를 <u>좋아하지만</u> 나는 산을 좋아한다.

🔖Key-Point!　2급 수준의 문제로, 글을 읽고 글의 흐름과 앞뒤 문장의 의미를 이해하여 상황에 가장 적절한 문장이나 문법 표현을 찾아야 한다.

50. 윗글의 내용과 같은 것을 고르십시오. [일치하는 내용 고르기]　　　p.30

정답　③

해설　사람의 얼굴을 그리는 것을 배우려고 미술 학원에 갔다. 이번에 미술 학원에 간 것이 처음이므로 전에는 미술 학원에 간 적이 없다.

오답　① 선생님이 ~~저의 얼굴을 그렸습니다.~~ (→ 저에게 얼굴 그리는 것을 가르칩니다.)
　　　② 저는 ~~지금~~ 사람 얼굴을 잘 그립니다. (→ 한 달 후에)

④ 어머니께 어머니 얼굴을 ~~그려 선물했습니다.~~
  (→ 그리고 싶습니다.)

Key-Point! 2급 수준의 문제로, 세부 내용의 이해 능력을 확인하는 문제이다. 글의 내용과 일치하는 답을 찾아야 한다.

[51~52]

사과는 우리나라에서 아주 많이 기르는 과일입니다. 우리나라 날씨는 사과가 자라기에 알맞은 날씨입니다. 사과나무에 사과가 열려서 자라기 시작하면 **52.종이봉투를 씌웁니다.** (㉠) **51.벌레도 막을 수 있고, 사과 맛도 좋아집니다. 또 사과의 색깔도 예쁘게 나오고 더러운 것도 묻지 않습니다.**

51. ㉠에 들어갈 말로 가장 알맞은 것 고르십시오.
[빈칸에 알맞은 말 고르기]   p.31

정답 ③

해설 그러면: 그러하다(지시 대명사) + −면(가정/조건), 앞의 상황이 실현될 경우 뒤의 결과가 일어남을 나타내는 표현이다.

  (예) 아침에 한국어를 한 시간씩 공부해라. 그러면 한국어를 아주 잘하게 될 것이다.

오답 ① 그리고: 단순 나열이나 시간적 순서를 표현한다.

  (예) 나는 사과를 좋아해. 그리고 포도도 좋아해.

② 그래도: 양보를 나타내는 접속사이다.

  (예) 시험은 못 봤어. 그래도 최선을 다했으니까 괜찮아.

④ 그러니까: 원인에 따른 결과를 나타내는 표현이다.

  (예) 비가 온다. 그러니까 택시 타자.

Key-Point! 2급 수준의 문제로, 글을 읽고 글의 흐름과 앞뒤 문장의 의미를 이해하여 상황에 가장 적절한 접속사를 찾아야 한다.

52. 무엇에 대한 내용인지 맞는 것을 고르십시오.
[화제 고르기]   p.31

정답 ④

해설 사과를 기를 때 종이봉투를 씌우는데 이것에 대한 이유가 나와 있다.

오답 ① 사과를 맛있게 먹는 방법은 나오지 않는다.
② 사과와 같이 먹으면 좋은 음식은 나오지 않는다.
③ 사과를 우리나라에서 기르면 좋은 점은 나오지 않는다.

Key-Point! 2급 수준의 문제로, 전체 내용을 읽고 글의 중심 내용이 무엇인지 파악하여 알맞은 답을 찾아야 한다.

[53~54]

54.제가 졸업한 학교에서 며칠 전 제 동생이 졸업식을 했습니다. 학교는 이번 졸업식을 하고 **53.문을 닫습니다.** 학생이 없기 때문입니다. 그래서 졸업식과 함께 폐교식도 같이 했습니다. 제가 졸업한 학교가 (㉠) 슬픕니다. 학생이 입학하여 학교가 다시 문을 열었으면 좋겠습니다.

53. ㉠에 들어갈 말로 가장 알맞은 것 고르십시오.
[빈칸에 알맞은 말 고르기]   p.32

정답 ③

해설 '학교가 문을 닫는다'는 표현은 폐교한다는 뜻이다. 학교가 문을 닫는 것이 슬픈 이유이므로 '문을 닫는다'와 이유를 나타내는 표현이 결합한 것이 적절한 표현이다.

오답 ① 문만 여니까: 문을 연다는 표현은 앞뒤 문맥에 맞지 않다.
② 문을 닫거나: '−거나'는 두 가지 중 하나를 선택할 때 쓰는 표현으로 여기에서는 적절하지 않은 표현이다.
④ 문을 열게 되어: 문을 연다는 표현은 앞뒤 문맥에 맞지 않다.

Key-Point! 2급 수준의 문제로, 글을 읽고 글의 흐름과 앞뒤 문장의 의미를 이해하여 상황에 가장 적절한 문장이나 문법 표현을 찾아야 한다.

54. 윗글의 내용과 같은 것을 고르십시오.
[일치하는 내용 고르기]   p.32

정답 ④

해설 내가 졸업한 학교에서 동생이 졸업을 하고 학교가 문을 닫으므로 동생이 마지막 학생이다.

오답　① <u>저는</u> 이번에 졸업식을 했습니다. (→ 동생이)
　　　② 동생은 학교에 <u>입학</u>하게 되었습니다. (→ 졸업)
　　　③ 저는 <u>동생의 졸업식에 가게 되어 기쁩니다.</u>
　　　　　(→ 학교가 문을 닫게 되어 슬픕니다.)

🔑 **Key-Point!**　2급 수준의 문제로, 세부 내용의 이해 능력을 확인하는 문제이다. 글의 내용과 일치하는 답을 찾아야 한다.

[55~56]

다음 달 인주대학교에서 '책 많이 읽기' 행사를 합니다. 한 달 동안 책을 읽고 학교에서 나눠 준 수첩에 느낀 점을 쓰면 됩니다. **55. 수첩을 모두 (　㉠　) 먼저 낸 56. 학생 10명에게 장학금 50만 원을 줍니다.** 느낀 점을 가장 잘 쓴 학생 5명에게는 인주대학교 서점에서 책을 열 권까지 살 수 있는 카드를 줍니다. 신청은 인주대학교 도서관 홈페이지에서 하면 됩니다.

55. ㉠에 들어갈 말로 가장 알맞은 것 고르십시오.
[빈칸에 알맞은 말 고르기]　　　p.33

정답　①

해설　-아서/어서: 시간의 선후 관계를 나타내는 연결 어미이다.

　　📍 도서관에 <u>가서</u> 책을 빌렸어요.

오답　② -(으)면: 가정을 나타내는 표현이다.

　　📍 내일 비가 <u>오면</u> 집에 있을 거예요.

　　　③ -(으)려고: 목적이나 의도를 나타내는 표현이다.

　　📍 한국어를 <u>배우려고</u> 한국에 왔어요.

　　　④ -(으)니까: 이유를 나타내는 표현이다.

　　📍 한국어를 <u>공부하니까</u> 기분이 좋다.

🔑 **Key-Point!**　2급 수준의 문제로, 글을 읽고 글의 흐름과 앞뒤 문장의 의미를 이해하여 상황에 가장 적절한 문장이나 문법 표현을 찾아야 한다.

56. 윗글의 내용과 같은 것을 고르십시오.
[일치하는 내용 고르기]　　　p.33

정답　②

해설　장학금을 10명의 학생에게 각 50만 원씩 준다고 하였다.

오답　① 이 행사는 <u>이번 달</u>에 열립니다. (→ 다음 달)
　　　③ 느낀 점을 잘 쓴 학생은 <u>돈</u>을 받습니다. (→ 카드)
　　　④ 신청은 인주대학교 <u>서점</u> 홈페이지에서 받습니다. (→ 도서관)

🔑 **Key-Point!**　2급 수준의 문제로, 세부 내용의 이해 능력을 확인하는 문제이다. 글의 내용과 일치하는 답을 찾아야 한다.

57. 알맞은 순서로 배열한 것 고르기　　　p.34

(가) **57. 마트에는 라면을 끓여 먹을 수 있는 기계가 있습니다.**
(나) 얼마 전 학교 근처에 사람이 없는 **57. 간식 마트가 생겼습니다.**
(다) 라면이 끓을 때 젓가락으로 잘 저어 주면 **57. 맛있게 먹을 수 있습니다.**
(라) 기계에 라면이 담긴 그릇을 놓으면 위에서 물이 나오고 **57. 라면을 끓입니다.**

정답　②

해설　얼마 전 학교 근처에 무인 간식 마트가 생겼고 그곳에서 라면을 끓여 먹는 이야기이다. 이야기의 흐름에 맞게 재구성하여 순서를 정하면 된다.

오답　①, ③, ④
선택지를 살펴보면 (나) 또는 (라)가 처음에 나와야 하는데 (라)는 라면에 대한 이야기가 본격적으로 나오기 때문에 처음이 될 수 없다. (나)를 처음으로 하여 '무인 간식 마트 → 라면 → 라면 끓이는 방법 → 라면 먹기'의 순서로 이어져야 한다.

🔑 **Key-Point!**　2급 수준의 문제로, 주로 나와 관련된 이야기를 읽고 글의 흐름에 맞게 알맞은 순서로 배열해야 한다.

58. 알맞은 순서로 배열한 것 고르기　　　p.34

(가) **58.요리사가 되려면 요리 연습을** 많이 해야 합니다.
(나) **58.이처럼 요리사는 항상 조심해야 하는 직업입니다.**
(다) **58.그리고 칼도 자주 사용하기 때문에 주의해야 합니다.**
(라) 요리 **58.연습을 할 때 뜨거운 불 앞에서 할 때가** 많습니다.

정답　②

해설　요리사에 관한 이야기이다. 요리사가 되기 위해서는 요리 연습을 많이 해야 하는데 연습을 할 때 불이나 칼에 의해서 다칠 수 있으므로 항상 조심해야 한다는 내용이다. 이야기의 흐름에 맞게 재구성하여 순서를 정하면 된다.

오답　①, ③, ④
선택지를 살펴보면 (가) 또는 (나)가 처음에 나와야 하는데 (나)는 '이처럼'이라는 표현이 나오므로 첫 문장이 아님을 알 수 있다. '요리사 → 요리 연습 (1) 불 → 요리 연습 (2) 칼 사용 → 항상 조심해야 한다'의 순서로 이어져야 한다.

🚩 **Key-Point!**　2급 수준의 문제로, 어떤 대상에 대한 소개나 설명을 읽고 글의 흐름에 맞게 알맞은 순서로 배열해야 한다.

[59~60]

우리나라에는 '현금 없는 버스'가 있습니다.
이 버스의 요금은 카드로만 낼 수 있습니다.
(　㉠　) 어느 날 제가 막 버스를 타려고 하는데 등 뒤에서 모르는 어떤 사람이 **59."버스비 좀 내주세요."**라고 말했습니다. (　㉡　) 그래서 **60.저는 기사님에게 "2명이요."라고 말했습니다.**
(　㉢　) 저는 괜찮다고 하였습니다. (　㉣　)
그 사람은 고맙다고 말하면서 환하게 웃었습니다.

59. 다음 문장이 들어갈 곳으로 가장 알맞은 것을 고르십시오.
[문장이 들어갈 위치 고르기]　　　p.35

그 사람은 저에게 이천 원을 주려고 했습니다.

정답　③

해설　내가 카드가 없는 어떤 사람의 버스 요금을 내주었더니 그 사람이 나에게 현금을 주려고 하였지만 나는 괜찮다고 하며 현금을 받지 않았다는 내용이다.

오답　①, ②, ④
현금 없는 버스를 탈 때 어떤 사람이 나에게 카드로 대신 버스 요금을 내 달라고 한 후 현금을 주려고 하고 나는 괜찮다고 말하는 내용이다. 따라서 ㉢이 정답이며 이외의 선택지는 정답이 되지 못한다.

🚩 **Key-Point!**　2급 수준의 문제로 '보기의 문장'을 먼저 읽고 내용을 이해한 후 지문을 읽으면서 문장 간의 의미 관계를 파악하여 답을 찾아야 한다.

60. 윗글의 내용과 같은 것을 고르십시오.
[일치하는 내용 고르기]　　　p.35

정답　③

해설　나는 카드가 없는 어떤 사람의 버스 요금을 대신 내주었다.

오답　① 현금을 내고 버스를 탈 수 ~~있습니다.~~ (→ 없습니다.)
② 그 사람은 나에게 이천 원을 ~~주었습니다.~~
(→ 주려고 했으나 내가 받지 않았다.)
④ 저는 그 사람을 전에 ~~몇 번 만난 적이 있습니다.~~ (→ 만난 적이 없습니다.)

🚩 **Key-Point!**　2급 수준의 문제로, 세부 내용의 이해 능력을 확인하는 문제이다. 글의 내용과 일치하는 답을 찾아야 한다.

[61~62]

저는 **62. 잠을 자기 전에 휴대 전화를 책상에 놓습니다.** 휴대 전화를 책상에 놓으면 자기 전에 휴대 전화를 보지 않아서 좋습니다. 전에는 잠을 자기 전에 휴대 전화를 오래 보았습니다. 휴대 전화를 오래 보면 눈도 아프고 잠도 편하게 잘 수가 없었습니다. 이제는 휴대 전화를 책상에 놓고 자니까 눈도 아프지 않고 잠도 쉽게 잘 수 있습니다. 잠을 잘 자고 일어나면 **61. 몸이 편안해서** 하루를 (㉠) 시작할 수 있습니다.

61. ㉠에 들어갈 말로 가장 알맞은 것 고르십시오.
[빈칸에 알맞은 말 고르기]   p.36

정답 ①

해설 힘차게: 힘있게.

휴대 전화를 보지 않고 잠을 자면 잠을 잘 잘 수 있어서 아침에 몸이 가벼워 하루를 힘있게 출발할 수 있다는 내용이다.

오답 ② 어렵게: 쉽지 않다는 뜻.
③ 힘없이: 힘이 없다는 뜻.
④ 힘들게: 힘이 든다는 뜻.

🔑 **Key-Point!**   2급 수준의 문제로 문장을 이해하며 빈칸에 들어갈 적절한 단어 또는 문법 표현을 찾아야 한다.

62. 윗글의 내용과 같은 것을 고르십시오.
[일치하는 내용 고르기]   p.36

정답 ①

해설 잠을 자기 전에 휴대 전화를 책상에 놓는다고 하였으니 내가 잠을 잘 때 휴대 전화는 책상 위에 있게 된다.

오답 ② 저는 ~~낮에~~ 휴대 전화를 오래 보아서 눈이 아픕니다. (→ 밤에)
③ 저는 ~~지금~~ 잠을 자기 전에 휴대 전화를 오래 봅니다. (→ 전에)
④ ~~휴대 전화를 보고 자도 다음 날 일을 잘할 수 있습니다.~~ (→ 휴대 전화를 보지 않고 잔 다음 날)

🔑 **Key-Point!**   2급 수준의 문제로, 세부 내용의 이해 능력을 확인하는 문제이다. 글의 내용과 일치하는 답을 찾아야 한다.

[63~64]

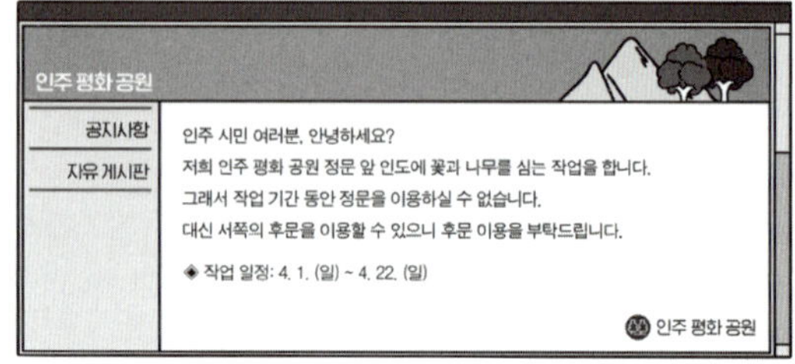

63. 왜 윗글을 썼는지 맞는 것을 고르십시오.
[필자의 의도/목적 고르기]   p.37

정답 ④

해설 인주 평화 공원 정문 앞 인도에 꽃과 나무를 심는 작업을 알려 주기 위한 글이다.

오답 ① 공원 후문의 위치가 나오지만 그것을 알리려고 하는 것은 아니다.
② 공원에 피어 있는 꽃을 소개하려는 것이 아니다.
③ 새로 심는 꽃과 나무는 공원이 아니고 공원 정문 앞 인도이며 이 글을 쓴 의도 또한 그것의 종류를 소개하기 위한 것이 아니다.

🔑 **Key-Point!**   2급 수준의 문제로 글을 쓴 이유를 찾는 문제이며, 선택지를 먼저 읽고 글을 읽으면서 이유를 찾는 것이 좋다.

64. 윗글의 내용과 같은 것을 고르십시오.
[일치하는 내용 고르기]   p.37

정답 ③

해설 인주 평화 공원의 정문 앞 인도에서 작업을 하기 때문에 정문을 통하여 들어갈 수 없지만 서쪽의 후문을 통해서는 들어갈 수 있다.

오답 ① 작업은 ~~한 달~~ 동안 합니다. (→ 22일)
② 공원에는 문이 ~~하나~~만 있습니다. (→ 정문과 후문 두 개가)
④ ~~시민이 인주 평화 공원의 직원에게 전하는 글~~ 입니다. (→ 인주 평화 공원이 시민에게)

🔑 **Key-Point!**   2급 수준의 문제로, 세부 내용의 이해 능력을 확인하는 문제이다. 글의 내용과 일치하는 답을 찾아야 한다.

[65~66]

우리 동네에 특별한 식당이 문을 열었습니다. 이 식당에 동네 사람들이 라면과 쌀을 가져다 놓습니다. 김치, 계란 같은 반찬도 식당 냉장고에 가져다 놓습니다. 그러면 음식을 먹고 싶은 사람이 식당에 와서 밥을 지어 먹거나 라면을 끓여 먹을 수 있습니다. **65. 돈은 내지 않아도 됩니다.** 여기서 밥이나 라면을 먹은 사람이 다시 **66. 쌀이나 라면을 가져다 놓아서** 이 식당은 쌀과 라면이 (㉠) 계속 있습니다.

[67~68]

날이 추워지면 감기에 걸리는 사람이 많아집니다. 몸을 따뜻하게 하고 푹 쉬면 금방 낫기도 합니다. 하지만 감기 때문에 많이 아플 때에는 감기약을 먹어야 합니다. 이때 감기약은 (㉠) 좋습니다. **67. 감기약을 먹다가 몸이 나았다고 생각해 그만 먹으면 안 됩니다.** 중간에 마음대로 **68. 감기약을 먹지 않으면 감기가 더 심해지거나 나중에 감기약을 먹어도 낫지 않을 수 있습니다.**

65. ㉠에 들어갈 말로 가장 알맞은 것 고르십시오.
[빈칸에 알맞은 말 고르기]
p.38

정답 ③

해설 쌀과 라면이 떨어지고: 쌀과 라면이 없게 되고.

문맥적으로 사람들이 쌀과 라면을 계속 가져다 놓으므로 쌀과 라면이 떨어지지 않는다는 내용이 적절하다.

오답 ① 쌀과 라면을 만든다는 내용이 아니다.
② 쌀과 라면을 먹는다는 내용이 아니다.
④ 사람들이 계속해서 쌀과 라면을 가게에 가져다 놓으므로 쌀과 라면이 부족하지 않다.

🔑 **Key-Point!** 2급 수준의 문제로, 글을 읽고 글의 흐름과 앞뒤 문장의 의미를 이해하여 상황에 가장 적절한 문장이나 문법 표현을 찾아야 한다.

67. ㉠에 들어갈 말로 가장 알맞은 것 고르십시오.
[빈칸에 알맞은 말 고르기]
p.39

정답 ①

해설 감기약을 먹다가 중간에 먹지 않게 되면 감기가 더 심해지거나 나중에 약을 먹어도 잘 낫지 않을 수 있다는 내용이다. 따라서 끝까지 먹는 게 좋다는 말이 빈칸에 들어가야 한다.

오답 ② 감기가 나으면 감기약을 안 먹는 게 아니라 끝까지 모두 먹는 게 좋다는 내용이다.
③ 유명한 회사의 감기약을 먹는다는 내용은 없다.
④ 약을 정해진 시간에 먹어야 한다는 내용은 없다.

🔑 **Key-Point!** 2급 수준의 문제로, 글을 읽고 글의 흐름과 앞뒤 문장의 의미를 이해하여 상황에 가장 적절한 문장이나 문법 표현을 찾아야 한다.

66. 윗글의 내용과 같은 것을 고르십시오.
[일치하는 내용 고르기]
p.38

정답 ③

해설 식당에 있는 라면을 끓여 먹거나 쌀을 가지고 밥을 지어 먹을 수 있으므로 돈이 없어도 음식을 먹을 수 있다.

오답 ① 식당에는 냉장고가 ~~없습니다.~~ (→ 있습니다.)
② ~~라면을 가져가서~~ 끓여 먹어야 합니다. (→ 식당에 있는 라면을)
④ ~~음식을 가져다 놓은 사람만~~ 식당을 이용할 수 있습니다. (→ 음식을 먹고 싶은 사람 누구나)

🔑 **Key-Point!** 2급 수준의 문제로, 세부 내용의 이해 능력을 확인하는 문제이다. 글의 내용과 일치하는 답을 찾아야 한다.

68. 윗글의 내용과 같은 것을 고르십시오.
[일치하는 내용 고르기]
p.39

정답 ④

해설 감기약을 먹다가 중간에 먹지 않게 되면 감기가 더 심해지거나 나중에 약을 먹어도 잘 낫지 않을 수 있다.

오답 ① 감기에 걸리면 ~~반드시~~ 약을 먹어야 낫습니다. (→ 푹 쉬어도 나을 수 있다.)
② 감기에 걸리면 ~~약을 먹지 않고~~ 푹 쉬어야 합니다. (→ 많이 아플 때에는 약을 먹어야 한다.)
③ 감기에 걸리는 것과 날씨가 추워지는 것은 관계가 ~~없습니다.~~ (→ 있습니다.)

🔑 **Key-Point!** 2급 수준의 문제로, 세부 내용의 이해 능력을 확인하는 문제이다. 글의 내용과 일치하는 답을 찾아야 한다.

[69~70]

> 저는 육지로부터 2km 길이의 다리가 연결된 섬에 살고 있습니다. 어릴 때부터 바다에서 자랐기 때문에 **69. 수영을 잘 합니다.** 얼마 전 우리 섬에서부터 육지까지 헤엄쳐서 가는 수영 대회가 열렸습니다. 저는 섬에서 육지까지 헤엄쳐서 가 본 적은 없었습니다. 저는 제가 자란 섬에서부터 육지까지 헤엄쳐서 가는 것이 (㉠) 수영 대회에 참가하였습니다. 100명의 사람들이 섬에서 출발하였습니다. 참가자의 절반이 중간에 포기하였습니다. **70. 저는 열 번째로 육지에 도착하였습니다.** 항상 다리를 통해서만 육지에 갔었는데 수영을 해서 육지에 도착하니 기분이 아주 좋았습니다.

69. ㉠에 들어갈 말로 가장 알맞은 것 고르십시오.
[빈칸에 알맞은 말 고르기]
p.40

정답 ②

해설 수영을 잘하기 때문에 육지까지 헤엄쳐서 가는 것을 힘들지 않다고 생각할 수 있다.

오답 ① 항상 하던 일은 아니다.
③ 문맥적으로 육지까지 헤엄치는 것이 어렵지 않을 것이라고 생각하여 수영 대회에 참가했음을 알 수 있다.
④ '재미가 없을 것 같아서'보다는 '재미가 있을 것 같아서'가 문맥적으로 어울린다.

🔑 Key-Point! 2급 수준의 문제로, 글을 읽고 글의 흐름과 앞뒤 문장의 의미를 이해하여 상황에 가장 적절한 문장이나 문법 표현을 찾아야 한다.

70. 윗글의 내용으로 알 수 있는 것을 고르십시오.
[일치하는 내용 고르기]
p.40

정답 ①

해설 열 번째로 육지에 도착하였기 때문에 10위를 차지한 것이다.

오답 ② 참가자 중 ~~30명~~의 사람들이 포기하였습니다. (→ 50명)
③ 저는 수영을 ~~학교에서 배웠기 때문에~~ 잘합니다. (→ 어릴 때부터 바다에서 자랐기 때문에)
④ 제가 자란 섬에서부터 육지까지는 ~~배를 타고 가야 합니다.~~ (→ 다리가 있어서 걸어가거나 자동차로 갈 수 있다.)

🔑 Key-Point! 2급 수준의 문제로, 세부 내용의 이해 능력을 확인하는 문제이다. 글의 내용과 일치하는 답을 찾아야 한다.

2회 실전 모의고사 정답 및 풀이

1	①	2	④	3	③	4	②	5	①
6	②	7	③	8	②	9	④	10	③
11	④	12	④	13	①	14	④	15	②
16	①	17	①	18	②	19	②	20	④
21	②	22	②	23	①	24	③	25	③
26	④	27	①	28	③	29	③	30	③

1. 이어지는 내용 유추하기   p.43

남자 : 책이 **1. 있어요?**
여자 : ______________________.

정답 ①

해설 책이 있으면 '네, 책이 있어요.', 책이 없으면 '아니요, 책이 없어요.'가 된다.

오답 ② '이것이 책이에요?'에 알맞은 대답이다.
③ '책이 없어요?'에 알맞은 대답니다.
④ '이것이 책이에요?'에 알맞은 대답이다.

🔑 **Key-Point!**   1급 수준의 문제로, 간단한 대화에서 '네' 또는 '아니요'를 이용하여 적절하게 답한 것을 찾아야 한다.

2. 이어지는 내용 유추하기   p.43

남자 : 밥을 **2. 먹어요?**
여자 : ______________________.

정답 ④

해설 밥을 먹으면 '네, 밥을 먹어요.', 밥을 안 먹으면 '아니요, 밥을 안 먹어요.'가 적절한 답이 된다.

오답 ① '밥이 있어요?'에 알맞은 대답이다.
② '밥이에요?'에 알맞은 대답이다.
③ '밥을 먹어요?'에 알맞은 대답이다.

🔑 **Key-Point!**   1급 수준의 문제로, 간단한 대화에서 '네' 또는 '아니요'를 이용하여 적절하게 답한 것을 찾아야 한다.

3. 이어지는 내용 유추하기   p.43

남자 : 학교에 **3. 어떻게** 가요?
여자 : ______________________.

정답 ③

해설 학교에 가는 방법을 물어보았으므로 '방법'을 대답해야 한다.

오답 ① '언제' 가는지에 알맞은 대답이다.
② '몇 시에' 가는지에 알맞은 대답이다.
④ '누구하고' 가는지에 알맞은 대답이다.

🔑 **Key-Point!**   1급 수준의 문제로, 간단한 대화에서 질문의 뜻에 맞게 대답한 것을 찾아야 한다.

4. 이어지는 내용 유추하기   p.43

남자 : 어제 **4. 뭐 했어요?**

여자 : ________________________ .

정답 ②

해설 어제 한 일을 물어보았으므로 '무엇'을 했는지 대답해야 한다.

오답 ① '누가' 했는지에 알맞은 대답이다.
③ '언제' 했는지에 알맞은 대답이다.
④ '어디에서' 했는지에 알맞은 대답이다.

Key-Point! 1급 수준의 문제로, 간단한 대화에서 질문의 뜻에 맞게 대답한 것을 찾아야 한다.

5. 듣고 이어지는 말 고르기   p.44

남자 : 졸업을 **5. 축하해요.**

여자 : ________________________ .

정답 ①

해설 기쁜 일에 대해 상대방이 한 인사를 듣고 알맞게 대답해야 한다.

오답 ② 상대방의 사과에 대해 답하는 말이다.
③ 실례를 했을 때 하는 말이다.
④ 처음 만났을 때 하는 인사말이다.

Key-Point! 1급 수준의 문제로, 간단한 대화에서 주어진 대화에 이어질 말로 가장 적절한 것을 찾아야 한다.

6. 이어지는 내용 유추하기   p.44

여자 : **6. 맛있게 드세요.**

남자 : ________________________ .

정답 ②

해설 음식을 대접하는 사람이 하는 인사를 듣고 알맞게 대답해야 한다.

오답 ① 오랜만에 만났을 때 하는 인사말이다.
③ 상대방에게 물건을 건네며 하는 말이다.
④ 질문에 대해 답을 모를 때 하는 말이다.

Key-Point! 1급 수준의 문제로, 간단한 대화에서 주어진 대화에 이어질 말로 가장 적절한 것을 찾아야 한다.

7. 담화 장소 고르기   p.45

여자 : 손님, **7. 주문하시겠어요?**

남자 : 네, **7. 갈비탕 두 그릇** 주세요.

정답 ③

해설 여자는 식당 점원이고 남자는 손님이다. '주문', '갈비탕'과 관련된 장소를 찾아야 한다.

오답 ①, ②, ④
갈비탕을 주문하는 것과 관계없는 장소라서 답이 아니다.

Key-Point! 1급 수준의 문제로, 간단한 대화를 듣고 대화의 장소로 적절한 것을 찾아야 한다.

8. 담화 장소 고르기   p.45

남자 : 어떻게 오셨어요?

여자 : **8. 목이 아프고 기침이 나요.**

정답 ②

해설 남자는 의사이고 여자는 환자이다. '목이 아프다' '기침이 나다'와 관련된 장소를 찾아야 한다.

오답 ①, ③, ④
목이 아프고 기침이 날 때 찾아가는 장소가 아니라서 답이 아니다.

Key-Point! 1급 수준의 문제로, 주어진 대화를 듣고 대화의 장소로 적절한 것을 찾아야 한다.

9. 담화 장소 고르기   p.45

여자 : **9. 이 치마를 입어 볼 수 있어요?**

남자 : 네, 이쪽으로 오세요.

정답 ④

해설 여자는 손님이고 남자는 옷을 파는 가게 점원이다. '치마', '입어 보다'와 관련된 장소를 찾아야 한다.

오답 ①, ②, ③

치마를 입어 보는 것과 관계없는 장소라서 답이
아니다.

🔑 **Key-Point!** 1급 수준의 문제로, 주어진 대화를 듣고
대화의 장소로 적절한 것을 찾아야 한다.

10. 담화 장소 고르기   p.45

남자 : 서울역에 어떻게 가요?
여자 : 10. 시청역에서 1호선으로 갈아타세요.

정답 ③

해설 남자와 여자가 하는 대화를 듣고 '시청역', '1호선',
'갈아타다'와 관련된 장소를 찾아야 한다.

오답 ①, ②, ④

1호선(지하철)과 관계가 없는 장소라서 답이 아니다.

🔑 **Key-Point!** 1급 수준의 문제로, 주어진 대화를 듣고
대화의 장소로 적절한 것을 찾아야 한다.

11. 화제 고르기   p.46

남자 : 저는 **11.** 운동을 좋아해요.
여자 : 저도 **11.** 시간이 있으면 운동을 해요.

정답 ④

해설 두 사람이 좋아하는 것, 시간이 있으면 하는 것에
대해 이야기하고 있다.

오답 ①, ②, ③

좋아하는 것, 시간이 있으면 하는 것을 구체적으
로 '운동'이라고 말하고 있어서 다른 것은 답이 아
니다.

🔑 **Key-Point!** 1급 수준의 문제로, 간단한 대화를 듣고
무엇에 대해 이야기하는지 파악한 후 적절한 답을 찾아
야 한다.

12. 화제 고르기   p.46

여자 : 저는 **12.** 대학생이에요.
남자 : 저는 **12.** 여행사에서 일해요.

정답 ④

해설 여자와 남자가 자신이 하는 일에 대해 이야기하고
있다. '~에서 일하다'라는 표현을 사용하면 직업
을 의미한다.

오답 ①, ②, ③

일하는 것과 관계없어서 답이 아니다.

🔑 **Key-Point!** 1급 수준의 문제로, 간단한 대화를 듣고
무엇에 대해 이야기하는지 파악한 후 적절한 답을 찾아
야 한다.

13. 화제 고르기   p.46

여자 : 누나는 **13.** 몇 살이에요?
남자 : 저보다 **13.** 세 살 많아요.

정답 ①

해설 '몇 살', '세 살 많다'라는 표현을 사용하여 두 사람
이 나이에 대해 이야기하고 있다.

오답 ②, ③, ④

나이와 관계없어서 답이 아니다.

🔑 **Key-Point!** 1급 수준의 문제로, 간단한 대화를 듣고
무엇에 대해 이야기하는지 파악한 후 적절한 답을 찾아
야 한다.

14. 화제 고르기   p.46

여자 : 여기는 **14.** 비가 많이 와요.
남자 : 그래요? 서울은 **14.** 아주 맑아요.

정답 ④

해설 '비', '많이 오다', '맑다'라는 표현을 사용하여 두
사람이 날씨에 대해 이야기하고 있다.

오답 ①, ②, ③

날씨와 관계가 없어서 답이 아니다.

🔑 **Key-Point!** 1급 수준의 문제로, 간단한 대화를 듣고
무엇에 대해 이야기하는지 파악한 후 적절한 답을 찾아
야 한다.

15. 일치하는 그림 고르기   p.47

남자 : **15. 택배를 보내려고** 하는데요.
여자 : 네, 여기에 **15. 물건을 올려 주세요.**

정답   ②

해설   남자가 택배를 보내려고 하고 여자는 남자의 택배
를 접수하고 있다. 이 상황에 맞는 그림을 고르면
된다.

오답   ① 남자가 우체국에 들어오고 있고 아직 택배를
접수하지 않은 상황이 아니다.
③ 남자가 택배 접수를 마치고 돌아서서 나오고
있는 상황이 아니다.
④ 남자가 택배 접수를 마치고 계산을 하고 있는
상황이 아니다.

🔑 **Key-Point!**   1급 수준의 문제로, 간단한 대화를 듣고
어디에서 무슨 대화를 하는지를 파악하고 이에 해당하
는 그림을 찾아야 한다.

16. 일치하는 그림 고르기   p.47

여자 : 민수 씨, **16. 다리는 좀 어때요?**
남자 : 아직 **16. 걸을 수 없어서** 좀 불편해요.

정답   ①

해설   여자가 다리를 다친 남자를 병문안 온 그림을 고
르면 된다. 그런데 남자는 걸을 수 없다고 했기 때
문에 남자가 움직이지 않고 가만히 있는 그림을
고르면 된다.

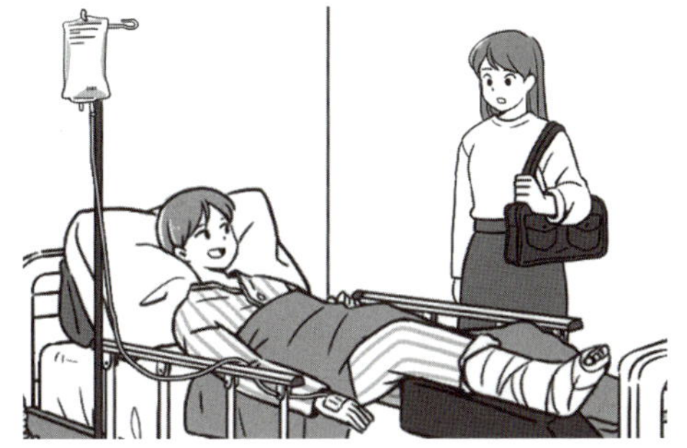

오답   ② 남자가 다리를 다친 상황이 아니다.
③ 남자가 여자와 걷고 있어서 다리를 다친 상황
이 아니다.
④ 남자가 다리를 다쳤지만 걸을 수 없는 상황이
아니다.

🔑 **Key-Point!**   1급 수준의 문제로, 간단한 대화를 듣고
어디에서 무슨 대화를 하는지를 파악하고 이에 해당하
는 그림을 찾아야 한다.

17. 일치하는 내용 고르기   p.48

남자 : 수미 씨, 오랜만이에요. 방학에 뭐 했어요?
여자 : 고향에 가서 부모님도 만나고 **17. 친구들
과 여행도 갔어요.** 민수 씨는요?
남자 : 저는 집에서 책도 보고 외국어 공부도 했
어요.

정답   ①

해설   여자는 친구들과 여행도 갔다고 한 것으로 보아
친구들을 만났다.

오답   ② 여자는 부모님과 여행을 갔습니다. (→ 부모님
을 만났다.)
③ 남자는 방학에 ~~공부를 못 했습니다.~~ (→ 외국
어 공부를 했다.)
④ 남자는 ~~방학 동안 여자를 만났습니다.~~ (→ 오랜
만이다.)

🔑 **Key-Point!**   2급 수준의 문제로, 대화를 통해 들은 내
용과 일치하는 답을 찾아야 한다.

18. 일치하는 내용 고르기 　　　　　　　p.48

> **여자** : 민수 씨, 작년 장미 축제 어땠어요? 저는 올해 가 보려고요.
> **남자** : **18. 좋았어요.** 여러 나라의 장미가 모두 모여 있어서 너무 예뻤어요.
> **여자** : 사진도 많이 찍었어요?
> **남자** : 아뇨. 사람이 너무 많아서 사진은 몇 장밖에 못 찍었어요.

정답　②

해설　남자는 장미 축제가 어땠냐는 여자의 질문에 좋았다고 한 것으로 보아 축제가 마음에 들었다.

오답　① 장미 축제는 올해 ~~처음~~ 열립니다. (→ 작년에도 열렸다.)
③ 장미 축제를 보러 간 ~~사람이 적었습니다.~~ (→ 사람이 많았다.)
④ 남자는 축제에 가서 ~~사진을 많이 찍었습니다.~~ (→ 몇 장밖에 못 찍었다.)

Key-Point!　2급 수준의 문제로, 대화를 통해 들은 내용과 일치하는 답을 찾아야 한다.

19. 일치하는 내용 고르기 　　　　　　　p.48

> **남자** : 손님, 무엇을 도와드릴까요?
> **여자** : 제가 휴대 전화를 떨어뜨렸는데 **19. 화면이 안 나와요.**
> **남자** : 수리하려면 비용을 내야 하는데 수리해 드릴까요?
> **여자** : 네. 그렇게 해 주세요.

정답　②

해설　여자는 휴대 전화를 떨어뜨려서 화면이 안 나와서 남자에게 수리를 해 달라고 이야기하고 있다.

오답　① 남자는 휴대 전화를 ~~고칠 수 없습니다.~~ (→ 비용이 있지만 수리할 수 있다.)
③ 여자의 휴대 전화 ~~수리 비용은 무료입니다.~~ (→ 비용을 내야 한다.)
④ 남자는 ~~휴대 전화가 고장 난 이유를 모릅니다.~~ (→ 여자가 떨어뜨렸다.)

Key-Point!　2급 수준의 문제로, 대화를 통해 들은 내용과 일치하는 답을 찾아야 한다.

20. 일치하는 내용 고르기 　　　　　　　p.49

> (전화벨 울리는 소리)
> **여자** : 네, 한국식당입니다.
> **남자** : 예약을 좀 하려고 하는데요. 내일 열두 시, 여섯 명요.
> **여자** : 네. 예약자분 성함은요?
> **남자** : 김민수입니다. **20. 메뉴는 불고기 정식으로 해 주세요.**

정답　④

해설　남자는 메뉴는 불고기 정식으로 해달라고 이야기하고 있다.

오답　① 남자는 내일 ~~혼자~~ 식당에 갑니다. (→ 6명이 간다.)
② 남자는 ~~식당에 가서~~ 예약을 했습니다. (→ 전화로 예약했다.)
③ 남자는 ~~저녁 식사를 예약~~하고 있습니다. (→ 점심 식사를 예약했다.)

Key-Point!　2급 수준의 문제로, 대화를 통해 들은 내용과 일치하는 답을 찾아야 한다.

21. 일치하는 내용 고르기 　　　　　　　p.49

> **남자** : 수미 씨, 발표 준비는 다 했어요?
> **여자** : 준비는 다 했는데 연습을 많이 못 했어요.
> **남자** : 그럼 **21. 수업 마치고 저랑 같이 연습할래요?**
> **여자** : 좋아요. **21. 오후에 교실에서 기다릴게요.**

정답　②

해설　남자가 수업 마치고 같이 발표 연습을 하자고 말하니까 여자가 좋다고 대답하며 기다리겠다고 이야기하고 있다.

오답　① 여자는 오늘 ~~수업이 없습니다.~~ (→ 지금 학교에 있다.)

③ 남자는 ~~지금~~ 여자를 기다리고 있습니다. (→ 수
업을 마치고 만날 것이다.)

④ 남자는 여자의 ~~발표 준비를 도와주었습니다.~~
(→ 여자의 발표 준비는 끝났다.)

🔑 **Key-Point!** 2급 수준의 문제로, 대화를 통해 들은 내용과 일치하는 답을 찾아야 한다.

22. 중심 생각 고르기 p.49

남자 : 수미 씨, 이번 주말에 뭐 할 거예요?

여자 : 집에 있을 거예요. **22.**풀 쉬고 싶어요.

남자 : 날씨도 좋은데 가까운 곳으로 드라이브 어때요?

여자 : **22.**주말까지 나가면 피곤해요. 주중에 일 했으니까 **22.**주말은 쉬는 게 좋아요.

정답 ②

해설 '주말까지 나가면 피곤하다'는 말과 '주말에 쉬는 게 좋다'라고 말한 것으로 보아 여자는 주말에 집에서 쉬는 것이 좋다고 생각한다.

오답 ① 주중에는 일을 많이 한다고 하였다.
③ 주말은 쉬는 것이 좋다고 하였다.
④ 날씨가 좋을 때 드라이브를 가자고 한 것은 남자의 생각이다.

🔑 **Key-Point!** 2급 수준의 문제로, 대화를 듣고 여자의 중심 생각을 찾아야 한다.

23. 중심 생각 고르기 p.49

남자 : 어제 주문한 게 벌써 도착했어요?

여자 : 네. 요즘은 인터넷으로 주문하면 다음 날 바로 배달이 돼요.

남자 : (포장 뜯는 소리) 가게에서 사는 것과 똑같네요.

여자 : 그죠? **23.**물건도 좋고, 가격도 싸고, 배달도 빨라서 좋은 것 같아요.

정답 ①

해설 여자는 '물건이 좋고', '가격도 싸고', '배달도 빨리 된다'고 말한 것으로 보아 인터넷 주문이 좋다고 생각한다.

오답 ② 모든 물건을 인터넷으로 사야 한다고 말하는 것은 아니다.
③ 양이 많다고 말한 것은 아니다.
④ 반드시 빨리 배달해 주어야 한다고 말한 것은 아니다.

🔑 **Key-Point!** 2급 수준의 문제로, 대화를 듣고 여자의 중심 생각을 찾아야 한다.

24. 중심 생각 고르기 p.49

남자 : 수미 씨, 새로 이사한 집은 어때요?

여자 : 깨끗하고 조용해서 좋아요. 그런데 **24.**쓰레기를 버리는 게 좀 불편해요.

남자 : 왜요? 아파트마다 쓰레기를 모으는 곳이 있잖아요.

여자 : 저희 아파트는 **24.**정해진 요일에만 쓰레기를 버릴 수 있어서 집 안에 모으고 있거든요.

정답 ③

해설 여자는 새로 이사한 집이 쓰레기를 버리는 게 불편하다고 말하면서 그 이유를 정해진 요일에만 쓰레기를 버릴 수 있기 때문이라고 말한 것으로 보아 쓰레기를 매일 버리는 것이 좋다고 생각한다.

오답 ① 조용한 것이 살기 좋은 이유는 아니다.
② 쓰레기를 버리는 장소에 대해 이야기하는 것은 아니다.
④ 쓰레기를 정해진 날에 버려야 하지만 깨끗하다고 이야기한 것은 아니다.

🔑 **Key-Point!** 2급 수준의 문제로, 대화를 듣고 여자의 중심 생각을 찾아야 한다.

[25~26]

(딩동댕)

여자 : 오늘도 저희 민속 박물관을 찾아 주신 여러분께 감사드립니다. 저희 민속 박물관에서는 **25. 잠시 후 두 시부터 전래 놀이 행사를 시작합니다. 26. 제기차기, 투호, 팽이치기를 26. 하고 싶은 분들께서는 26. 박물관 앞마당으로 와 주시기 바랍니다. 26. 참여하신 모든 분께는 예쁜 기념품도 드립니다.** 많은 참여 부탁드립니다. 감사합니다.

(딩동댕)

25. 여자가 왜 이야기를 하고 있는지 고르십시오.
[화자의 의도 고르기]   p.50

정답 ③

해설 여자가 민속 박물관 안내 방송을 통해 박물관을 구경하고 있는 사람들에게 박물관에서 하는 행사를 안내하고 있다.

오답 ① 기념품에 대한 설명을 하는 것이 아니다.
② 박물관에 온 사람들에 대한 소개는 하지 않았다.
④ 행사가 열리는 장소는 안내하지만 그 장소를 안내하고 있는 것은 아니다.

🔖 **Key-Point!** 2급 수준의 문제로, 대화를 듣고 여자가 말하는 목적이나 의도를 찾아야 한다.

26. 들은 내용과 같은 것을 고르시오.
[일치하는 내용 고르기]   p.50

정답 ④

해설 박물관에서 하는 행사를 안내하면서 '참여하는 모든 사람들에게 기념품을 준다'고 했다.

오답 ① 전래 놀이는 ~~박물관 안에서~~ 합니다.
② 제기차기, 투호, ~~연날리기를~~ 합니다.
③ 전래 놀이는 ~~신청해야~~ 할 수 있습니다.

🔖 **Key-Point!** 2급 수준의 문제로, 대화를 통해 들은 내용과 일치하는 답을 찾아야 한다.

[27~28]

여자 : 민수 씨, 이제 곧 대학교에 입학하는데 **27. 대학교에 들어가면 무엇을 전공할지 정했어요?**

남자 : **28. 저는 아직 고민 중이에요.** 커피나 쿠키, 케이크 만드는 것을 공부하고 싶은데 잘 모르겠어요.

여자 : 좋은데요? **28. 배워서 나중에 디저트 카페를 할 수도 있고요.**

남자 : 고마워요. 수미 씨는 무슨 계획이 있어요?

여자 : 저는 **28. 어릴 때부터 그림 그리는 것을 좋아해서** 디자인 공부를 하고 싶어요. 옷이나 가방 디자이너가 되는 것이 제 꿈이에요.

27. 두 사람이 무엇에 대해 이야기를 하고 있는지 고르십시오. [화제 고르기]   p.50

정답 ①

해설 여자가 남자에게 무엇을 전공할지 묻고 남자는 고민 중이라고 대답하며 서로의 전공과 계획에 대해 이야기하고 있다.

오답 ② 지금 고민하는 것에 대해 구체적으로 제시하고 있어서 답이 아니다.
③ 고민이 해결되었을 때 할 수 있는 일이라서 답이 아니다.
④ 이야기하지 않고 있는 내용이라서 답이 아니다.

🔖 **Key-Point!** 2급 수준의 문제로, 대화를 듣고 무엇에 대해 이야기하는지 파악한 후 적절한 답을 찾아야 한다.

28. 들은 내용과 같은 것을 고르시오.
[일치하는 내용 고르기]   p.50

정답 ③

해설 여자는 '어릴 때부터 그림 그리는 것을 좋아해서' 디자인 공부를 하고 싶다고 이야기하고 있다.

오답 ① 남자는 전공을 ~~결정했습니다.~~
② 남자는 졸업 후의 계획이 ~~있습니다.~~
④ 여자는 졸업 후에 디저트 카페를 ~~할 겁니다.~~

🔖 **Key-Point!** 2급 수준의 문제로, 대화를 통해 들은 내용과 일치하는 답을 찾아야 한다.

> 여자 : 안녕하세요 대표님. 이번 기술 박람회에서
> 대상을 타신 것을 축하드립니다. 먼저 대
> 상을 받은 '효돌이'에 대해 소개를 좀 부탁
> 드립니다.
> 남자 : '효돌이'는 AI를 활용해 만든 반려 로봇입
> 니다. 인형처럼 생겼고 온몸에 센서가 있
> 어 만지면 30. **움직이고 말도 합니다.**
> 여자 : 그렇군요. 처음에 어떻게 '효돌이'를 30. **만
> 들게 되셨나요?**
> 남자 : 고령화 사회가 되면서 어르신들이 혼자
> 있는 시간이 많아졌습니다. 그런 29. **어르
> 신들이 건강하게 생활할 수 있도록 도와
> 드리고 싶었습니다.**
> 여자 : 네. 그럼 '효돌이'가 어르신들께 어떤 역할
> 을 하는지 알려 주시겠습니까?
> 남자 : 아침에 깨워 드리고 약 먹을 시간, 식사
> 시간을 알려 드려요. 어르신들이 계속 잠
> 만 자면 보호자에게 메시지도 보내고요.

29. 남자가 반려 로봇을 만든 이유를 고르십시오.
[화자의 의도 고르기] p.51

정답 ③

해설 남자는 고령화 사회가 되면서 혼자 있는 어르신들
이 건강하게 지낼 수 있기를 바라는 마음을 이야
기하고 있다.

오답 ① 남자가 반려 로봇과 함께 사는 것이 아니라 어
르신들을 도와드리고 싶어서라고 이야기하고
있다.
② 어르신들이 어떻게 지내는지 알고 싶은 것이
아니라 어르신들을 도와드리고 싶어서라고
했다.
④ 로봇이 할 수 있는 일을 설명했지만 그것을 보
여 주기 위한 것은 아니다.

Key-Point! 2급 수준의 문제로, 남자의 직업에 대한
인터뷰 내용을 듣고 질문에 적절한 답을 찾아야 한다.

30. 들은 내용과 같은 것을 고르시오.
[일치하는 내용 고르기] p.51

정답 ③

해설 남자는 반려 로봇이 하는 여러 가지 일들을 통해
어르신들의 생활에 어떻게 도움이 되는지 이야기
하고 있다.

오답 ① 반려 로봇은 듣지만 ~~말하지 않습니다.~~
② 남자는 반려 로봇을 ~~파는 사람입니다.~~
④ 남자는 기술 박람회에서 ~~반려 로봇을 소개했
습니다.~~

Key-Point! 2급 수준의 문제로, 대화를 통해 들은 내
용과 일치하는 답을 찾아야 한다.

실전 모의고사 정답 및 풀이

| 읽기 | 31번~70번 |

31	②	32	②	33	③	34	①	35	②
36	①	37	①	38	④	39	③	40	①
41	③	42	④	43	②	44	③	45	④
46	②	47	④	48	④	49	③	50	①
51	③	52	④	53	④	54	②	55	①
56	①	57	②	58	②	59	①	60	④
61	③	62	①	63	④	64	③	65	③
66	②	67	④	68	②	69	③	70	①

31. 화제 고르기   p.52

저는 **31.베트남**에서 왔습니다. 제 친구는
31.네팔에서 왔습니다.

정답 ②

해설 '베트남'과 '네팔'은 모두 나라 이름이다.

오답 ①, ③, ④

🔑 **Key-Point!**   1급 수준의 문제로, 짧은 두 문장이 공통
으로 설명하는 어휘를 찾아야 한다.

32. 화제 고르기   p.52

32.바람이 붑니다. 32.시원합니다.

정답 ②

해설 '바람이 불다'와 '시원하다'는 모두 날씨를 나타내
는 표현이다.

오답 ①, ③, ④

🔑 **Key-Point!**   1급 수준의 문제로, 짧은 두 문장이 공통
으로 설명하는 어휘를 찾아야 한다.

33. 화제 고르기   p.52

33.토요일에 친구를 만납니다. **33.일요일**에 집
에서 쉽니다.

정답 ③

해설 '토요일'과 '일요일'에 하는 일에 대한 내용으로
토요일과 일요일은 주말을 나타내는 단어이다.

오답 ①, ②, ④

🔑 **Key-Point!**   1급 수준의 문제로, 짧은 두 문장이 공통
으로 설명하는 어휘를 찾아야 한다.

34. 빈칸에 알맞은 말 고르기　　　　p.53

(　　)에 갑니다. **34. 비행기를 탑니다.**

정답　①

해설　비행기를 타는 곳은 공항이다.

오답　②, ③, ④

🔑 **Key-Point!**　1급 수준의 문제로, 짧은 두 문장의 내용을 이해하여 빈칸에 알맞은 어휘를 찾아야 한다.

35. 빈칸에 알맞은 말 고르기　　　　p.53

약속이 없습니다. 집에서 **35. 영화를 (　　)**.

정답　②

해설　약속이 없어서 집에서 하는 행동을 설명할 때 적절한 단어를 찾는다.

오답　① (잠을) 잡니다.
　　　③ (부모님을/선생님을/친구를) 만납니다.
　　　④ (책을/신문을) 읽습니다.

🔑 **Key-Point!**　1급 수준의 문제로, 짧은 두 문장의 내용을 이해하여 빈칸에 알맞은 어휘를 찾아야 한다.

36. 빈칸에 알맞은 말 고르기　　　　p.53

내일이 **36. 동생 생일입니다. 저는 선물을 (　　)**.

정답　①

해설　동생 생일이어서 내가 하는 행동을 설명할 때 적절한 단어를 찾는다.

오답　② (글을/편지를) 씁니다.
　　　③ (날씨가/기분이) 좋습니다.
　　　④ (옷이/신발이) 작습니다.

🔑 **Key-Point!**　1급 수준의 문제로, 짧은 두 문장의 내용을 이해하여 빈칸에 알맞은 어휘를 찾아야 한다.

37. 빈칸에 알맞은 말 고르기　　　　p.54

37. 저는 학생입니다. 민수 씨(　　) **37. 학생입니다.**

정답　①

해설　나와 민수가 모두 학생이다. 앞의 내용과 뒤의 내용이 차이가 없을 때 보조사 '도'를 사용한다.

오답　② 만: 다른 것은 제외하고 '만'이 붙은 것만을 제한하여 말할 때 사용하는 조사이다.
　　　③ 에게: 어떤 행동의 대상을 나타내는 조사이다.
　　　④ 하고: 여러 사람이나 여러 사물을 연결하여 말할 때 사용하는 조사이다.

🔑 **Key-Point!**　1급 수준의 문제로, 앞뒤 문장을 이해하고 조사의 형태와 역할을 파악하여 문맥에 적절한 조사를 찾아야 한다.

38. 빈칸에 알맞은 말 고르기　　　　p.54

저는 **38. 우유를 좋아합니다.** 그래서 (　　) 마십니다.

정답　④

해설　우유를 좋아하는데 얼마나 마시는지 그 정도를 나타내는 단어를 찾는다.

오답　① 먼저: 시간이나 순서에서 앞선 때를 나타내는 부사이다.
　　　② 빨리: 걸리는 시간이 짧을 때 사용하는 부사이다.
　　　③ 아마: 정확하지는 않지만 그럴 수 있다고 생각될 때 사용하는 부사이다.

🔑 **Key-Point!**　1급 수준의 문제로, 앞뒤 문장을 이해하고 부사의 의미와 쓰임을 파악하여 문맥에 적절한 부사를 찾아야 한다.

39. 빈칸에 알맞은 말 고르기　　　　p.54

39. 길을 모릅니다. 사람들에게 (　　).

정답　③

해설　길을 모를 때 사람들에게 어떻게 하는지 행동에 적절한 단어를 찾는다.

오답　① (한국어를) 배웁니다.
　　　② (우산을) 빌립니다.
　　　④ (문제가) 어렵습니다.

Key-Point!　1급 수준의 문제로, 앞뒤 문장을 이해하고 주어와 서술어의 호응을 파악하여 문맥에 적절한 어휘를 찾아야 한다.

40. 일치하지 않는 내용 고르기　　　p.55

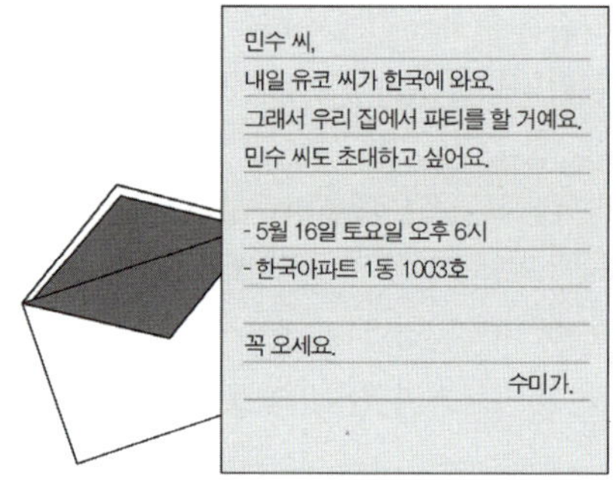

정답　①

해설　오전에 만납니다. (→ 오후에 만난다.)
　　　매주 수요일 오후에 학교 운동장에서 축구 동아리 모임이 있다.

오답　② 매주 수요일에 하니까 맞다.
　　　③ 축구 동아리 모임이니까 같이 축구를 하는 것이 맞다.
　　　④ 장소는 학교 운동장으로 되어 있으니까 맞다.

Key-Point!　1급 수준의 문제로, 주로 안내문·광고문·메뉴판 등의 실용문이 제시된다. 숫자 정보와 내용의 세부 정보를 확인하여 내용과 일치하지 않는 답을 찾아야 한다.

41. 일치하지 않는 내용 고르기　　　p.55

정답　③

해설　점심 메뉴는 한 가지입니다. (→ 두 가지)
　　　오후 12시~1시에 김치찌개와 된장찌개를 팔고 저녁 6시~7시에 불고기를 파는 학생 식당의 메뉴이다.

오답　① 저녁 메뉴는 불고기라고 적혀 있으니까 맞다.
　　　② 점심시간은 12시부터 13시까지니까 한 시간이 맞다.
　　　④ 식당의 저녁 식사 시간이 18시부터 19시까지니까 저녁 7시까지 하는 것이 맞다.

Key-Point!　1급 수준의 문제로, 주로 안내문·광고문·메뉴판 등의 실용문이 제시된다. 숫자 정보와 내용의 세부 정보를 확인하여 내용과 일치하지 않는 답을 찾아야 한다.

42. 일치하지 않는 내용 고르기　　　p.56

정답　④

해설　민수 씨는 수미 씨의 집을 모릅니다. (→ 안다.)
　　　유코 씨가 한국에 와서 토요일 오후 6시에 수미의 집에서 파티를 한다는 내용의 초대장이다. 아래에 수미의 집 주소가 적혀 있다.

오답　① 파티는 5월 16일 토요일에 하니까 맞다.
　　　② 수미가 집에서 파티를 한다고 초대장을 보냈으니까 집에서 만나는 것이 맞다.
　　　③ 내일 유코 씨가 한국에 와서 파티를 하는 것이니까 맞다.

Key-Point!　1급 수준의 문제로, 주로 이메일·문자 메시지 등의 실용문이 제시된다. 글의 주체와 상황을 이해하여 내용과 일치하지 않는 답을 찾아야 한다.

43. 일치하는 내용 고르기 p.57

친구와 제주도로 여행을 갔습니다. 바다도 보고 **43. 맛있는 음식도 먹었습니다.** 내년에는 가족과 제주도에 가고 싶습니다.

정답 ②

해설 친구와 제주도에 여행을 가서 바다도 보고 맛있는 음식도 먹었다.

오답 ① ~~가족과~~ 제주도에 여행을 갔습니다. (→ 친구와)
③ 내년에 ~~친구와~~ 제주도에 가려고 합니다. (→ 가족과)
④ 다음에는 제주도에서 ~~바다를 보고 싶습니다~~. (→ 이번 여행에서 바다를 보았다.)

Key-Point! 1~2급 수준의 문제로, 세부 내용의 이해 능력을 확인하는 문제이다. 짧은 글을 읽고 글의 내용과 일치하는 답을 찾아야 한다.

44. 일치하는 내용 고르기 p.57

어제 친구와 백화점에 갔습니다. **44. 저는 모자를 사고 친구는 운동화를 샀습니다.** 우리는 차를 마시고 헤어졌습니다.

정답 ③

해설 어제 친구와 백화점에 가서 모자와 운동화를 샀다.

오답 ① 우리는 ~~같이 집에 왔습니다~~. (→ 차를 마시고 헤어졌다.)
② 친구는 ~~물건을 안 샀습니다~~. (→ 운동화를 샀다.)
④ 우리는 ~~오늘~~ 백화점에 갔습니다. (→ 어제 백화점에 갔다.)

Key-Point! 1~2급 수준의 문제로, 세부 내용의 이해 능력을 확인하는 문제이다. 짧은 글을 읽고 글의 내용과 일치하는 답을 찾아야 한다.

45. 일치하는 내용 고르기 p.57

매년 7월에는 부산 바다 축제를 합니다. 축제에서 불꽃놀이와 콘서트를 합니다. 저는 올해 축제에 처음 가서 **45. 콘서트도 보고** 무료로 주는 음료도 마셨습니다.

정답 ④

해설 매년 열리는 바다 축제에 가서 콘서트를 봤다.

오답 ① 이 축제는 ~~가을~~에 합니다. (→ 여름에 한다.)
② 이 축제는 ~~올해 처음~~ 합니다. (→ 해마다 했다.)
③ 저는 축제에서 음료를 ~~샀습니다~~. (→ 무료로 마셨다.)

Key-Point! 1~2급 수준의 문제로, 세부 내용의 이해 능력을 확인하는 문제이다. 짧은 글을 읽고 글의 내용과 일치하는 답을 찾아야 한다.

46. 중심 내용 고르기 p.58

우리 형은 텔레비전으로 **46. 야구 경기를 자주 봅니다.** 집에서 **46. 매일 야구 연습도 합니다.** 지난달에는 **46. 야구장에 다섯 번이나 갔습니다.**

정답 ②

해설 형이 야구 경기를 자주 보고 야구장에도 가고 야구 연습도 열심히 한다는 내용이다.

오답 ① 야구를 좋아하는 것은 맞지만 잘한다고 말하지 않았다.
③ 텔레비전으로 야구 경기를 자주 보는 것이지 텔레비전을 자주 보는 것은 아니다.
④ 형은 야구장에 자주 간다.

Key-Point! 2급 수준의 문제로, 중심 내용의 이해 능력을 확인하는 문제이다. 짧은 글을 읽고 핵심 단어나 표현을 찾아 중심 내용이 무엇인지 파악하여 알맞은 답을 찾아야 한다.

47. 중심 내용 고르기 p.58

저는 한국 음식을 잘 못 만듭니다. 그래서 요리 학원에 다니고 있습니다. **47. 한국 음식을 맛있게 요리할 수 있을 겁니다.**

정답 ④

해설 한국 음식을 잘 못 만들지만 요리 학원에 다녀서 앞으로 한국 음식을 맛있게 만들 수 있을 것이라는 내용이다.

오답 ① 한국 음식을 만드는 이야기를 하고 있다.
② 한국 음식을 아직 잘 못 만든다.
③ 한국 음식을 좋아하는지에 대한 이야기가 아니다.

🔑 Key-Point! 2급 수준의 문제로, 중심 내용의 이해 능력을 확인하는 문제이다. 짧은 글을 읽고 핵심 단어나 표현을 찾아 중심 내용이 무엇인지 파악하여 알맞은 답을 찾아야 한다.

48. 중심 내용 고르기   p.58

지난주에 인터넷으로 가방을 샀습니다. 오늘 가방을 받았는데 너무 작아서 물건을 다 넣을 수 없습니다. 그래서 **48. 오늘 가방을 바꾸려고 합니다.**

정답 ④

해설 인터넷으로 가방을 샀는데 작아서 가방을 바꾸고 싶다는 내용이다.

오답 ① 큰 가방이 필요하다.
② 큰 가방으로 교환하려고 한다.
③ 가방 구입 방법에 대한 이야기가 아니다.

🔑 Key-Point! 2급 수준의 문제로, 중심 내용의 이해 능력을 확인하는 문제이다. 짧은 글을 읽고 핵심 단어나 표현을 찾아 중심 내용이 무엇인지 파악하여 알맞은 답을 찾아야 한다.

[49~50]

요즘 1인 가게가 많이 생겼습니다. 이곳은 **50. 사장님도 한 명**이고 손님도 한 명입니다. 그래서 혼자 편하게 이용할 수 있습니다. **49. 다른 손님이 (㉠) 사장님도 더 친절합니다.** 그리고 **50. 예약한 손님만 있어서 기다리지 않아도 됩니다. 50. 가격도 비싸지 않아서** 손님들이 좋아합니다.

49. ㉠에 들어갈 말로 가장 알맞은 것을 고르십시오.
[빈칸에 알맞은 말 고르기]   p.59

정답 ③

해설 -(으)니까: 이유를 나타내는 표현이다.

예 오늘은 바쁘니까 내일 만나요.

오답 ① -(으)ㄴ데/는데: 대조를 나타내는 두 문장을 연결하는 표현이다.

예 그 영화는 재미없었는데 배우의 연기는 좋았어.

② -(으)면: 조건을 나타내는 표현이다.

예 비가 오면 우산을 써요.

④ -지만: 반대의 뜻을 가진 두 문장을 연결하는 표현이다.

예 지수는 얼굴은 예쁘지만 성격이 좀 별로인 것 같다.

🔑 Key-Point! 2급 수준의 문제로, 글을 읽고 글의 흐름과 앞뒤 문장의 의미를 이해하여 상황에 가장 적절한 문장이나 문법 표현을 찾아야 한다.

50. 윗글의 내용과 같은 것을 고르십시오.
[일치하는 내용 고르기]   p.59

정답 ①

해설 이곳은 사장님도 한 명이고 손님도 한 명인 1인 가게이다.

오답 ② 이 가게는 오래 기다려야 합니다. (→ 기다리지 않아도 된다.)
③ 이 가게는 가격이 조금 비쌉니다. (→ 비싸지 않다.)
④ 이 가게는 일하는 사람이 많습니다. (→ 일하는 사람이 사장님 한 명이다.)

🔑 Key-Point! 2급 수준의 문제로, 세부 내용의 이해 능력을 확인하는 문제이다. 글의 내용과 일치하는 답을 찾아야 한다.

[51~52]

사람들은 밥 대신에 과일을 먹으면 살이 빠질 거라고 생각합니다. 하지만 과일에는 사탕처럼 단맛이 많이 들어 있어서 많이 먹으면 밥을 먹는 것보다 더 **51. 살이 찔 수도 있습니다. (㉠)** **살을 빼고 싶다면 52. 달콤한 과일보다는 채소를 먹는 게 좋습니다.**

51. ㉠에 들어갈 말로 가장 알맞은 것 고르십시오.
  [빈칸에 알맞은 말 고르기]   p.60

정답 ③

해설 그래서: 앞의 내용이 뒤의 내용에 대한 원인이나 이유가 될 때 사용한다.

  예 학교 가는 길에 차가 많이 막혔다. 그래서 수업에 늦었다.

오답 ① 또: 그것 외에 더 무엇을 추가로 나타내는 표현이다.

  예 어제 라면을 먹었는데 오늘 또 먹어?

  ② 그러나: 앞의 내용과 뒤의 내용이 상반될 때 사용한다.

  예 나는 여행을 가고 싶다. 그러나 시간이 없어서 갈 수 없다.

  ④ 그렇지만: 앞의 내용을 인정하면서 다른 대립되는 내용을 말할 때 사용한다.

  예 어제 갔던 식당이 좋았어. 그렇지만 가격이 너무 비쌌어.

🔑 **Key-Point!** 2급 수준의 문제로, 글을 읽고 글의 흐름과 앞뒤 문장의 의미를 이해하여 상황에 가장 적절한 접속사를 찾아야 한다.

52. 무엇에 대한 내용인지 맞는 것을 고르십시오.
  [화제 고르기]   p.60

정답 ④

해설 사람들이 먹는 음식이 살이 찌고 빠지는 것과 어떤 관계가 있는지에 대한 내용이다.

오답 ① 과일을 먹으면 살이 빠질 거라고 생각하지만 많이 먹는 이유에 대해서는 말하지 않았다.

  ② 밥 대신 과일을 먹는다고 말하지만 밥을 많이 안 먹는 방법에 대해 이야기하지 않았다.

  ③ 살을 빼는 이야기를 하고 있지만 다이어트를 하면 좋은 점에 대해서는 이야기하지 않았다.

🔑 **Key-Point!** 2급 수준의 문제로, 전체 내용을 읽고 글의 중심 내용이 무엇인지 파악하여 알맞은 답을 찾아야 한다.

[53~54]

저는 가족들과 경주에 여행을 가서 **54. 길을 잃어버렸습니다. 54. 처음 간 곳**에서 가족들이 보이지 않아 무섭고 눈물이 났습니다. 그때 **54. 아주머니 한 분이 와서 길을 찾아 주셨고** 저는 가족을 만날 수 있었습니다. **53. 처음에는 정말** (㉠) 도와준 고마운 아주머니 덕분에 그 여행은 **53.54. 행복한 기억으로 남았습니다.**

53. ㉠에 들어갈 말로 가장 알맞은 것 고르십시오.
  [빈칸에 알맞은 말 고르기]   p.61

정답 ④

해설 –지만: 반대의 뜻을 가진 두 문장을 연결하는 표현이다.

  예 작은 선물이었지만 충분히 감동적이었다.

오답 ① -게: 뒤에 오는 행동이나 상태가 어떤 방식이나 정도로 일어나는지 설명하는 표현이다.

  예 방을 깨끗하게 청소해라.

  ② -거나: 앞에 오는 말과 뒤에 오는 말 중에서 하나가 선택될 수 있음을 나타낼 때 사용한다.

  예 저 남자는 경찰이거나 군인인 것 같다.

  ③ -(으)니까: 이유를 나타내는 표현이다.

  예 많이 쉬었으니까 이제 숙제하자.

🔑 **Key-Point!** 2급 수준의 문제로, 글을 읽고 글의 흐름과 앞뒤 문장의 의미를 이해하여 상황에 가장 적절한 문장이나 문법 표현을 찾아야 한다.

54. 윗글의 내용과 같은 것을 고르십시오.
  [일치하는 내용 고르기]   p.61

정답 ②

해설 처음 간 경주 여행에서 가족을 잃어버렸으나 한 아주머니의 도움으로 가족을 다시 만났고 그 덕분에 경주 여행이 행복한 여행으로 기억에 남았다는 내용이다.

오답 ① 저는 경주에 ~~여러 번 가~~ 보았습니다. (→ 경주에 처음 갔다.)
③ 경주에서 ~~한 아주머니를 도와주었습니다.~~ (→ 한 아주머니가 나를 도와주었다.)
④ 경주 여행은 저에게 ~~슬프게~~ 기억되었습니다. (→ 행복한 기억으로 남았다.)

🔑 Key-Point! 2급 수준의 문제로, 세부 내용의 이해 능력을 확인하는 문제이다. 글의 내용과 일치하는 답을 찾아야 한다.

[55~56]

사람은 주로 소리로 이야기를 합니다. 하지만 개미는 다른 방법으로 이야기를 합니다. **56. 개미는 소리를 낼 수 없기 때문에 냄새로 이야기를 전달합니다. 55. 먹이를 (㉠) 엉덩이에서 나오는 냄새를 땅에 묻혀서 다른 개미들이 그 냄새를 맡고 따라올 수 있게 냄새 길을 만듭니다.** 또 길에서 만나면 머리에 있는 더듬이를 부딪치며 인사를 나누거나 위험한 일을 알려 줍니다.

55. ㉠에 들어갈 말로 가장 알맞은 것 고르십시오.
[빈칸에 알맞은 말 고르기]
p.62

정답 ①

해설 -(으)면: 가정을 나타내는 표현이다.
예 주말에 날씨가 좋으면 바다에 가자.

오답 ② -아서/어서: 이유나 원인을 나타내는 표현이다.
예 어제 잠을 못 자서 하루 종일 피곤했다.
③ -거나: 두 가지 중 한 가지를 선택할 때 사용한다.
예 주말에 보통 친구를 만나거나 영화를 본다.
④ -지만: 반대의 뜻을 가진 두 문장을 연결하는 표현이다.
예 학교 식당은 싸지만 종류가 많이 없다.

🔑 Key-Point! 2급 수준의 문제로, 글을 읽고 글의 흐름과 앞뒤 문장의 의미를 이해하여 상황에 가장 적절한 문장이나 문법 표현을 찾아야 한다.

56. 윗글의 내용과 같은 것을 고르십시오.
[일치하는 내용 고르기]
p.62

정답 ①

해설 개미는 소리를 낼 수 없기 때문에 냄새로 이야기를 전달한다는 내용이다.

오답 ② 냄새는 개미의 ~~더듬이~~에서 납니다. (→ 개미의 냄새는 엉덩이에서 난다.)
③ 냄새 길은 ~~다른 개미는 알 수 없습니다.~~ (→ 냄새로 다른 개미에게 알려 준다.)
④ 개미는 ~~냄새~~ 길로 위험한 일을 알려 줍니다. (→ 더듬이로 위험한 일을 알려 준다.)

🔑 Key-Point! 2급 수준의 문제로, 세부 내용의 이해 능력을 확인하는 문제이다. 글의 내용과 일치하는 답을 찾아야 한다.

57. 알맞은 순서로 배열한 것 고르기
p.63

(가) 그래서 저는 할머니께 **57. 글자를 가르쳐 주었습니다.**
(나) 할머니는 제가 읽던 동화책의 **57. 그림만 보셨습니다.**
(다) 편지에는 "우리 강아지 사랑한다."라고 **57. 적혀 있었습니다.**
(라) 제 생일날에 할머니가 **57. 직접 쓴** 편지 한 장을 주셨습니다.

정답 ②

해설 글자를 못 읽는 할머니께 글자를 가르쳐 주었고 할머니가 생일날 직접 쓴 편지를 주었다는 내용이다.

오답 ①, ③, ④
선택지의 내용을 보면 할머니는 글자를 못 읽으셨는데 내가 글자를 가르쳐 주어서 편지를 쓰게 된 것이니까 글자를 못 읽던 상황에서 글자를 배워 편지를 쓰게 된 과정으로 순서를 정하면 된다.

🔑 Key-Point! 2급 수준의 문제로, 주로 나와 관련된 이야기를 읽고 글의 흐름에 맞게 알맞은 순서로 배열해야 한다.

58. 알맞은 순서로 배열한 것 고르기   p.63

(가) 달은 **58. 햇빛을 통해** 우리 눈에 보입니다.

(나) **58. 자리가 바뀌면** 햇빛을 받는 부분이 달라집니다.

(다) 그래서 달의 모양이 **58. 계속 다른 모양으로** 보입니다.

(라) 그런데 달이 지구를 돌면서 매일 **58. 자리를** 조금씩 **바꿉니다.**

정답 ②

해설 달이 햇빛을 통해 우리 눈에 보이는데 달이 매일 움직이기 때문에 햇빛을 받는 부분이 달라지고 그 부분 때문에 달의 모양도 달라진다는 내용이다.

오답 ①, ③, ④

선택지 문장의 구조를 보면 연결어를 가진 (다)와 (라)는 첫 문장이 될 수 없다. 달이 눈에 보이는 것을 시작 문장으로 놓고 달이 다른 모양으로 보이는 원인을 찾아가는 순서로 맞추면 된다.

🔑 **Key-Point!**   2급 수준의 문제로, 주로 나와 관련된 이야기를 읽고 글의 흐름에 맞게 알맞은 순서로 배열해야 한다.

[59~60]

마트에 가면 **60. 계획보다 많은 물건을 살 때가 많습니다.** (㉠) **59. 그것을 찾으러 가면서 다른 물건을 구경하고 사게 됩니다.** (㉡) 또 **60. '1+1'은 물건이 싼 것처럼 생각됩니다.** (㉢) 계산대 앞에 사탕이나 과자가 있어서 기다리는 동안 더 사게 됩니다. (㉣)

59. 다음 문장이 들어갈 곳으로 가장 알맞은 것을 고르십시오. [문장이 들어갈 위치 고르기]   p.64

60. 우유처럼 꼭 필요한 것은 가장 안쪽에 있기 때문입니다.

정답 ①

해설 마트에 가면 계획보다 많은 물건을 사게 되는데 그것은 물건이 놓여 있는 위치 때문이다. 필요한 물건이 가장 안쪽에 있고 손쉽게 살 수 있는 것은 계산대 앞에 있어서 그렇다는 내용이다.

오답 ②, ③, ④

사려고 하는 물건을 찾으러 가면서 다른 물건을 구경하고 1+1의 물건, 계산대 앞의 물건을 더 사게 된다는 내용은 모두 연결되기 때문에 주어진 문장이 들어가기에 적합하지 않아 답이 될 수 없다.

🔑 **Key-Point!**   2급 수준의 문제로 '보기의 문장'을 먼저 읽고 내용을 이해한 후 지문을 읽으면서 문장 간의 의미 관계를 파악하여 답을 찾아야 한다.

60. 윗글의 내용과 같은 것을 고르십시오. [일치하는 내용 고르기]   p.64

정답 ④

해설 계산대 앞에도 사탕이나 과자가 있어서 기다리는 동안 물건을 더 살 수 있다.

오답 ① 마트에서는 ~~계획한 만큼 물건을 삽니다.~~
    (→ 계획보다 많은 물건을 산다.)
② 우유는 마트의 ~~입구에서~~ 살 수 있습니다.
    (→ 우유는 가장 안쪽에 있다.)
③ 1+1은 ~~싼 물건이라서~~ 사는 것이 좋습니다.
    (→ 싼 것처럼 생각된다.)

🔑 **Key-Point!**   2급 수준의 문제로, 세부 내용의 이해 능력을 확인하는 문제이다. 글의 내용과 일치하는 답을 찾아야 한다.

[61~62]

대추는 건강에 좋은 열매입니다. **61. 밤에 잠을 잘 자지 못하는 사람**은 대추를 씨앗까지 함께 푹 끓여서 마시면 도움이 됩니다. **61. 피곤한 사람**은 대추를 썰어서 꿀과 함께 먹으면 피로가 사라집니다. 또 **61. 감기에 걸렸을 때**는 따뜻한 대추차를 마시는 것이 좋습니다. **62. 대추차가 감기에 걸리지 않고 기침도 하지 않게 해 줍니다.** 이렇게 대추는 먹는 방법에 따라 효과가 (㉠).

61. ㉠에 들어갈 말로 가장 알맞은 것 고르십시오. [빈칸에 알맞은 말 고르기]   p.65

정답 ③

해설 대추는 끓여서 먹거나 썰어서 꿀과 함께 먹거나 차로 마시는 등 먹는 방법에 따라 그 효과가 다르다는 내용이다. '다르다'는 비교가 되는 두 대상이 서로 같지 않다는 뜻으로 사용한다.

  ① 모르다: 사람이나 사물, 사실을 알거나 이해하지 못한다는 뜻이다.

② 아니다: 사실이나 내용을 부정한다는 뜻이다.

④ 없다: 실제로 존재하지 않는 상태를 뜻한다.

Key-Point! 2급 수준의 문제로 문장을 이해하며 빈칸에 들어갈 적절한 단어 또는 문법 표현을 찾아야 한다.

62. 윗글의 내용과 같은 것을 고르십시오.
[일치하는 내용 고르기]
p.65

정답 ①

해설 밤에 잠을 자지 못하는 사람, 피곤한 사람, 감기에 걸린 사람 등이 대추를 먹는 방법에 따라 효과를 볼 수 있다는 내용이다.

오답 ② 대추는 ~~씨를 빼고 먹어야~~ 좋습니다. (→ 밤에 잠을 자지 못하는 사람은 대추 씨앗까지 함께 먹어야 도움이 된다.)

③ 대추는 잠이 안 올 때 먹으면 ~~안 됩니다.~~ (→ 잠이 안 올 때 대추를 끓여 마시면 도움이 된다.)

④ 대추는 꿀과 함께 먹으면 ~~효과가 없습니다.~~ (→ 대추를 꿀과 함께 먹으면 피로가 사라진다.)

Key-Point! 2급 수준의 문제로, 세부 내용의 이해 능력을 확인하는 문제이다. 글의 내용과 일치하는 답을 찾아야 한다.

[63~64]

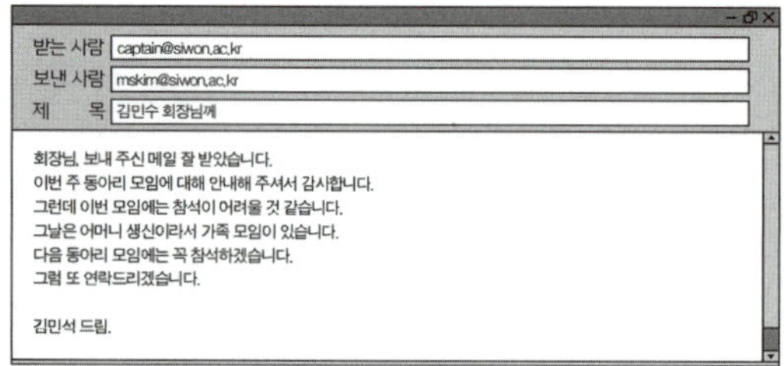

63. 왜 윗글을 썼는지 맞는 것을 고르십시오.
[필자의 의도/목적 고르기]
p.66

정답 ④

해설 회장님이 보낸 동아리 안내 메일을 받고 참석이 어려울 것 같다는 내용의 이메일이다.

오답 ① 회장님께 쓴 메일이다.

② 편지 내용을 보면 모임 날짜는 알고 있는 것으로 확인된다.

③ 다른 사람의 참석을 확인하는 것이 아니라 자신이 모임에 참석할 수 없다는 내용이다.

Key-Point! 2급 수준의 문제로 글을 쓴 이유를 찾는 문제이며, 선택지를 먼저 읽고 글을 읽으면서 이유를 찾는 것이 좋다.

64. 윗글의 내용과 같은 것을 고르십시오.
[일치하는 내용 고르기]
p.66

정답 ③

해설 민석 씨가 답장으로 보낸 이메일은 가족 모임이 있어 이번 모임에 참석할 수 없지만 다음 모임에는 꼭 참석하겠다는 내용이다.

오답 ① 동아리 모임은 ~~이번에 끝입니다.~~ (→ 다음 동아리 모임이 있다.)

② 동아리 모임의 ~~회장은 김민석입니다.~~ (→ 회장은 김민수다.)

④ 민석 씨는 ~~이번 동아리 모임에 참석할 수 있습니다.~~ (→ 이번 모임에는 참석할 수 없다.)

Key-Point! 2급 수준의 문제로, 세부 내용의 이해 능력을 확인하는 문제이다. 글의 내용과 일치하는 답을 찾아야 한다.

[65~66]

> 흙으로 만들어서 구운 그릇을 토기라고 합니다. 토기의 바깥에는 눈에 보이지 않지만 아주 작은 구멍들이 있습니다. 이 구멍을 통해 공기가 드나들어 **65. 음식을 신선하게 (㉠) 물이나 세**제도 들어오기 때문에 설거지를 할 때는 세제를 사용하면 안 됩니다. 또 **66. 토기의 구멍에 물이 남아 있으면 곰팡이가 생길 수 있어서 씻은 뒤에는 잘 말려 주어야 합니다.**

65. ㉠에 들어갈 말로 가장 알맞은 것 고르십시오.
[빈칸에 알맞은 말 고르기]
p.67

정답 ③

해설 흙으로 만든 그릇에는 작은 구멍이 있는데 그 구멍으로 공기가 드나들면서 음식을 신선하게 보관한다. 그러나 공기뿐만 아니라 세제도 들어온다. 두 내용이 대조를 이루고 있어 '보관하다'와 '-지만'과 함께 사용한다.

오답 　① 신선하게 보관할 수 있어서 '-고 싶다'는 맞지
　　　않는 문법이라서 답이 아니다.
　② 토기에 음식을 보관하는 내용이라서 '요리하
　　다'와 '-고 싶다'는 모두 답이 아니다.
　④ 토기에 음식을 보관하는 내용이라서 '요리하
　　다'는 답이 아니다.

🔑 Key-Point!　2급 수준의 문제로, 글을 읽고 글의 흐름과 앞뒤 문장의 의미를 이해하여 상황에 가장 적절한 문장이나 문법 표현을 찾아야 한다.

66. 윗글의 내용과 같은 것을 고르십시오.
[일치하는 내용 고르기]　　　　p.67

정답 　②

해설 　토기는 세제를 사용하지 않고 설거지를 하는데 구멍에 물이 남아 있으면 곰팡이가 피기 때문에 잘 말려야 한다.

오답 　① 토기의 구멍은 ~~눈에 보입니다~~. (→ 눈에 보이지
　　　않는다.)
　③ 토기는 ~~세제로 씻어야 깨끗합니다~~. (→ 세제를
　　사용하면 안 된다.)
　④ 토기는 ~~곰팡이가 생겨도 괜찮습니다~~. (→ 구멍
　　에 곰팡이가 생기면 음식을 신선하게 보관할
　　수 없기 때문에 씻은 뒤에는 잘 말려야 한다.)

🔑 Key-Point!　2급 수준의 문제로, 세부 내용의 이해 능력을 확인하는 문제이다. 글의 내용과 일치하는 답을 찾아야 한다.

[67~68]

오늘날 사람들이 편리하게 이용하는 지금의 엘리베이터는 170년 전에 발명되었습니다. 처음 만든 엘리베이터는 지금보다 속도가 많이 느렸고 **67.사람들은 엘리베이터의 느린 속도가 불만이었습니다. 엘리베이터 (　㉠　) 고민하던 기술자들이 꾀를 내었습니다. 엘리베이터 안에 큰 거울을 붙이는 것이었습니다. 그러자 68.사람들은 거울에 보이는 자신의 얼굴을 보고 머리 모양을 다듬느라 시간이 가는 줄 모르게 되어 불만이 사라졌습니다.**

67. ㉠에 들어갈 말로 가장 알맞은 것 고르십시오.
[빈칸에 알맞은 말 고르기]　　　　p.68

정답 　④

해설 　170년 전에 발명된 엘리베이터는 지금보다 속도가 많이 느려서 사람들의 불만이 있었다. 그래서 기술자들은 속도를 높이려고 고민을 하였다는 내용이다.

오답 　① 속도와 관계된 내용이다.
　② 속도와 관계된 내용이다.
　③ 속도를 빠르게 하려고 고민하는 내용이다.

🔑 Key-Point!　2급 수준의 문제로, 글을 읽고 글의 흐름과 앞뒤 문장의 의미를 이해하여 상황에 가장 적절한 문장이나 문법 표현을 찾아야 한다.

68. 윗글의 내용과 같은 것을 고르십시오.
[일치하는 내용 고르기]　　　　p.68

정답 　②

해설 　사람들은 거울에 보이는 자신의 얼굴을 보며 시간이 가는 줄 모르게 되었고 불만도 사라졌다는 내용을 통해 거울에 만족하는 것을 확인할 수 있다.

오답 　① 엘리베이터를 발명한 시기는 ~~알 수 없습니다~~.
　　　(→ 170년 전에 발명되었다.)
　③ 엘리베이터에는 ~~처음부터~~ 거울이 있었습니다.
　　(→ 사람들의 불만을 해결하려고 고민하다가
　　붙이게 되었다.)
　④ 처음 만든 엘리베이터 ~~속도는 지금과 비슷했습니다~~. (→ 지금보다 많이 느렸다.)

🔑 Key-Point!　2급 수준의 문제로, 세부 내용의 이해 능력을 확인하는 문제이다. 글의 내용과 일치하는 답을 찾아야 한다.

제가 초등학교 때의 일입니다. 그날은 친구들과 소풍을 가는 날이었지만 어머니가 병원에 입원해 계셔서 도시락을 준비할 수 없었습니다. 그런데 아침 일찍 부엌에서 요리하는 소리가 들렸습니다. 요리를 하지 않으시던 아버지가 도시락을 준비하고 계셨습니다. 점심시간에 **70.도시락을 열어 보니 다 터져서 못생긴 김밥만 있었습니다.** 창피해서 친구들 몰래 혼자 먹는데 도시락을 준비하던 아버지의 얼굴이 생각났습니다. 그래서 **70.짜고 못생긴 김밥**이지만 **69.다 먹었습니다.** (㉠) 기뻐하는 아버지의 얼굴을 보니 죄송한 마음이 들었습니다.

69. ㉠에 들어갈 말로 가장 알맞은 것 고르십시오.
[빈칸에 알맞은 말 고르기]
p.69

정답 ③

해설 어머니가 병원에 계셔서 아버지가 준비해 준 도시락을 들고 소풍을 갔는데 열심히 준비해 준 아버지 생각에 밥을 다 먹었다. 그리고 빈 도시락을 아버지께 드렸더니 아버지가 기뻐했다는 내용이다.

오답 ① 김밥은 아침에 만들었다.
② 도시락을 다 먹은 후의 상황이다.
④ 아빠가 준비해 준 도시락에 관한 이야기다.

Key-Point! 2급 수준의 문제로, 글을 읽고 글의 흐름과 앞뒤 문장의 의미를 이해하여 상황에 가장 적절한 문장이나 문법 표현을 찾아야 한다.

70. 윗글의 내용으로 알 수 있는 것을 고르십시오.
[일치하는 내용 고르기]
p.69

정답 ①

해설 평소에 요리를 하지 않던 아버지가 도시락을 준비했다. 그래서 김밥은 짜고 다 터졌다.

오답 ② 김밥은 못 생겼지만 맛있었습니다. (→ 짜고 못생겼다.)
③ 저는 김밥을 친구들과 나누어 먹었습니다. (→ 몰래 혼자 먹었다.)
④ 어머니는 아버지가 요리하는 것을 도와주셨습니다. (→ 어머니는 병원에 계신다.)

Key-Point! 2급 수준의 문제로, 세부 내용의 이해 능력을 확인하는 문제이다. 글의 내용과 일치하는 답을 찾아야 한다.

3회 실전 모의고사 정답 및 풀이

듣기	1번~30번

1	②	2	④	3	④	4	②	5	③
6	②	7	④	8	①	9	②	10	①
11	④	12	④	13	④	14	②	15	①
16	②	17	③	18	①	19	①	20	③
21	④	22	③	23	④	24	①	25	③
26	①	27	③	28	②	29	③	30	③

1. 이어지는 내용 유추하기   p.73

남자 : 친구가 **1. 많아요?**

여자 : ________________________.

정답 ②

해설 친구가 많으면 '네, 친구가 많아요.', 친구가 없으면 '아니요, 친구가 없어요.'가 된다.

오답 ① '친구가 없어요?'에 알맞은 대답이다.
③ '친구가 아니에요?'에 알맞은 대답이다.
④ '친구가 안 와요?'에 알맞은 대답이다.

Key-Point! 1급 수준의 문제로, 간단한 대화에서 '네' 또는 '아니요'를 이용하여 적절하게 답한 것을 찾아야 한다.

2. 이어지는 내용 유추하기   p.73

여자 : 과일을 **2. 좋아해요?**

남자 : ________________________.

정답 ④

해설 과일을 좋아하면 '네, 과일을 좋아해요.', 과일을 안 좋아하면 '아니요, 과일을 안 좋아해요.'가 된다.

오답 ① '과일이 비싸요?'에 알맞은 대답이다.
② '과일이 없어요?'에 알맞은 대답이다.
③ '과일이 아니에요?'에 알맞은 대답이다.

Key-Point! 1급 수준의 문제로, 간단한 대화에서 '네' 또는 '아니요'를 이용하여 적절하게 답한 것을 찾아야 한다.

3. 이어지는 내용 유추하기   p.73

남자 : **3. 몇 시에** 저녁을 먹어요?

여자 : ________________________.

정답 ④

해설 저녁 먹는 시간을 물어보았으므로 시간을 대답해야 한다.

오답 ① '누구와' 먹는지 물어본 것이 아니다.
② '어디에서' 먹는지 물어본 것이 아니다.
③ '무엇을' 먹는지 물어본 것이 아니다.

Key-Point! 1급 수준의 문제로, 간단한 대화에서 질문의 뜻에 맞게 대답한 것을 찾아야 한다.

4. 이어지는 내용 유추하기　　　　　　　　p.73

> 여자 : **4.누구하고** 백화점에 갔어요?
> 남자 : ____________________.

정답　②

해설　'누구하고' 백화점에 갔는지를 대답해야 한다.

오답　① '언제' 갔는지 물어본 것이 아니다.
　　　③ '어떻게' 갔는지 물어본 것이 아니다.
　　　④ '무엇을' 사러 갔는지 물어본 것이 아니다.

Key-Point!　1급 수준의 문제로, 간단한 대화에서 질문의 뜻에 맞게 대답한 것을 찾아야 한다.

5. 듣고 이어지는 말 고르기　　　　　　　　p.74

> 여자 : **5.잘 먹겠습니다.**
> 남자 : ____________________.

정답　③

해설　한국에서 식사를 하기 전에 하는 인사이다. 따라서 상대방에게 식사를 권유하거나 인사에 화답하는 말을 찾아야 한다.

오답　① 방문하는 사람을 반갑게 맞이할 때 하는 말이다.
　　　② 음식을 먹은 후에 맛을 표현할 때 하는 말이다.
　　　④ 누군가를 만났을 때 하는 말이다.

Key-Point!　1급 수준의 문제로, 간단한 대화에서 주어진 대화에 이어질 말로 가장 적절한 것을 찾아야 한다.

6. 듣고 이어지는 말 고르기　　　　　　　　p.74

> 여자 : 저기요. **6.조용히 좀 해 주세요.**
> 남자 : ____________________.

정답　②

해설　공공장소에서 시끄러운 상황에 하는 말이다. 조용히 해 달라고 부탁하는 말에 이어지는 말로 가장 적절한 것을 찾아야 한다.

오답　① 상대방의 행동을 이해하거나 받아들일 때 하는 말이다.
　　　③ 방문객을 반갑게 맞이할 때 하는 말이다.
　　　④ 상대방에게 감사를 표할 때 하는 말이다.

Key-Point!　1급 수준의 문제로, 간단한 대화에서 주어진 대화에 이어질 말로 가장 적절한 것을 찾아야 한다.

7. 담화 장소 고르기　　　　　　　　p.75

> 남자 : 3시 **7.영화표 두 장 주세요.**
> 여자 : 이만 사천 원입니다.

정답　④

해설　영화표를 살 수 있는 장소를 찾아야 한다.

오답　①, ②, ③
　　　영화표를 사는 것과 관계없는 장소는 답이 아니다.

Key-Point!　1급 수준의 문제로, 간단한 대화를 듣고 대화의 장소로 적절한 것을 찾아야 한다.

8. 담화 장소 고르기　　　　　　　　p.75

> 남자 : **8.통장을 만들러 왔습니다.**
> 여자 : 네. 신분증 좀 보여 주세요.

정답　①

해설　통장을 만들 수 있는 장소를 찾아야 한다.

오답　②, ③, ④
　　　통장을 만드는 것과 관계없는 장소는 답이 아니다.

Key-Point!　1급 수준의 문제로, 주어진 대화를 듣고 대화의 장소로 적절한 것을 찾아야 한다.

9. 담화 장소 고르기　　　　　　　　p.75

> 남자 : **9.어떻게 오셨어요?**
> 여자 : 배가 아프고 열이 나서 왔어요.

정답　②

해설　배가 아프고 열이 날 때 가는 장소를 찾아야 한다.

오답　①, ③, ④
　　　아플 때 가는 것과 관계없는 장소는 답이 아니다.

Key-Point!　1급 수준의 문제로, 주어진 대화를 듣고 대화의 장소로 적절한 것을 찾아야 한다.

10. 담화 장소 고르기   p.75

> 남자 : 안녕하세요. 오늘 날짜로 예약했는데요.
>   이름은 '김민수'입니다.
> 여자 : 네. **10.방 카드는** 여기 있습니다.
>   **10.301호로** 가시면 됩니다.

정답   ①

해설   예약한 손님의 방을 안내하는 대화에 맞는 장소
를 찾아야 한다.

오답   ②, ③, ④
      예약자의 이름을 말하고 예약한 방을 안내하는
것과 관계없는 장소는 답이 아니다.

Key-Point!   1급 수준의 문제로, 주어진 대화를 듣고
대화의 장소로 적절한 것을 찾아야 한다.

11. 화제 고르기   p.76

> 남자 : 수미 씨는 **11.파란색이 좋아요, 초록색이**
>   **좋아요?**
> 여자 : 저는 **11.파란색이 좋아요.**

정답   ④

해설   두 사람이 좋아하는 색깔에 대해 이야기 하고 있
다.

오답   ①, ②, ③
      색깔과 관계없는 것은 답이 아니다.

Key-Point!   1급 수준의 문제로, 간단한 대화를 듣고
무엇에 대해 이야기하는지 파악한 후 적절한 답을 찾아
야 한다.

12. 화제 고르기   p.76

> 남자 : 시험이 **12.언제예요?**
> 여자 : **12.다음 주 월요일**이에요.

정답   ④

해설   두 사람은 시험 요일에 대해 묻고 답하고 있다.

오답   ①, ②, ③
      시험 요일 관계없는 것은 답이 아니다.

Key-Point!   1급 수준의 문제로, 간단한 대화를 듣고
무엇에 대해 이야기하는지 파악한 후 적절한 답을 찾아
야 한다.

13. 화제 고르기   p.76

> 남자 : 수미 씨는 **13.시간이 있을 때 뭐 해요?**
> 여자 : **13.저는 책 읽는 것을 좋아해요.**

정답   ④

해설   여자의 취미에 대해 묻고 답하고 있다.

오답   ①, ②, ③
      취미와 관계없는 것은 답이 아니다.

Key-Point!   1급 수준의 문제로, 간단한 대화를 듣고
무엇에 대해 이야기하는지 파악한 후 적절한 답을 찾아
야 한다.

14. 화제 고르기   p.76

> 남자 : 회사에 **14.어떻게 와요?**
> 여자 : 저는 **14.지하철을 타고 와요. 버스보다**
>   **빨라요.**

정답   ②

해설   여자가 회사에 올 때 이용하는 교통수단에 대해
이야기하고 있다.

오답   ①, ③, ④
      교통수단과 관계없는 것은 답이 아니다.

Key-Point!   1급 수준의 문제로, 간단한 대화를 듣고
무엇에 대해 이야기하는지 파악한 후 적절한 답을 찾아
야 한다.

15. 일치하는 그림 고르기   p.77

> 여자 : **15.우리 어디에서 밥 먹을까요?**
> 남자 : **15.저기에 새로 생긴 식당에** 한번 가 봐요.

정답   ①

해설   남자가 새로 생긴 식당을 가리키며 그곳에 가서
밥을 먹자고 제안하고 있다.

오답　② 남자와 여자가 밥을 먹으면서 이야기하는 상
　　　　황이 아니다.
　　　　③ 남자와 여자가 식당에 앉아서 메뉴판을 보는
　　　　상황이 아니다.
　　　　④ 남자와 여자가 밥을 먹고 밖으로 나가는 상황
　　　　이 아니다.

🔑 Key-Point!　1급 수준의 문제로, 간단한 대화를 듣고
어디에서 무슨 대화를 하는지를 파악하고 이에 해당하
는 그림을 찾아야 한다.

16. 일치하는 그림 고르기　　　　p.77

（지하철 달리는 소리）
남자 : 수미 씨, 이번 역이 시청역이에요. **16. 우리**
　　　여기서 내려야 해요.
여자 : 아, 벌써요? **16. 그럼 우리 내릴 준비 해요.**

정답　②

해설　두 사람이 지하철 안에서 다음 역에 내릴 준비를
　　　하고 있다.

오답　① 두 사람이 지하철을 탄 후 자리에 앉으려고 걸
　　　　어가는 상황이 아니다.
　　　　③ 지하철을 타기 위해 교통 카드를 찍고 들어가
　　　　는 상황이 아니다.
　　　　④ 지하철을 타려고 기다리는 상황이 아니다.

🔑 Key-Point!　1급 수준의 문제로, 간단한 대화를 듣고
어디에서 무슨 대화를 하는지를 파악하고 이에 해당하
는 그림을 찾아야 한다.

17. 일치하는 내용 고르기　　　　p.78

여자 : 민수 씨, 이번 방학에 뭐 할 거예요?
남자 : **17. 외국어 시험이 있어서 공부하려고요.**
　　　수미 씨는요?
여자 : 저는 가족들과 해외여행을 가려고 해요.

정답　③

해설　남자는 방학 때 외국어 시험이 있다고 말했다.

오답　① 남자는 여자와 ~~여행을 갈 겁니다~~.
　　　　② 여자는 방학에 ~~공부를~~ 하려고 합니다.
　　　　④ 여자는 가족들과 ~~지금 다른 나라에 있습니다~~.

🔑 Key-Point!　2급 수준의 문제로, 대화를 통해 들은 내
용과 일치하는 답을 찾아야 한다.

18. 일치하는 내용 고르기　　　　p.78

남자 : 수미 씨, **18. 어제 공연 잘 봤어요?**
여자 : **18. 네.** 너무 재미있었어요. 배우들도 정
　　　말 멋있고요.
남자 : 좋았겠네요. 공연 끝나고 같이 사진도 찍
　　　었어요?
여자 : 네. 한 시간이나 기다려서 힘들게 찍었어
　　　요. 사진 보여 줄까요?

정답　①

해설　남자가 수미에게 어제 다녀온 공연에 대해 묻고
　　　있다.

오답　② 남자는 ~~공연장에서 여자를 만났습니다~~.
　　　　③ 여자는 배우들과 사진을 ~~찍지 못했습니다~~.
　　　　④ ~~남자~~는 배우를 보려고 한 시간을 기다렸습니다.

🔑 Key-Point!　2급 수준의 문제로, 대화를 통해 들은 내
용과 일치하는 답을 찾아야 한다.

19. 일치하는 내용 고르기   p.78

여자 : 민수 씨, 내일 저녁에 같이 영화 보러 갈
　　　래요?
남자 : 네. 그런데 아르바이트가 오후에 끝나서
　　　저녁에만 시간이 돼요.
여자 : 괜찮아요. 그럼 같이 저녁을 먹고 7시 영
　　　화를 볼까요?
남자 : 좋아요. **19.그럼 내일 아르바이트 끝나고**
　　　만나요.

정답　①

해설　여자는 남자에게 내일 영화를 같이 보자고 제안
하고 남자는 내일 아르바이트가 있어서 저녁에만
시간이 된다고 말하고 있다.

오답　② 여자는 ~~오늘 저녁에~~ 남자를 만나려고 합니다.
　　　③ 남자는 여자와 내일 ~~오후에~~ 영화를 볼 겁니다.
　　　④ 여자는 ~~영화를 보고 나서 저녁을 먹을 겁니다.~~

🔑**Key-Point!**　2급 수준의 문제로, 대화를 통해 들은 내
용과 일치하는 답을 찾아야 한다.

20. 일치하는 내용 고르기   p.79

남자 : 와, 이 목도리 정말 예쁘네요. 어디에서 샀
　　　어요?
여자 : **20.인터넷 동영상을 보면서 직접 만든 거**
　　　예요.
남자 : 정말요? 정말 잘 만들었네요. 저도 하나
　　　만들어 보고 싶어요.
여자 : 그래요? 그럼 제가 가르쳐 드릴게요. 같이
　　　만들어요.

정답　③

해설　목도리를 샀냐고 묻는 남자에게 여자는 동영상을
보고 혼자서 직접 만들었다고 말하고 있다.

오답　① 남자는 목도리를 ~~사고 싶어~~ 합니다.
　　　② 여자는 인터넷에서 목도리를 ~~샀습니다.~~
　　　④ ~~남자는 여자에게~~ 목도리 만드는 방법을 알려
　　　　줄 겁니다.

🔑**Key-Point!**　2급 수준의 문제로, 대화를 통해 들은 내
용과 일치하는 답을 찾아야 한다.

21. 일치하는 내용 고르기   p.79

남자 : 저, 딸기 케이크를 하나 주문하고 싶은데요.
여자 : 네. 언제 필요하세요?
남자 : 이번 주 **21.토요일** 5시에요.
여자 : 네, 알겠습니다. 그럼 **21.그때 찾으러 오**
　　　세요. 맛있게 만들어 드리겠습니다.

정답　④

해설　남자는 토요일 오후에 케이크를 주문하였고, 여자
는 그 시간에 케이크를 찾으러 오라고 하였다. 따라
서 남자는 토요일에 케이크를 찾으러 갈 것이다.

오답　① ~~여자는~~ 케이크를 예약했습니다.
　　　② ~~남자는~~ 딸기 케이크를 만들 겁니다.
　　　③ 여자는 남자와 함께 케이크를 ~~사러~~ 왔습니다.

🔑**Key-Point!**　2급 수준의 문제로, 대화를 통해 들은 내
용과 일치하는 답을 찾아야 한다.

22. 중심 생각 고르기   p.79

남자 : 저도 수미 씨처럼 한국어 말하기를 좀 잘
　　　하고 싶어요. 수미 씨는 어떻게 공부해요?
여자 : 저는 매일 한국 친구와 이야기해요.
남자 : 한국 친구가 있어요?
여자 : 네. **22.혼자 연습하는 것보다 한국 친구를**
　　　사귀어서 함께 연습하니까 더 좋았어요.

정답　③

해설　한국 친구를 사귀어서 함께 매일 말하기를 연습한
것이 좋았다고 하였다.

오답　① 한국 친구와 매일 이야기했다고 하였지 매일
　　　　연습을 해야 한다고 하지 않았다.
　　　② 남자가 한국어 말하기를 잘하고 싶어 한다.
　　　④ 혼자 연습하는 것보다 한국 친구를 사귀는 것
　　　　이 좋다고 하였다.

🔑**Key-Point!**　2급 수준의 문제로, 대화를 듣고 여자의
중심 생각을 찾아야 한다.

23. 중심 생각 고르기 p.79

남자 : 손님, 이 지갑 어떠세요? 이번에 새로 나온 지갑이에요.
여자 : 디자인이 예쁘네요. 그런데 **23. 부모님께 선물할 지갑을 찾고 있어요.**
남자 : 그럼 이건 어떠세요? 가볍고 카드도 많이 넣을 수 있어서 좋아요.
여자 : 네, 마음에 드네요. 이걸로 할게요.

정답 ④

해설 여자는 부모님께 선물로 드릴 지갑을 사고 싶다고 하였다.

오답 ① 가벼운 지갑을 사야 한다고 말하지 않았다.
② 지갑의 디자인이 예쁘다고 하였지 중요하다고 하지 않았다.
③ 남자가 새로 나온 지갑을 추천하였다.

Key-Point! 2급 수준의 문제로, 대화를 듣고 여자의 중심 생각을 찾아야 한다.

24. 중심 생각 고르기 p.79

남자 : 수미 씨, 지금 뭐 해요?
여자 : 다음 주 회의 때 할 발표를 준비하고 있어요.
남자 : 아직 시간이 많이 있는데 천천히 해요.
여자 : 급하게 하면 실수를 해서요. 저는 **24. 중요한 일은 미리 하는 것이 좋아요.**

정답 ①

해설 여자는 중요한 일을 급하게 하면 실수하기 때문에 미리 준비하는 것이 좋다고 하였다.

오답 ② 발표를 할 때 실수하면 안 된다는 내용은 대화에 없다.
③ 시간이 있을 때 일을 천천히 해도 된다고 하는 것은 남자의 생각이다.
④ 여자는 중요한 일은 미리 하는 것이 좋다고 했기 때문에 회의 시간 전에 급하게 발표 준비를 하는 것은 맞지 않다.

Key-Point! 2급 수준의 문제로, 대화를 듣고 여자의 중심 생각을 찾아야 한다.

[25~26]

(딩동댕)
여자 : 안녕하십니까? 매달 마지막 주 금요일은 **25. 우리 회사의 특별한 날인 '가족과 함께하는 날'입니다.** 따라서 내일 '가족과 함께하는 날'에는 모두 **26. 12시에 퇴근하시기 바랍니다.** 내일은 오전에만 일을 하기 때문에 회사 식당에서 점심을 준비하지 않습니다. 그래서 빵과 우유를 준비했으니 모두 1층 사무실에서 받아 가시기 바랍니다. 그럼 가족들과 즐거운 시간 보내시기 바랍니다. 감사합니다.
(딩동댕)

25. 여자가 왜 이야기를 하고 있는지 고르십시오.
[화자의 의도 고르기] p.80

정답 ③

해설 회사에서 매달 마지막 주 금요일에 있는 특별한 날에 대해 알리고 있다.

오답 ① 회사에서 일찍 마치는 날을 이야기 하고 있다. 회사의 쉬는 날인 휴일을 설명하는 것은 아니다.
② 이날에는 점심 식사가 없음을 알리고 있다. 회사 점심시간에 대해서는 안내하지 않았다.
④ 회사에서 빵과 우유를 준비한 장소를 안내하고 있다. 행사 장소를 바꾸는 것과는 관계가 없다.

Key-Point! 2급 수준의 문제로, 대화를 듣고 여자가 말하는 목적이나 의도를 찾아야 한다.

26. 들은 내용과 같은 것을 고르시오.
[일치하는 내용 고르기] p.80

정답 ①

해설 마지막 주 금요일에는 12시까지 일하고 퇴근하라고 안내하였다.

오답 ② ~~식당에서~~ 빵과 우유를 받습니다.
③ 내일 회사 식당에서 점심을 ~~줍니다.~~
④ ~~매주~~ 금요일은 '가족과 함께하는 날'입니다.

Key-Point! 2급 수준의 문제로, 대화를 듣고 들은 내용과 일치하는 답을 찾아야 한다.

[27~28]

> 남자 : 수미 씨, 저 어제 회사 근처에 있는 도자기 가게에서 **27.‘그릇 만들기’ 체험을 했어요.**
>
> 여자 : 그래요? 회사 근처에 그릇을 만들 수 있는 곳도 있어요? 전 몰랐어요.
>
> 남자 : 네. 만드는 방법도 어렵지 않고 재미있었어요.
>
> 여자 : 민수 씨는 어제 뭘 만들었어요?
>
> 남자 : 저는 그릇하고 컵을 만들었어요. **28.제가 만든 그릇은 일주일 후에 집으로 올 거예요.**
>
> 여자 : 재미있었겠네요. 받으면 다음에 한번 보여 주세요.

27. 두 사람이 무엇에 대해 이야기를 하고 있는지 고르십시오. [화제 고르기]
p.80

정답 ③

해설 그릇 만들기 체험 경험에 대해서 이야기하고 있다.

오답 ① 그릇을 사는 이유에 대해서는 말하지 않았다.
② 그릇을 일주일 후에 받는다고 했지만 이 대화의 전체 내용이 날짜에 대한 이야기를 하고 있지 않다.
④ 회사 근처에서 그릇을 만들었다고 했으나 이 대화의 전체 내용이 장소에 대한 이야기를 하고 있지 않다.

  2급 수준의 문제로, 대화를 듣고 무엇에 대해 이야기하는지 파악한 후 적절한 답을 찾아야 한다.

28. 들은 내용과 같은 것을 고르시오. [일치하는 내용 고르기]
p.80

정답 ②

해설 남자가 만든 그릇은 일주일 후에 집으로 온다고 하였다.

오답 ① 여자는 어제 ~~그릇을 만들러 갔습니다.~~
③ 여자는 그릇 만들기 체험 하는 곳을 ~~알고 있었습니다.~~
④ 남자는 그릇을 만드는 ~~방법이 어려워서 힘들었습니다.~~

  2급 수준의 문제로, 대화를 듣고 들은 내용과 일치하는 답을 찾아야 한다.

[29~30]

> 여자 : 이종훈 셰프님, 이번 요리 대회에서 우승하신 것을 정말 축하드립니다.
>
> 남자 : 감사합니다. 이렇게 처음으로 우승을 하게 되어서 정말 좋습니다.
>
> 여자 : 셰프님은 대학생 때 컴퓨터를 전공하신 것으로 유명하신데요. 어떻게 요리를 시작하셨어요?
>
> 남자 : 대학생 때 컴퓨터를 전공했는데 너무 힘들어서 스트레스를 많이 받았어요. 그러던 어느 날 학교에서 하얀색 옷을 입고 웃으면서 요리 수업을 듣고 있는 사람들을 봤어요. 그 모습이 너무 멋있었고 **29.저도 그 사람들처럼 즐겁게 제가 좋아하는 일을 하고 싶어서 졸업 후에 요리를 배웠습니다.**
>
> 여자 : 그렇군요. **30.다음 주부터 시작하는 TV 요리 프로그램에도 나오신다고요?**
>
> 남자 : **30.네.** 요리 프로그램에서 요리 방법도 가르쳐 주고 직접 음식도 만들 겁니다.

29. 남자가 요리를 시작하게 된 이유를 고르십시오 [화자의 의도 고르기]
p.81

정답 ③

해설 남자가 요리를 시작하게 된 이유에 대해서 설명하고 있다.

오답 ① TV 프로그램에 나가고 싶어서 요리를 시작한 것이 아니다.
② 멋있는 옷을 입고 일하고 싶어서 요리를 한 것이 아니다.
④ 다양한 요리 방법을 알려 주고 싶어서 요리를 시작한 것이 아니다.

  2급 수준의 문제로, 대화를 통해 드러난 행동의 이유와 목적을 파악하여 적절한 답을 찾아야 한다.

30. 들은 내용과 같은 것을 고르시오.
　　[일치하는 내용 고르기]　　　　　　　p.81

정답　③

해설　남자는 다음 주부터 시작하는 TV 요리 프로그램
　　　에 나갈 것이라고 했다.

오답　① 남자는 요리 대회에 ~~나가려고 합니다~~.
　　　② 남자는 대학교에서 ~~요리를~~ 전공했습니다.
　　　④ 남자는 요리 대회에서 ~~여러 번~~ 우승을 했습니다.

🔑 **Key-Point!**　　2급 수준의 문제로, 대화를 듣고 들은 내
용과 일치하는 답을 찾아야 한다.

3회 실전 모의고사 정답 및 풀이

읽기 31번~70번

31	②	32	①	33	②	34	②	35	①
36	①	37	②	38	②	39	①	40	④
41	②	42	①	43	③	44	④	45	④
46	④	47	③	48	②	49	②	50	④
51	①	52	③	53	③	54	④	55	③
56	①	57	①	58	③	59	②	60	④
61	④	62	③	63	④	64	④	65	①
66	②	67	①	68	③	69	③	70	③

31. 화제 고르기   p.82

오늘은 **31.3월 4일**입니다. 내일은 **31.3월 5일**입니다.

정답 ②

해설 '월', '일'은 날짜이다.

오답 ①, ③, ④

🔑 **Key-Point!** 1급 수준의 문제로, 짧은 두 문장이 공통으로 설명하는 어휘를 찾아야 한다.

32. 화제 고르기   p.82

수미 씨는 **32.의사**입니다. 민수 씨는 **32.기자**입니다.

정답 ①

해설 '의사'와 '기자'는 직업이다.

오답 ②, ③, ④

🔑 **Key-Point!** 1급 수준의 문제로, 짧은 두 문장이 공통으로 설명하는 어휘를 찾아야 한다.

33. 화제 고르기   p.82

내일 **33.친구**하고 밥을 **33.먹을 겁니다.** **33.12시**에 식당에서 **33.만날 겁니다.**

정답 ②

해설 내일 친구와 12시에 만나서 밥을 먹기로 한 약속에 대해 말하고 있다.

오답 ①, ③, ④

🔑 **Key-Point!** 1급 수준의 문제로, 짧은 두 문장이 공통으로 설명하는 어휘를 찾아야 한다.

34. 빈칸에 알맞은 말 고르기　　　　　p.83

(　)에 갑니다. 고향 친구에게 **34. 소포를 보냅니다.**

정답　②

해설　고향에 있는 친구에게 소포를 보내므로 소포를 보낼 수 있는 우체국에 가야 한다는 내용이 적절하다.

오답　①, ③, ④

🔑 **Key-Point!**　1급 수준의 문제로, 짧은 두 문장의 내용을 이해하여 빈칸에 알맞은 어휘를 찾아야 한다.

35. 빈칸에 알맞은 말 고르기　　　　　p.83

시장이 (　). **35. 버스를 타고 갑니다.**

정답　①

해설　시장이 멀기 때문에 버스를 탄다는 내용이다.

오답　② (키가) 작습니다.
　　　③ (물건이) 비쌉니다.
　　　④ (도서관이) 조용합니다.

🔑 **Key-Point!**　1급 수준의 문제로, 짧은 두 문장의 내용을 이해하여 빈칸에 알맞은 어휘를 찾아야 한다.

36. 빈칸에 알맞은 말 고르기　　　　　p.83

영화를 좋아합니다. 매일 **36. 영화를 (　).**

정답　①

해설　'영화'에 맞는 서술어는 '봅니다'이다.

오답　② (우유를) 삽니다.
　　　③ (노래를) 부릅니다.
　　　④ (밥을) 먹습니다.

🔑 **Key-Point!**　1급 수준의 문제로, 짧은 두 문장의 내용을 이해하여 빈칸에 알맞은 어휘를 찾아야 한다.

37. 빈칸에 알맞은 말 고르기　　　　　p.84

한국어 **37. 수업이 있습니다. 매일9시**(　) 학교에 갑니다.

정답　②

해설　학교를 9시까지 가야 한다는 내용이다. 시간의 한계를 나타내는 보조사 '까지'를 사용해야 한다.

오답　① 에게: 부사격 조사이다.
　　　③ 에서: 부사격 조사이다.
　　　④ 부터: 어떤 일이나 상태의 시작을 의미하는 보조사이다.

🔑 **Key-Point!**　1급 수준의 문제로, 앞뒤 문장을 이해하고 조사의 형태와 역할을 파악하여 문맥에 적절한 조사를 찾아야 한다.

38. 빈칸에 알맞은 말 고르기　　　　　p.84

가방에 **38. 책이 많습니다.** (　) 무겁습니다.

정답　②

해설　가방에 책이 많기 때문에 가방이 무겁다는 내용이다.

오답　① 별로: 부정을 나타내는 부사이다.
　　　③ 아까: 시간을 나타내는 부사이다. 시간 개념에서 '조금 전'의 의미이다.
　　　④ 전혀: 부정을 나타내는 부사이다.

🔑 **Key-Point!**　1급 수준의 문제로, 앞뒤 문장을 이해하고 부사의 의미와 쓰임을 파악하여 문맥에 적절한 부사를 찾아야 한다.

39. 빈칸에 알맞은 말 고르기　　　　　p.84

경치가 아름답습니다. **38. 사진을 (　).**

정답　①

해설　'사진을'에 맞는 서술어는 '찍습니다'이다.

오답　② '사진을'에 적절한 서술어가 아니다.
　　　(케이크를) 만듭니다.

③ '사진을'에 적절한 서술어가 아니다.
(우표를) 모읍니다.
④ '사진을'에 적절한 서술어가 아니다.
(한국어를) 배웁니다.

Key-Point! 1급 수준의 문제로, 앞뒤 문장을 이해하고 주어와 서술어의 호응을 파악하여 문맥에 적절한 어휘를 찾아야 한다.

40. 일치하지 않는 내용 고르기 p.85

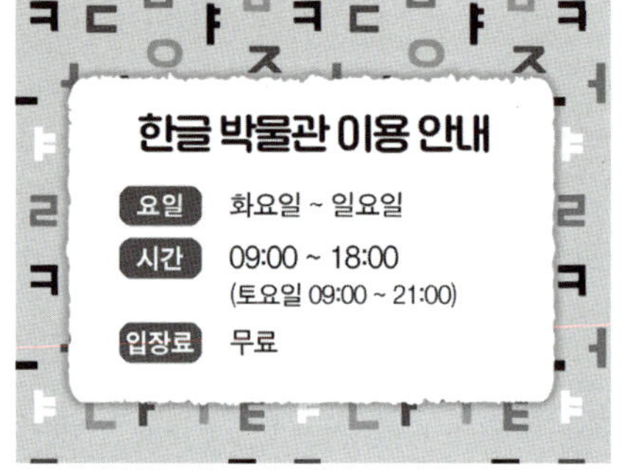

정답 ④

해설 토요일은 여섯 시까지 합니다. (→ 9:00 ~ 21:00 이므로 저녁 9시까지 한다.)

오답 ① 화요일 ~ 일요일이므로 월요일에 쉬는 것 맞다.
② 입장료는 무료이므로 공짜이다.
③ 이용 시간은 9시부터이므로 오전 아홉 시에 문을 여는 것이 맞다.

Key-Point! 1급 수준의 문제로, 주로 안내문·광고문·메뉴판 등의 실용문이 제시된다. 숫자 정보와 내용의 세부 정보를 확인하여 내용과 일치하지 않는 답을 찾아야 한다.

41. 일치하지 않는 내용 고르기 p.85

정답 ②

해설 토요일에 서울에 갑니다. (→ 금요일)

오답 ① 출발지가 부산이므로 부산에서 출발하는 것이 맞다.
③ 도착 시간이 14:30이므로 오후 두 시 반에 도착하는 것이 맞다.
④ 5월 12일 승차권이므로 이 날짜에 버스를 타는 것이 맞다.

Key-Point! 1급 수준의 문제로, 주로 안내문·광고문·메뉴판 등의 실용문이 제시된다. 숫자 정보와 내용의 세부 정보를 확인하여 내용과 일치하지 않는 답을 찾아야 한다.

42. 일치하지 않는 내용 고르기 p.86

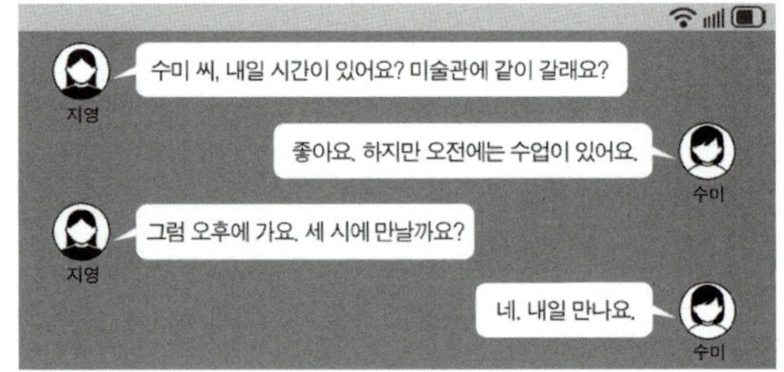

정답 ①

해설 수미 씨는 내일 시간이 없습니다. (→ 시간이 있기 때문에 내일 미술관에 간다.)

오답 ② 내일 미술관에 가자는 제안에 좋다고 답하며 내일 만나기로 약속을 하였으므로 맞는 내용이다.

③ 수미 씨는 내일 미술관에 가자는 제안에 오전에 수업이 있다고 말했으므로 맞는 내용이다.
④ 지영 씨는 내일 오후 3시에 수미 씨와 함께 미술관에 가기로 했다.

> **Key-Point!** 1급 수준의 문제로, 주로 이메일·문자 메시지 등의 실용문이 제시된다. 글의 주체와 상황을 이해하여 내용과 일치하지 않는 답을 찾아야 한다.

43. 일치하는 내용 고르기   p.87

43. 학교 기숙사 옆에 운동장이 있습니다. 운동장은 아주 크고 넓습니다. 저는 여기에서 매일 저녁에 친구와 운동을 합니다.

정답 ③

해설 학교 기숙사 옆에 운동장이 있기 때문에 기숙사와 운동장의 거리는 가깝다.

오답 ① 운동장은 크지 않습니다. (→ 아주 크고 넓습니다.)
② 저는 가끔 운동을 합니다. (→ 매일 저녁에)
④ 저는 매일 아침에 운동장에 갑니다. (→ 매일 저녁에)

> **Key-Point!** 1~2급 수준의 문제로, 세부 내용의 이해 능력을 확인하는 문제이다. 짧은 글을 읽고 글의 내용과 일치하는 답을 찾아야 한다.

44. 일치하는 내용 고르기   p.87

매년 가을에 학교에서 노래 대회를 합니다. 저는 노래 대회에 처음 구경을 갔습니다. **44. 대회에서 친구들이 부르는 노래도 듣고 열심히 응원도 했습니다.**

정답 ④

해설 노래 대회에 가서 친구들이 부르는 노래를 들으며 응원했다고 하였다.

오답 ① 노래 대회는 봄에 합니다. (→ 가을에)
② 저는 노래 대회에 나갔습니다. (→ 구경을 갔습니다.)
③ 저는 노래 대회를 자주 봤습니다. (→ 처음)

45. 일치하는 내용 고르기   p.87

저는 요리하는 것을 좋아합니다. 특히 김밥과 떡볶이를 잘 만듭니다. 지난주에는 **45. 친구들과 우리 집에서 김밥을 만들어 먹었습니다.**

정답 ④

해설 친구들과 집에서 김밥을 만들었다고 하였으며 이것은 요리를 해서 먹었다는 의미이다.

오답 ① 저는 요리를 잘 못합니다. (→ 잘 만듭니다.)
② 저는 한국 음식을 못 만듭니다. (→ 김밥, 떡볶이를 잘 만듭니다.)
③ 저는 지난주에 떡볶이를 만들었습니다. (→ 김밥)

> **Key-Point!** 1~2급 수준의 문제로, 세부 내용의 이해 능력을 확인하는 문제이다. 짧은 글을 읽고 글의 내용과 일치하는 답을 찾아야 한다.

46. 중심 내용 고르기   p.88

다음 주에 제가 좋아하는 가수의 공연이 있습니다. 멋있고 노래를 잘해서 그 가수를 좋아합니다. **46. 저는 그 가수의 공연을 꼭 볼 겁니다.**

정답 ④

해설 다음 주에 좋아하는 가수의 공연이 있어서 그 가수의 공연을 꼭 보겠다는 내용이 중심 내용이다.

오답 ① 내가 가수가 되겠다는 내용은 없다.
② 멋있고 노래를 잘하는 가수를 좋아하지만 이것이 중심 내용은 아니다.
③ 내가 노래를 잘 부르고 싶다는 내용은 나오지 않는다.

> **Key-Point!** 2급 수준의 문제로, 중심 내용의 이해 능력을 확인하는 문제이다. 짧은 글을 읽고 핵심 단어나 표현을 찾아 중심 내용이 무엇인지 파악하여 알맞은 답을 찾아야 한다.

47. 중심 내용 고르기
p.88

정답 ③

해설 어제 산 코트가 가볍고 따뜻한 데다가 가격도 싸서 마음에 든다는 것이 중심 내용이다.

오답 ① 가벼운 코트가 필요하다는 내용은 없다.
② 어제 산 코트가 따뜻했다는 것이지 사고 싶은 것은 아니다.
④ 코트가 싸서 좋았던 것이지 가격이 가장 중요하다는 내용은 없다.

Key-Point! 2급 수준의 문제로, 중심 내용의 이해 능력을 확인하는 문제이다. 짧은 글을 읽고 핵심 단어나 표현을 찾아 중심 내용이 무엇인지 파악하여 알맞은 답을 찾아야 한다.

48. 중심 내용 고르기
p.88

정답 ②

해설 친구가 고향에 돌아가길 바라지 않고 한국에 남아 계속 같이 공부하고 싶다는 것이 중심 내용이다.

오답 ① 내가 한국에서 공부하고 싶은 것이 아니라 친구와 함께 계속 같이 공부하고 싶다고 했다.
③ 친구를 만나러 고향에 가야 한다는 내용은 없다.
④ 앞으로 친구를 자주 만날 수 없다.

Key-Point! 2급 수준의 문제로, 중심 내용의 이해 능력을 확인하는 문제이다. 짧은 글을 읽고 핵심 단어나 표현을 찾아 중심 내용이 무엇인지 파악하여 알맞은 답을 찾아야 한다.

[49~50]

49. ㉠에 들어갈 말로 가장 알맞은 것을 고르십시오.
[빈칸에 알맞은 말 고르기]
p.89

정답 ②

해설 -(으)니까: 나타난 결과의 이유나 원인을 나타내는 표현이다.
예 고향 친구를 만나니까 기분이 좋다.

오답 ① -(으)면서: 두 가지 행동을 동시에 할 때 나타내는 표현이다.
예 음악을 들으면서 공부를 한다.
③ -아도/어도: 앞의 상황이 있어도 뒤의 결과가 달라지지 않음을 나타내거나 앞의 상황과 반대되는 결과가 올 때 사용하는 표현이다.
예 비가 와도 축구를 할 것이다.
④ -는데: 제안이나 질문을 하기 전에 지금의 상황, 배경을 이야기할 때 사용하는 표현이다.
예 비가 오는데 우산 좀 빌려주세요.

Key-Point! 2급 수준의 문제로, 글을 읽고 글의 흐름과 앞뒤 문장의 의미를 이해하여 상황에 가장 적절한 문장이나 문법 표현을 찾아야 한다.

50. 윗글의 내용과 같은 것을 고르십시오.
[일치하는 내용 고르기]
p.89

정답 ④

해설 친구는 작년에도 김치를 만들어 봤기 때문에 나를 도와주었다. 이것은 김치 만드는 방법을 잘 모르는 나에게 김치 만드는 방법을 가르쳐 주었다는 의미이다.

오답 ① 저는 김치를 ~~만들어 본 적이 있습니다.~~
(→ 처음 만들어 봤습니다.)
② 저는 김치 만드는 것이 ~~즐겁지 않았습니다.~~
(→ 재미있었습니다.)

③ 이 행사는 올해 처음 시청 앞에서 열렸습니다.
(→ 매년)

🔑 **Key-Point!** 2급 수준의 문제로, 세부 내용의 이해 능력을 확인하는 문제이다. 글의 내용과 일치하는 답을 찾아야 한다.

[51~52]

사람들은 보통 다 읽은 신문을 그냥 버립니다. 하지만 신문은 **52. 청소할 때도 사용할 수 있습니다. 더러운 창문을 닦을 때** 신문으로 닦으면 창문이 아주 **51. 깨끗해집니다.** (㉠) 물이나 땀에 젖은 신발에 신문을 넣으면 신발이 빨리 마릅니다. 냄새도 나지 않아서 좋습니다.

51. ㉠에 들어갈 말로 가장 알맞은 것을 고르십시오.
[빈칸에 알맞은 말 고르기]
p.90

정답 ①

해설 그리고: 문장이나 단어를 나열할 때 사용하는 표현이다.

> 예 사과를 샀다. 그리고 포도도 샀다.
> 더러운 창문을 닦을 때 사용할 수 있다. 그리고 젖은 신발에도 신문을 사용할 수 있다.

오답 ② 그래서: 원인에 따른 결과를 나타내는 표현이다.

> 예 어제 비가 왔다. 그래서 집에 있었다.

③ 그러므로: 원인에 따른 결과를 나타내는 표현이다.

> 예 물은 건강에 중요하다. 그러므로 물을 자주 마셔야 한다.

④ 그렇지만: 앞 문장과 반대되는 내용을 나타내는 표현이다.

> 예 한국어 공부는 어렵다. 그렇지만 재미있다.

🔑 **Key-Point!** 2급 수준의 문제로, 글을 읽고 글의 흐름과 앞뒤 문장의 의미를 이해하여 상황에 가장 적절한 접속사를 찾아야 한다.

52. 무엇에 대한 내용인지 맞는 것을 고르십시오.
[화제 고르기]
p.90

정답 ③

해설 신문을 다 읽고 다양하게 사용하는 방법에 대해 설명하고 있다.

오답 ① 신문을 버리는 장소는 나오지 않는다.
② 신문을 만드는 이유에 대해서는 나오지 않는다.
④ 신문을 읽으면 좋은 점은 나오지 않는다.

🔑 **Key-Point!** 2급 수준의 문제로, 전체 내용을 읽고 글의 중심 내용이 무엇인지 파악하여 알맞은 답을 찾아야 한다.

[53~54]

저는 요즘 주말 아침마다 친구와 같이 달리기를 합니다. 달리기를 하면서 생활 습관도 (㉠). **53. 이전에는 주말에 늦잠을 많이 잤는데 달리기를 시작하면서 일찍 일어납니다.** 주말에 운동을 하니까 피곤하지 않고 **54. 몸도 더 건강해졌습니다.**

53. ㉠에 들어갈 말로 가장 알맞은 것 고르십시오.
[빈칸에 알맞은 말 고르기]
p.91

정답 ③

해설 '습관이 바뀌게 되었다'는 표현은 과거의 행동과 지금의 행동에 변화가 있다는 것이다. 이전에는 주말에 늦잠을 잤는데 요즘은 일찍 일어나므로 '변화가 생겼다'는 표현이 적절하다.

오답 ① 바뀌고 싶다: 변화하고 싶다는 희망의 표현은 문맥에 맞지 않다.
② 바뀌려고 한다: 앞으로 바뀔 것이라는 미래 계획의 표현은 문맥에 맞지 않다.
④ 바뀌면 좋겠다: 변화를 희망하는 표현은 문맥에 맞지 않다.

🔑 **Key-Point!** 2급 수준의 문제로, 글을 읽고 글의 흐름과 앞뒤 문장의 의미를 이해하여 상황에 가장 적절한 문장이나 문법 표현을 찾아야 한다.

54. 윗글의 내용과 같은 것을 고르십시오.
　　 [일치하는 내용 고르기]　　　　　　　　p.91

정답　④

해설　달리기를 하고 몸이 더 건강해졌다고 했으니까 몸
　　 이 더 튼튼해졌다는 의미이다.

오답　① 저는 요즘 주말에 늦게 일어납니다. (→ 일찍)
　　 ② 저는 아침마다 혼자 달리기를 합니다. (→ 친구
　　　 와)
　　 ③ 저는 주말에 달리기를 해서 피곤합니다. (→ 피
　　　 곤하지 않다.)

🔑 Key-Point!　2급 수준의 문제로, 세부 내용의 이해 능
력을 확인하는 문제이다. 글의 내용과 일치하는 답을 찾
아야 한다.

[55~56]

> 한국에는 기차를 타고 곳곳을 여행하는 기차 여
> 행 상품이 있습니다. 이 기차는 호텔처럼 방으
> 로 되어 있는데, 방 안에 침대와 샤워실이 있어
> 서 아주 편합니다. 일주일에 한 번 화요일에 서
> 울에서 출발해서 **56.2박 3일 동안 다른 도시를
> 구경할 수 있습니다.** 이 여행 상품을 (　ⓒ　)
> **55. 인터넷이나 전화로 예약해야 합니다.** 조금 비
> 싸지만 인기가 많아서 빨리 예약해야 합니다.

55. ⓒ에 들어갈 말로 가장 알맞은 것 고르십시오.
　　 [빈칸에 알맞은 말 고르기]　　　　　　　p.92

정답　③

해설　-(으)려면: 의도나 목적이 있을 때, 그 일을 하기
　　 위한 조건을 나타내는 표현이다.
　　 📗 토픽에 합격하려면 열심히 공부해야 한다.

오답　① -(으)러: 어떤 일을 하려는 목적을 가지고 이
　　　 동 동사를 사용할 때 나타내는 표현이다.
　　 📗 밥을 먹으러 식당에 간다.
　　 ② -고: 두 가지 이상을 나열하거나 행동의 순서
　　　 를 나타내는 표현이다.
　　 📗 숙제를 하고 친구를 만났다.
　　 ④ -지만: 반대되는 내용을 나타내는 표현이다.
　　 📗 그 물건은 비싸지만 인기가 많다.

🔑 Key-Point!　2급 수준의 문제로, 글을 읽고 글의 흐름
과 앞뒤 문장의 의미를 이해하여 상황에 가장 적절한 문
장이나 문법 표현을 찾아야 한다.

56. 윗글의 내용과 같은 것을 고르십시오.
　　 [일치하는 내용 고르기]　　　　　　　　p.92

정답　①

해설　이 여행 상품은 기차를 타고 2박 3일 동안 다른
　　 도시를 구경하는 것이다.

오답　② 이 기차 여행 상품은 매일 있습니다. (→ 일주
　　　 일에 한 번, 화요일에 출발한다.)
　　 ③ 이 기차 안에서는 잠을 잘 수가 없습니다.
　　　 (→ 침대가 있기 때문에 잠을 잘 수 있다.)
　　 ④ 이 기차는 비싸기 때문에 사람들이 많이 안 탑
　　　 니다. (→ 비싸지만 인기가 많다.)

🔑 Key-Point!　2급 수준의 문제로, 세부 내용의 이해 능
력을 확인하는 문제이다. 글의 내용과 일치하는 답을 찾
아야 한다.

57. 알맞은 순서로 배열한 것 고르기　　　　p.93

> (가) **57. 필요한 것을 메모할 때는 휴대 전화 메
> 모장을 이용합니다.**
> (나) 저는 여행 계획을 세울 때 **57. 필요한 물건
> 을 미리 적어 둡니다.**
> (다) 휴대 전화 메모장은 **57. 언제 어디서나 내
> 용을 바로 볼 수 있어서 편합니다.**
> (라) **57. 또** 잊어버리는 물건 없이 여행 준비를
> **꼼꼼하게 할 수 있어서 좋습니다.**

정답　①

해설　나는 여행 가기 전에 메모를 하는 습관이 있고 메
　　 모할 때 사용하는 도구와 그 이유에 대한 이야기
　　 이다. 이야기의 흐름에 맞게 재구성하여 순서를
　　 정하면 된다.

오답　②, ③, ④
　　 선택지를 살펴보면 (나) 또는 (다)가 처음에 나와
　　 야 하는데 (다)는 메모를 할 때 휴대 전화 메모장
　　 을 사용했을 때의 장점에 대한 이야기가 본격적
　　 으로 나오기 때문에 처음이 될 수 없다. (나)를 처

음으로 하여 메모하는 '습관 → 사용 도구 → 그것
을 사용할 때의 장점'의 순서로 이어져야 한다.

🔑 **Key-Point!**　2급 수준의 문제로, 주로 나와 관련된 이
야기를 읽고 글의 흐름에 맞게 알맞은 순서로 배열해야
한다.

58. 알맞은 순서로 배열한 것 고르기　　p.93

> (가) **58. 눈도 더 나빠질 수 있습니다.**
> (나) **58. 요즘 사람들은 휴대 전화를 많이 사용**
> 　　 **합니다.**
> (다) 그런데 휴대 전화를 오래 사용하면 **58. 눈**
> 　　 **이 아프고 피곤해집니다.**
> (라) **58. 그러므로 휴대 전화를 사용할 때는 눈**
> 　　 **운동을 자주 해야 합니다.**

정답　③

해설　건강에 관한 이야기이다. 요즘 사람들은 오랜 시
간 휴대 전화를 사용하는데 그로 인해 생기는 문
제점과 예방법에 대한 이야기이다. 이야기의 흐름
에 맞게 재구성하여 순서를 정하면 된다.

오답　①, ②, ④
선택지를 살펴보면 (가) 또는 (나)가 처음에 나와
야 하는데 (가)는 '눈도'라는 표현이 나오므로 첫
문장이 아님을 알 수 있다. '주제 → 문제점 → 해
결 방안 제시'의 순서로 이어져야 한다.

🔑 **Key-Point!**　2급 수준의 문제로, 어떤 대상에 대한 소
개나 설명을 읽고 글의 흐름에 맞게 알맞은 순서로 배열
해야 한다.

[59~60]

> 저는 지난여름에 자전거를 타고 한국의 시골 마
> 을을 여행했습니다. 날씨가 너무 더워서 정말
> 힘들었습니다. (　㉠　) 힘들게 가고 있을 때
> **59. 어떤 자동차가 갑자기 제 앞에서 멈추었습니**
> **다.** (　㉡　) 또 저녁이 되어서 잘 곳을 못 찾고
> 있을 때는 식당 주인 할머니께서 식당에서 잘 수
> 있게 해 주셨습니다. (　㉢　) 몸은 힘들었지만
> **60. 사람들의 따뜻한 마음 덕분에 정말 행복한**
> **기억이 되었습니다.** (　㉣　)

59. 다음 문장이 들어갈 곳으로 가장 알맞은 것을 고르십시오.

[문장이 들어갈 위치 고르기]　　p.94

> 자동차에서 내린 아주머니께서는 저에게 물과
> 과일을 주며 응원해 주셨습니다.

정답　②

해설　내가 여름에 시골 마을로 자전거 여행을 갔을 때
있었던 일, 만났던 사람에 대한 내용이다.

오답　① ㉠은 자동차가 멈춘 후에 자동차에서 아주머
니가 내렸다는 내용이 이어져야 하기 때문에
정답이 될 수 없다.
③ ㉢은 다른 이야기로 바뀌어 식당 주인 할머니
를 만난 이야기이므로 내용이 이어지지 않아서
정답이 될 수 없다.
④ ㉣은 여행이 어땠는지 소감을 말하며 글을 마
무리 정리하고 있기 때문에 이 문장 뒤에 올
수 없다.

🔑 **Key-Point!**　2급 수준의 문제로 '보기의 문장'을 먼저
읽고 내용을 이해한 후 지문을 읽으면서 문장 간의 의미
관계를 파악하여 답을 찾아야 한다.

60. 윗글의 내용과 같은 것을 고르십시오.
[일치하는 내용 고르기]　　p.94

정답　④

해설　여행을 간 시골 마을에서 만난 마음이 따뜻한 친
절한 사람들 덕분에 여행이 행복했다는 이야기이
다.

오답　① 저는 ~~자동차로~~ 시골 마을을 여행했습니다.
　　 (→ 자전거)
② ~~식당 할머니는~~ 저에게 과일을 주셨습니다.
　　 (→ 자동차를 타고 가던 아주머니께서 과일을
　　 주었다.)
③ 여행 가기 전에 잘 곳을 ~~미리 찾아봤습니다.~~
　　 (→ 잘 곳을 못 찾고 있었다.)

🔑 **Key-Point!**　2급 수준의 문제로, 세부 내용의 이해 능
력을 확인하는 문제이다. 글의 내용과 일치하는 답을 찾
아야 한다.

우리 집 근처에 가구점이 문을 열었습니다. 이곳에서는 가구도 살 수 있고 직접 가구를 만들어 볼 수도 있습니다. **62. 만들고 싶은 것을 이야기하면 사장님께서 가르쳐 줍니다.** 이번 주에는 제가 사용할 의자를 만들었습니다. 처음이라서 조금 힘들었지만 재미있었습니다. **61. 다음 주부터는 가족들과 함께 사용할 큰 책상을 (　ㄱ　).**

61. ㉠에 들어갈 말로 가장 알맞은 것 고르십시오.
[빈칸에 알맞은 말 고르기]　　　　　　p.95

정답　④

해설　–기로 하다: 결심하거나 다른 사람과 약속했을 때 사용하는 표현이다.

　　　예 친구가 내일 숙제를 도와주기로 했다.

오답　① –지 못하다: 하고 싶지만 능력, 상황이 되지 않아서 할 수 없음을 나타내는 표현이다.

　　　예 나는 김치를 먹지 못한다.

　　② –고 있다: 지금도 계속 지속되고 있다는 표현이다.

　　　예 나는 도서관에서 공부하고 있다.

　　③ –기 때문이다: 이유를 나타내는 표현이다.

　　　예 배가 아프다. 아이스크림을 많이 먹었기 때문이다.

🔑 **Key-Point!**　2급 수준의 문제로, 글을 읽고 글의 흐름과 앞뒤 문장의 의미를 이해하여 상황에 가장 적절한 문장이나 문법 표현을 찾아야 한다.

62. 윗글의 내용과 같은 것을 고르십시오.
[일치하는 내용 고르기]　　　　　　p.95

정답　③

해설　만들고 싶은 것을 이야기하면 사장님께서 가르쳐 주기 때문에 가구 만드는 것을 사장님이 도와준다는 의미가 된다.

오답　① 이곳에서는 가구를 ~~살 수 없습니다.~~ (→ 가구도 살 수 있다.)

　　② 다음 주부터는 가구점에 ~~가지 않습니다.~~ (→ 다음 주부터 책상을 만들기로 했다.)

④ 저는 ~~가족에게 선물할~~ 의자를 만들었습니다. (→ 내가 사용할)

🔑 **Key-Point!**　2급 수준의 문제로, 세부 내용의 이해 능력을 확인하는 문제이다. 글의 내용과 일치하는 답을 찾아야 한다.

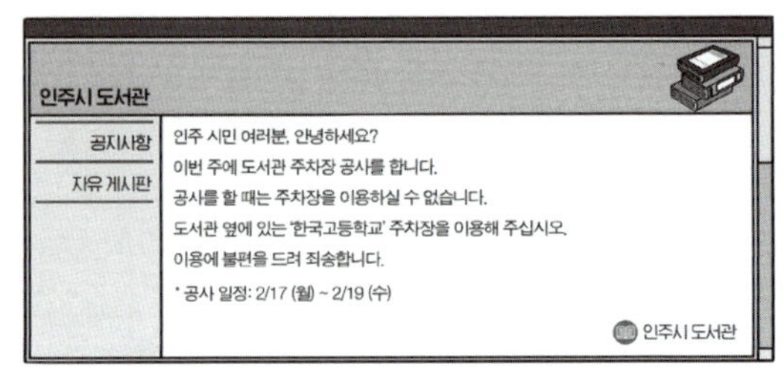

63. 왜 윗글을 썼는지 맞는 것을 고르십시오.
[필자의 의도/목적 고르기]　　　　　　p.96

정답　④

해설　도서관을 이용하는 시민들에게 주차장 공사 날짜를 알려 주기 위해 공지 사항을 썼다. 따라서 정답은 ④번이다.

오답　① 도서관 주차 신청을 받는 상황이 아니다.

　　② 도서관 주차장 위치를 설명하려고 한 것이 아니다.

　　③ 도서관 주차장을 어떻게 이용하는지에 대한 안내가 아니다.

🔑 **Key-Point!**　2급 수준의 문제로, 글을 쓴 이유를 찾는 문제이며, 선택지를 먼저 읽고 글을 읽으면서 이유를 찾는 것이 좋다.

64. 윗글의 내용과 같은 것을 고르십시오.
[일치하는 내용 고르기]　　　　　　p.96

정답　④

해설　공사 기간에는 도서관 근처 고등학교 주차장을 이용하면 된다. 따라서 정답은 ④번이다.

오답　① 주차장 공사는 ~~하루만~~ 합니다. (→ 월요일 ~ 수요일, 3일)

　　② 도서관에는 차를 ~~가져갈 수 없습니다.~~ (→ 차를 가져오면 주차는 근처 고등학교 주차장에 할 수 있다.)

③ ~~수요일부터 주차장을 이용할 수 있습니다.~~
(→ 수요일까지 주차장을 이용할 수 없다.)

🔑 **Key-Point!** 2급 수준의 문제로, 글에 나타난 정보를 찾는 것이 중요하며, 찾은 정보와 선택지를 잘 비교해 가며 답을 찾아야 한다.

④ 이 축제에서는 꽃하고 사진을 ~~찍으면 안 됩니다.~~ (→ 꽃들과 사진도 찍을 수 있다.)

🔑 **Key-Point!** 2급 수준의 문제로, 세부 내용의 이해 능력을 확인하는 문제이다. 글의 내용과 일치하는 답을 찾아야 한다.

[65~66]

인주 공원에서는 한 달 동안 '세계 꽃 축제'가 열립니다. '세계 꽃 축제'에서는 여러 나라의 (㉠) 수 있고 다양한 체험을 할 수 있습니다. 이 축제에 가면 한국, 미국, 일본, 네덜란드 등 **65.여러 나라의 유명한 꽃들을 볼 수 있습니다.** 꽃들과 사진도 찍을 수 있고 꽃다발 만들기, 꽃 비누 만들기 **66.프로그램에도 무료로 참여할 수 있습니다.**

[67~68]

최근 아이를 키우는 부모님들에게 특별한 숟가락이 인기가 많습니다. **68.이 숟가락은 음식의 온도를 알려 줍니다.** 음식이 38도보다 뜨거우면 숟가락 윗부분의 **67.색깔이 하얀색으로 바뀝니다. 아이들은 뜨거운 음식을 못 먹어서 조심해야 합니다.** 그런데 이 숟가락은 (㉠) 아이에게 언제 음식을 줘도 되는지 알 수 있어서 안전합니다. 또 숟가락이 가벼워서 사용하기도 편리합니다. 무엇보다 가격도 비싸지 않고 모양도 예뻐서 사람들이 더 좋아합니다.

65. ㉠에 들어갈 말로 가장 알맞은 것 고르십시오.
[빈칸에 알맞은 말 고르기]   p.97

정답 ①

해설 뒷문장을 보면 이 축제에서 여러 나라의 꽃들을 볼 수 있다고 제시되어 있기 때문에 '꽃을 구경할 수 있다'가 문맥상 적절하다.

오답 ② 여러 나라의 꽃다발을 파는 것이 아니다.
③ 여러 나라의 사진을 찍을 수 있는 것이 아니다.
④ 여러 나라의 비누를 받는 것이 아니다.

🔑 **Key-Point!** 2급 수준의 문제로, 글을 읽고 글의 흐름과 앞뒤 문장의 의미를 이해하여 상황에 가장 적절한 문장이나 문법 표현을 찾아야 한다.

66. 윗글의 내용과 같은 것을 고르십시오.
[일치하는 내용 고르기]   p.97

정답 ②

해설 이 축제에서 진행되는 다양한 프로그램에 무료로 참여할 수 있다고 했기 때문에 체험 참가비는 공짜이다.

오답 ① 이 축제는 인주 공원에서 ~~일 년 동안~~ 합니다.
(→ 한 달)
③ 이 축제에서는 한국의 ~~꽃들만~~ 볼 수 있습니다.
(→ 여러 나라의 꽃)

67. ㉠에 들어갈 말로 가장 알맞은 것 고르십시오.
[빈칸에 알맞은 말 고르기]   p.98

정답 ①

해설 앞의 문장에서 아이들은 뜨거운 음식을 못 먹기 때문에 조심해야 한다고 하였다. 따라서 온도가 높으면 숟가락의 색깔이 변하면서 음식의 온도를 알 수 있기 때문에 아이들에게 음식을 언제 줘야 할지 알 수 있어서 안전하다는 내용이 들어가야 한다.

오답 ② 가격이 비싸다는 내용은 값과 관련된 내용이다. 뒤에 나오는 내용인 아이의 안전과는 관련이 없으므로 적절하지 않다.
③ 무게가 가볍다는 것은 숟가락 사용의 편리성과 관련된 내용이므로 문맥상 적절하지 않다.
④ 모양이 마음에 든다는 것은 디자인과 관련된 것이므로 문맥상 적절하지 않다.

🔑 **Key-Point!** 2급 수준의 문제로, 글을 읽고 글의 흐름과 앞뒤 문장의 의미를 이해하여 상황에 가장 적절한 문장이나 문법 표현을 찾아야 한다.

68. 윗글의 내용과 같은 것을 고르십시오.
[일치하는 내용 고르기]　　　　　　　　p.98

정답　③

해설　이 숟가락을 쓰면 확인하지 않아도 음식의 온도를 쉽게 확인할 수 있다.

오답　① 이 숟가락은 ~~비싸서~~ 인기가 ~~없습니다.~~ (→ 비싸지 않고, 사람들이 더 좋아한다.)
　　　② 이 숟가락은 음식이 ~~차가우면~~ 하얀색이 됩니다. (→ 뜨거우면)
　　　④ 이 숟가락을 쓰면 뜨거운 음식도 ~~잘 먹을 수 있습니다.~~ (→ 뜨거운 음식을 잘 먹게 되는 것은 아니다.)

🔖 **Key-Point!** 　2급 수준의 문제로, 세부 내용의 이해 능력을 확인하는 문제이다. 글의 내용과 일치하는 답을 찾아야 한다.

[69~70]

> 우리 아버지께서는 항상 같은 구두만 신고 다니셨습니다. **70.그래서 저는 새 구두를 사 드리고 싶었습니다.** 그래서 아르바이트를 해서 돈을 모았습니다. 아버지 생신날, 백화점에서 구두를 사서 선물했습니다. **69.그런데 구두를 받은 아버지께서는 (　⊙　) 계속 구두만 보고 있었습니다.** 저는 아버지께서 제 선물을 안 좋아하시는 줄 알았습니다. 그런데 며칠 후 저는 아버지 방에서 제가 선물한 구두를 봤습니다. 어머니께서는 "너희 아버지가 매일 그 구두를 닦는다."고 말씀하셨습니다. 아버지께서는 제가 선물한 구두가 소중해서 못 신고 계셨습니다.

69. ⊙에 들어갈 말로 가장 알맞은 것 고르십시오.
[빈칸에 알맞은 말 고르기]　　　　　　　p.99

정답　③

해설　아버지께 구두를 선물했다. 뒤에 접속 부사 '그런데'가 사용되었으므로 보통 선물을 받고 기뻐하는 것과 대조되는 상황이 제시되어야 한다.

오답　① 아주 기뻐하면서: 선물을 받은 후 좋아하는 반응이므로 문맥에 적절하지 않다.
　　　② 신발을 바로 신고: 선물을 받은 후 마음에 들어서 신발을 바로 신었다는 의미이므로 문맥에 적절하지 않다.
　　　④ 큰 소리로 웃으면서: 선물을 받은 후 기뻐하는 반응이므로 문맥에 적절하지 않다.

🔖 **Key-Point!** 　2급 수준의 문제로, 글을 읽고 글의 흐름과 앞뒤 문장의 의미를 이해하여 상황에 가장 적절한 문장이나 문법 표현을 찾아야 한다.

70. 윗글의 내용으로 알 수 있는 것을 고르십시오.
[일치하는 내용 고르기]　　　　　　　　p.99

정답　③

해설　항상 같은 구두만 신고 다니는 아버지께 생신 때 새 구두를 선물하고 싶어서 아르바이트를 하였다.

오답　① 아버지는 구두를 ~~마음에 안 들어 하셨습니다.~~ (→ 소중해서 못 신고 계셨다.)
　　　② 아버지는 제가 준 생일 선물을 ~~받지 않으셨습니다.~~ (→ 구두를 받은 아버지는)
　　　④ 저는 ~~아버지와 같이~~ 백화점에 가서 신발을 샀습니다. (→ 내가 백화점에서 사서 아버지께 선물했다.)

🔖 **Key-Point!** 　2급 수준의 문제로, 세부 내용의 이해 능력을 확인하는 문제이다. 글의 내용과 일치하는 답을 찾아야 한다.

4회 실전 모의고사 정답 및 풀이

듣기		1번~30번							

1	④	2	②	3	①	4	④	5	③
6	①	7	④	8	③	9	④	10	②
11	④	12	③	13	③	14	②	15	①
16	③	17	③	18	①	19	②	20	②
21	③	22	④	23	④	24	④	25	①
26	②	27	②	28	②	29	④	30	①

1. 이어지는 내용 유추하기   p.103

남자 : 모자가 **1. 있어요?**
여자 : ____________________.

정답 ④

해설 모자가 있으면 '네, 모자가 있어요.', 모자가 없으면 '아니요, 모자가 없어요.'가 된다.

오답 ① '모자예요?'에 알맞은 대답이다.
② '모자가 작아요?'에 알맞은 대답이다.
③ '모자가 아니에요?'에 알맞은 대답이다.

Key-Point! 1급 수준의 문제로, 간단한 대화에서 '네' 또는 '아니요'를 이용하여 적절하게 답한 것을 찾아야 한다.

2. 이어지는 내용 유추하기   p.103

여자 : 옷이 **2. 비싸요?**
남자 : ____________________.

정답 ②

해설 옷이 비싸면 '네, 옷이 비싸요.', 옷이 비싸지 않으면 '아니요, 옷이 안 비싸요/싸요.'가 된다.

오답 ① '옷이에요?'에 알맞은 대답이다.
③ '옷을 좋아해요?'에 알맞은 대답이다.
④ '옷이에요?'에 알맞은 대답이다.

Key-Point! 1급 수준의 문제로, 간단한 대화에서 '네' 또는 '아니요'를 이용하여 적절하게 답한 것을 찾아야 한다.

3. 이어지는 내용 유추하기   p.103

남자 : 오늘 점심 **3. 뭐 먹었어요?**
여자 : ____________________.

정답 ①

해설 오늘 점심에 무엇을 먹었는지 물어보았으므로 '무엇'에 대해 대답해야 한다.

오답 ② '어디서' 먹었는지에 알맞은 대답이다.
③ '누구와' 먹었는지에 알맞은 대답이다.
④ '언제' 먹었는지에 알맞은 대답이다.

Key-Point! 1급 수준의 문제로, 간단한 대화에서 질문의 뜻에 맞게 대답한 것을 찾아야 한다.

4. 이어지는 내용 유추하기　　　　　　　p.103

여자 : **4. 어디에서** 밥을 먹었어요?
남자 : ______________________.

정답　④

해설　밥을 먹은 장소를 물어보았으므로 밥을 어디에서 먹었는지를 대답해야 한다.

오답　① 혼자 먹었는지를 물어본 것이 아니다.
　　　② 밥을 먹은 시간을 물어본 것이 아니다.
　　　③ 밥을 얼마나 먹었는지 물어본 것이 아니다.

Key-Point!　1급 수준의 문제로, 간단한 대화에서 질문의 뜻에 맞게 대답한 것을 찾아야 한다.

5. 이어지는 내용 유추하기　　　　　　　p.104

남자 : **5. 늦게 와서 미안합니다.**
여자 : ______________________.

정답　③

해설　늦게 와서 미안하다는 말에 이어질 말로 상대방을 이해하는 말로 가장 적절한 것을 찾으면 된다.

오답　① 감사할 때 하는 말이다.
　　　② 만났을 때 하는 인사말이다.
　　　④ 새로 온 사람을 맞이할 때 하는 인사말이다.

Key-Point!　1급 수준의 문제로, 간단한 대화에서 주어진 대화에 이어질 말로 가장 적절한 것을 찾아야 한다.

6. 이어지는 내용 유추하기　　　　　　　p.104

여자 : **6. 다녀오겠습니다.**
남자 : ______________________.

정답　①

해설　상대방이 외출을 하며 하는 인사이므로 이에 이어지는 말로 가장 적절한 것을 찾으면 된다.

오답　② 헤어질 때 하는 인사말이다.
　　　③ 사람이 찾아왔을 때 하는 말이다.
　　　④ 처음 만났을 때 하는 인사말이다.

Key-Point!　1급 수준의 문제로, 간단한 대화에서 주어진 대화에 이어질 말로 가장 적절한 것을 찾아야 한다.

7. 담화 장소 고르기　　　　　　　p.105

남자 : **7. 배탈**이 난 것 같아요. **7. 소화제** 좀 주세요.
여자 : 이 **7. 약**을 하루에 세 번 드세요.

정답　④

해설　소화제를 달라고 하고 약을 먹는 방법을 안내하는 대화이므로 이 대화가 이루어지는 장소를 찾아야 한다.

오답　①, ②, ③
　　　약을 사고 먹는 방법을 안내받는 것과 관계없는 장소는 답이 아니다.

Key-Point!　1급 수준의 문제로, 주어진 대화를 듣고 대화의 장소로 적절한 것을 찾아야 한다.

8. 담화 장소 고르기　　　　　　　p.105

여자 : **8. 부산에 여행을 가고 싶어요.**
남자 : 그럼 이번 달 13일은 어떠세요?

정답　③

해설　여행을 가고 싶다고 말하고 날짜를 정하는 대화이므로 이 대화의 장소로 적절한 것을 찾아야 한다.

오답　①, ②, ④
　　　여행을 계획하거나 예약하는 것과 관계없는 장소는 답이 아니다.

Key-Point!　1급 수준의 문제로, 주어진 대화를 듣고 대화의 장소로 적절한 것을 찾아야 한다.

9. 담화 장소 고르기　　　　　　　p.105

남자 : **9. 방에 놓을 침대를 좀 보고 싶어요.**
여자 : 이쪽으로 오세요. 이 침대가 요즘 인기가 많아요.

정답 ④

해설 방에 놓을 침대를 보고 싶다고 말하고 안내하는 대화에 맞는 장소를 찾아야 한다.

오답 ①, ②, ③
침대를 보고 고르는 상황과 관계없는 장소는 답이 아니다.

🔑 **Key-Point!** 1급 수준의 문제로, 주어진 대화를 듣고 대화의 장소로 적절한 것을 찾아야 한다.

10. 담화 장소 고르기 p.105

여자 : **10. 여권에 붙일 사진을 찍으러 왔는데요.**
남자 : 네, 의자에 앉아서 기다리세요.

정답 ②

해설 사진을 찍는 장소를 찾아야 한다.

오답 ①, ③, ④
사진을 찍는 것과 관계 없는 장소는 답이 아니다.

🔑 **Key-Point!** 1급 수준의 문제로, 주어진 대화를 듣고 대화의 장소로 적절한 것을 찾아야 한다.

11. 화제 고르기 p.106

남자 : 내일은 가게 문을 열어요?
여자 : 아니요. 내일은 **11. 쉬어요.**

정답 ④

해설 두 사람이 가게의 쉬는 날에 대해 이야기하고 있다.

오답 ①, ②, ③
가게의 쉬는 날과 관계없는 것은 답이 아니다.

🔑 **Key-Point!** 1급 수준의 문제로, 간단한 대화를 듣고 무엇에 대해 이야기하는지 파악한 후 적절한 답을 찾아야 한다.

12. 화제 고르기 p.106

여자 : 이번 주말에 **12. 부산에 가요?**
남자 : 네, 친구하고 **12. 바다를 보러 가요.**

정답 ③

해설 두 사람이 부산에 가서 바다를 보는 것에 대해 이야기하고 있다.

오답 ①, ②, ④
여행과 관계없는 것은 답이 아니다.

🔑 **Key-Point!** 1급 수준의 문제로, 간단한 대화를 듣고 무엇에 대해 이야기하는지 파악한 후 적절한 답을 찾아야 한다.

13. 화제 고르기 p.106

남자 : 저 사람은 누구예요?
여자 : **13. 제 대학 친구예요. 이름은 이수진이에요.**

정답 ③

해설 두 사람이 한 사람에 대해 이야기하고 있다.

오답 ①, ②, ④
사람에 대한 소개와 관계없는 것은 답이 아니다.

🔑 **Key-Point!** 1급 수준의 문제로, 간단한 대화를 듣고 무엇에 대해 이야기하는지 파악한 후 적절한 답을 찾아야 한다.

14. 화제 고르기 p.106

여자 : **14. 생일에 뭐 받고 싶어요?**
남자 : 책을 **14. 받고 싶어요.**

정답 ②

해설 두 사람이 생일에 받고 싶은 것에 대해 이야기하고 있다.

오답 ①, ③, ④
선물과 관계없는 것은 답이 아니다.

🔑 **Key-Point!** 1급 수준의 문제로, 간단한 대화를 듣고 무엇에 대해 이야기하는지 파악한 후 적절한 답을 찾아야 한다.

15. 일치하는 그림 고르기　　　　　　p.107

여자 : 이 구두가 좀 작은 것 같아요.
남자 : 그럼 **15. 큰 사이즈로 한번 신어 보시겠 어요?**

정답　①

해설　구두가 작다고 말하고 더 큰 사이즈의 신발을 신 어 보라고 안내하고 있다.

오답　② 여자가 계산대 앞에서 계산하는 상황이 아니다.
③ 남자가 구두를 정리하고 여자가 다른 구두를 보는 상황이 아니다.
④ 여자가 휴대 전화를 보고 있고 남자가 구두 상 자을 들고 나오는 상황이 아니다.

Key-Point!　1급 수준의 문제로, 간단한 대화를 듣고 어디에서 무슨 대화를 하는지를 파악하고 이에 해당하 는 그림을 찾아야 한다.

16. 일치하는 그림 고르기　　　　　　p.107

남자 : 여기 **16. 앉으세요.**
여자 : **16. 괜찮아요. 다음 역에서 내릴 거예요.**

정답　③

해설　지하철에서 남자가 여자에게 자리를 권하지만, 여 자는 다음 정류장에서 내린다고 말하며 자리에 앉지 않는다.

오답　① 자리를 권하는 행동이 아니다.
② 여자가 이미 자리에 앉아 있어 대화 내용과 맞 지 않다.
④ 남자와 여자가 모두 앉아 있어 대화 내용과 맞 지 않다.

Key-Point!　1급 수준의 문제로, 간단한 대화를 듣고 어디에서 무슨 대화를 하는지를 파악하고 이에 해당하 는 그림을 찾아야 한다.

17. 일치하는 내용 고르기　　　　　　p.108

여자 : 민수 씨, **17. 이번 주 토요일에 집들이를 하는데 시간 괜찮으세요?**
남자 : 네, 오후에는 시간이 있어요. 뭐 준비할까요?
여자 : 그냥 편하게 오세요.

정답　③

해설　여자는 이번 주 토요일에 집들이를 할 예정이라고 말하고 있다.

오답　① 남자는 집들이 선물을 샀습니다.
② 남자는 토요일 오후에 시간이 없습니다.
④ 여자는 토요일에 친구 집에 가려고 합니다.

Key-Point!　2급 수준의 문제로, 대화를 통해 들은 내 용과 일치하는 답을 찾아야 한다.

18. 일치하는 내용 고르기　　　　　p.108

> **남자** : 시원 씨, 이번 주 토요일에 사진 모임에
> 　　　　와요?
> **여자** : 미안해요. **18. 그날 고향에 가야 해서 못**
> 　　　　**가요.**
> **남자** : 아쉽네요. 공원에서 꽃 사진을 찍으려고
> 　　　　했거든요.
> **여자** : 재미있겠네요. 다음에 꼭 같이 가요.

정답　①

해설　남자는 여자에게 토요일 사진 모임에 오냐고 묻지
만 여자는 고향에 가야 해서 못 간다고 말하고 있다.

오답　② 두 사람은 토요일에 ~~공원에서 만날 겁니다.~~
　　　③ 여자는 주말에 ~~남자와 꽃 사진을 찍었습니다.~~
　　　④ 남자는 이번 주말에 ~~사진 모임에 가지 않습니다.~~

🔑 **Key-Point!**　2급 수준의 문제로, 대화를 통해 들은 내
용과 일치하는 답을 찾아야 한다.

19. 일치하는 내용 고르기　　　　　p.108

> **여자** : 민수 씨, **19. 어제 왜 학교에 안 왔어요?**
> 　　　　어디 아팠어요?
> **남자** : 아니요. 동생을 공항까지 데려다주고 왔
> 　　　　어요.
> **여자** : 그래요? 저는 **19. 민수 씨가 안 와서** 걱정
> 　　　　했어요.
> **남자** : 미안해요. 다음에는 **19. 학교에 못 오면**
> 　　　　전화할게요.

정답　②

해설　남자는 어제 동생을 공항까지 데려다주느라 학교
에 오지 못했다고 말하고 있다.

오답　① 남자는 어제 ~~여행을~~ 갔습니다.
　　　③ 남자는 어제 동생을 ~~못 만났습니다.~~
　　　④ 남자는 어제 여자하고 ~~통화를 했습니다.~~

🔑 **Key-Point!**　2급 수준의 문제로, 대화를 통해 들은 내
용과 일치하는 답을 찾아야 한다.

20. 일치하는 내용 고르기　　　　　p.109

> **남자** : 다음 주에 한국어 말하기 시험이 있어요.
> 　　　　너무 걱정돼요.
> **여자** : 아직 며칠 남았으니까 연습하면 괜찮을
> 　　　　거예요.
> **남자** : 네. 그런데 발음이 걱정이에요.
> **여자** : 그럼 제가 도와줄게요. **20. 같이 연습해요.**

정답　②

해설　여자는 남자의 한국어 말하기 시험 준비를 도와
주기 위해 같이 연습하자고 말하고 있다.

오답　① 남자는 ~~이번 주~~에 시험이 있습니다.
　　　③ 남자는 시험이 ~~끝나서 걱정이 없습니다.~~
　　　④ 남자는 한국어 말하기 ~~시험을 봤습니다.~~

🔑 **Key-Point!**　2급 수준의 문제로, 대화를 통해 들은 내
용과 일치하는 답을 찾아야 한다.

21. 일치하는 내용 고르기　　　　　p.109

> (전화벨)
> **여자** : 네, 시원병원입니다. 무엇을 도와드릴까요?
> **남자** : 이번 주 토요일에 병원 예약을 하고 싶은
> 　　　　데요.
> **여자** : 네, 가능합니다. 오전 10시에 예약할 수 있
> 　　　　습니다.
> **남자** : 네, **21. 생각해 보고 다시 연락드리겠습니다.**

정답　③

해설　남자는 병원 예약을 바로 하지 않고 생각해 본 후
다시 연락하겠다고 했다.

오답　① 남자는 ~~병원에 예약을 했습니다.~~
　　　② 남자는 병원 ~~예약을 취소했습니다.~~
　　　④ 남자는 ~~오늘 병원에 가려고 합니다.~~

🔑 **Key-Point!**　2급 수준의 문제로, 대화를 통해 들은 내
용과 일치하는 답을 찾아야 한다.

22. 중심 생각 고르기　　　　　　　　p.109

남자 : 시원 씨, 왜 버스를 안 타고 지하철을 타요?
여자 : 버스는 사람이 많아서 불편해요.
남자 : 지하철은 갈아타야 해서 힘들지 않아요?
여자 : **22. 조금 힘들지만 앉을 수 있어서 지하철이 더 좋아요.**

정답　④

해설　버스는 사람이 많아 불편하지만, 지하철은 조금 힘들어도 앉을 수 있어서 더 좋다고 말하고 있다.

오답　① 남자가 지하철은 갈아타야 해서 힘들다고 말하고 있다.
　　　② 지하철보다 버스를 타는 것이 더 편하다는 내용은 없다.
　　　③ 버스는 사람이 많아서 불편하다고 말하고 있지만 여자의 중심 생각은 아니다.

🔑 **Key-Point!**　2급 수준의 문제로, 대화를 듣고 여자의 중심 생각을 찾아야 한다.

23. 중심 생각 고르기　　　　　　　　p.109

여자 : 우리 다음 주 화요일이나 수요일에 영화 볼까요?
남자 : 평일은 바쁘지 않아요? 주말에 보는 게 어때요?
여자 : **23. 주말에는 영화표도 비싸고 사람도 많아서 조금 불편해요.**
남자 : 그래요. 그럼, **23. 수요일에 영화를 봐요.**

정답　④

해설　주말에는 영화표가 비싸고 사람도 많아 불편하다고 말하고 있다.

오답　① 주말에는 가고 싶지 않다고 말하고 있다.
　　　② 사람이 많아서 불편하다는 이유도 함께 말하고 있다.
　　　③ 사람이 많아서 불편하다고 말하고 있다.

🔑 **Key-Point!**　2급 수준의 문제로, 대화를 듣고 여자의 중심 생각을 찾아야 한다.

24. 중심 생각 고르기　　　　　　　　p.109

남자 : 동하 씨, 요즘 운동해요?
여자 : 네, **24. 건강을 위해 매일 아침에 1시간씩 운동을 해요.**
남자 : 아침에 일어나서 운동하는 게 힘들지 않아요?
여자 : 조금 힘들지만 매일 운동을 하면 건강한 생활 습관을 만들 수 있어요.

정답　④

해설　여자는 건강한 생활을 위해 매일 운동하는 것이 좋다고 말하고 있다.

오답　① 여자는 가끔이 아니라 매일 운동한다고 말하고 있다.
　　　② 여자는 매일 운동하는 것이 중요하다고 말하고 있다.
　　　③ 시간이 있을 때 운동하는 것이 좋다고 말하지 않았다.

🔑 **Key-Point!**　2급 수준의 문제로, 대화를 듣고 여자의 중심 생각을 찾아야 한다.

[25~26]

(딩동댕)
여자 : 도서관을 이용하시는 여러분께 안내 말씀 드립니다. **25. 26. 도서관 안에서는 다른 사람을 위해 조용히 해 주시기 바랍니다. 도서관에서는 음료나 음식을 먹을 수 없습니다. 책을 읽은 후에는 책이 있던 곳에 다시 놓아 주시기 바랍니다. 도서관 이용 시간은 평일 오전 아홉 시부터 밤 열 시까지입니다. 주말에는 오후 다섯 시까지 운영합니다.** 이용에 참고해 주시기 바랍니다. 감사합니다.
(딩동댕)

25. 여자가 왜 이야기를 하고 있는지 고르십시오.
[화자의 의도 고르기]　　　　　　　p.110

정답　①

해설 여자는 도서관 안에서 지켜야 할 규칙과 도서관 이용 시간에 대해 안내하고 있다.

오답 ② 여자는 현재 이용 시간을 알리고 있다.
③ 여자는 도서관의 위치에 대해서는 말하지 않았다.
④ 여자는 도서관 이용 방법과 규칙만 안내하고 있다.

Key-Point! 2급 수준의 문제로, 대화를 듣고 여자가 말하는 목적이나 의도를 찾아야 한다.

26. 들은 내용과 같은 것을 고르시오.
[일치하는 내용 고르기]   p.110

정답 ②

해설 여자는 책을 읽은 후에는 책이 있던 곳에 다시 놓아 달라고 안내하고 있다.

오답 ① 도서관에서는 음식을 먹어도 됩니다.
③ 도서관은 주말에 밤 열 시까지 운영합니다.
④ 도서관 안에서는 자유롭게 이야기해도 됩니다.

Key-Point! 2급 수준의 문제로, 대화를 듣고 들은 내용과 일치하는 답을 찾아야 한다.

[27~28]

남자 : 요즘 운동을 시작했는데 생각보다 힘들어요.

여자 : 그렇죠. 운동은 처음에 시작할 때가 제일 힘들어요. 헬스장에서 운동하세요?

남자 : 아니요. 집하고 헬스장의 거리가 너무 멀어서요. 그래서 집에서 운동 영상을 보면서 운동을 하고 있어요.

여자 : 아, **27.28.영상을 보면서 운동을 하면 집에서 바로 할 수 있어서 좋겠네요.**

남자 : 네, 그리고 제가 **27.편한 시간에 운동할 수 있어서 좋아요.**

여자 : 맞아요. **27.또 어려우면 다시 보면서 따라 할 수 있고요.**

27. 두 사람이 무엇에 대해 이야기를 하고 있는지 고르십시오.
[화제 고르기]   p.110

정답 ②

해설 두 사람은 운동 영상을 보며 운동하는 장점에 대해 이야기하고 있다.

오답 ① 남자는 운동이 힘들다고 하였다. 운동을 시작한 이유에 대해 말하지 않았다.
③ 남자는 편한 시간에 운동할 수 있다고 말했지만, 구체적인 시간을 말하지 않았다.
④ 집에서 헬스장에 가는 방법에 대해서는 말하지 않았다.

Key-Point! 2급 수준의 문제로, 대화를 듣고 무엇에 대해 이야기하는지 파악한 후 적절한 답을 찾아야 한다.

28. 들은 내용과 같은 것을 고르시오.
[일치하는 내용 고르기]   p.110

정답 ②

해설 남자는 집에서 운동 영상을 보면서 운동을 하고 있다고 하였다.

오답 ① 여자는 운동을 열심히 하고 있습니다.
③ 여자는 남자에게 헬스장을 소개했습니다.
④ 남자는 운동을 매일 같은 시간에 합니다.

Key-Point! 2급 수준의 문제로, 대화를 듣고 들은 내용과 일치하는 답을 찾아야 한다.

[29~30]

여자 : 요즘 책을 자주 읽는 것 같네요.

남자 : 네, 예전에는 거의 안 읽었는데 요즘은 매일 읽으려고 해요.

여자 : 왜 책을 읽기 시작했어요?

남자 : **29.회사 일이 많아서 스트레스를 많이 받았어요.** 그래서 집에 가서도 마음이 편하지 않았어요.

여자 : 아, 그래서 책을 읽기 시작한 거예요?

남자 : 네, **30.잠자기 전에 책을 읽으니까** 마음이 편해지고 잠도 더 잘 와서 매일 읽게 되었어요.

29. 남자가 책을 읽는 이유를 고르십시오.
[화자의 의도 고르기]   p.111

정답   ④

해설   남자가 회사 일로 스트레스를 받아 책을 읽기 시
작한 이유에 대해 이야기하고 있다.

오답   ① 시험 준비에 대한 내용은 나오지 않았다.
② 책을 읽기 시작한 직접적인 이유는 아니다.
③ 친구가 책을 추천했다는 내용은 나오지 않
았다.

🔖 **Key-Point!**   2급 수준의 문제로, 대화를 통해 드러난 행
동의 이유와 목적을 파악하여 적절한 답을 찾아야 한다.

30. 들은 내용과 같은 것을 고르시오.
[일치하는 내용 고르기]   p.111

정답   ①

해설   남자는 잠자기 전에 책을 읽는다고 이야기하고
있다.

오답   ② 남자는 여자에게 책을 ~~추천했습니다~~.
③ 남자는 ~~회사에서~~ 책을 읽기 시작했습니다.
④ 남자는 책을 ~~읽어도 잠이 잘 오지 않습니다~~.

🔖 **Key-Point!**   2급 수준의 문제로, 대화를 듣고 들은 내
용과 일치하는 답을 찾아야 한다.

실전 모의고사 정답 및 풀이

읽기		31번~70번					

31	①	32	③	33	②	34	①	35	④
36	③	37	②	38	①	39	③	40	②
41	①	42	③	43	③	44	④	45	②
46	②	47	①	48	④	49	②	50	③
51	①	52	②	53	②	54	④	55	③
56	④	57	③	58	②	59	③	60	④
61	①	62	④	63	④	64	③	65	①
66	②	67	①	68	④	69	①	70	④

31. 화제 고르기 p.112

저는 **31. 노래를 부릅니다.** 제 친구는 **31. 그림을 그립니다.**

정답 ①
해설 노래를 부르는 것과 그림을 그리는 것은 취미이다.
오답 ②, ③, ④

Key-Point! 1급 수준의 문제로, 짧은 두 문장이 공통으로 설명하는 어휘를 찾아야 한다.

32. 화제 고르기 p.112

저는 **32. 봄을** 좋아합니다. 그리고 **32. 가을도** 좋아합니다.

정답 ③

해설 '봄'과 '가을'은 계절이다.
오답 ①, ②, ④

Key-Point! 1급 수준의 문제로, 짧은 두 문장이 공통으로 설명하는 어휘를 찾아야 한다.

33. 화제 고르기 p.112

33. 토요일에는 청소를 합니다. **34. 일요일**에는 친구를 만납니다.

정답 ②

해설 '토요일'과 '일요일'은 주말이다.
오답 ①, ③, ④

Key-Point! 1급 수준의 문제로, 짧은 두 문장이 공통으로 설명하는 어휘를 찾아야 한다.

34. 빈칸에 알맞은 말 고르기 p.113

34. 영화를 봅니다. 34. ( )에 갑니다.

정답 ①

해설 영화를 볼 때 가는 장소는 '극장'이다. 문장의 내용과 어울리는 장소를 고르면 된다.

오답 ②, ③, ④
영화를 보는 장소와 관계없는 곳은 답이 아니다.

🔑 **Key-Point!** 1급 수준의 문제로, 짧은 두 문장의 내용을 이해하여 빈칸에 알맞은 어휘를 찾아야 한다.

35. 빈칸에 알맞은 말 고르기 p.113

35. 여행을 갑니다. 35. 기차를 ( ).

정답 ④

해설 여행을 갈 때 기차와 같은 교통수단은 '타다'를 사용한다. 이동 수단과 알맞은 동사를 고르면 된다.

오답 ① (버스가) 옵니다.
② (숙제를) 합니다.
③ (옷을) 삽니다.

🔑 **Key-Point!** 1급 수준의 문제로, 짧은 두 문장의 내용을 이해하여 빈칸에 알맞은 어휘를 찾아야 한다.

36. 빈칸에 알맞은 말 고르기 p.113

36. 차가 ( ). 그래서 36. 길이 막힙니다.

정답 ③

해설 차가 많으면 길이 막힌다. 두 문장은 원인과 결과의 의미 관계가 있다.

오답 ① (책을) 읽습니다.
② (키가) 작습니다.
④ (편지를) 보냅니다.

🔑 **Key-Point!** 1급 수준의 문제로, 짧은 두 문장의 내용을 이해하여 빈칸에 알맞은 어휘를 찾아야 한다.

37. 빈칸에 알맞은 말 고르기 p.114

회의가 있습니다. 오후 **37. 2시( ) 시작합니다.**

정답 ②

해설 '오후 2시'는 시간을 나타내는 말이다. 시간을 나타내는 말 뒤에 쓰는 조사를 고르면 된다.

오답 ① 가: 주격 조사이다.
③ 는: 보조사이다.
④ 를: 목적격 조사이다.

🔑 **Key-Point!** 1급 수준의 문제로, 앞뒤 문장을 이해하고 조사의 형태와 역할을 파악하여 문맥에 적절한 조사를 찾아야 한다.

38. 빈칸에 알맞은 말 고르기 p.114

버스가 **38. 곧 출발합니다. ( ) 38. 타야 합니다.**

정답 ①

해설 버스가 곧 출발하므로 서둘러야 한다. 행동의 속도를 나타내는 부사를 고르면 된다.

오답 ② 가끔: 행동이나 상태의 빈도를 나타내는 부사이다.
③ 아직: 어떤 일이 이루어지지 않은 상태를 나타내는 부사이다.
④ 특히: 다른 것과 비교하여 특별함을 강조할 때 쓰는 부사이다.

🔑 **Key-Point!** 1급 수준의 문제로, 앞뒤 문장을 이해하고 부사의 의미와 쓰임을 파악하여 문맥에 적절한 부사를 찾아야 한다.

39. 빈칸에 알맞은 말 고르기 p.114

날씨가 ( ). **39. 코트를 입습니다.**

정답 ③

해설 날씨가 추우면 코트를 입는다. 뒤의 행동의 이유가 되는 날씨 상태를 나타내는 말을 고르면 된다.

오답 ① (열이) 납니다.
　　　② (잠을) 잡니다.
　　　④ (그림을) 그립니다.

Key-Point! 1급 수준의 문제로, 앞뒤 문장을 이해하고 주어와 서술어의 호응을 파악하여 문맥에 적절한 어휘를 찾아야 한다.

40. 일치하지 않는 내용 고르기 　p.115

정답 ②

해설 ② 수업은 평일 오전에 합니다. (→ 오후)
　　　수업 시간은 오후 15:00부터 16:00까지이다.

오답 ① 기간이 8월 1일부터 8월 31일까지이므로 맞는
　　　　내용이다.
　　　③ 수업 시간은 15:00 ~ 16:00으로 하루에 한 시
　　　　간 수업을 한다는 말은 맞다.
　　　④ 여름 방학에 하는 어린이 수영 교실이므로 맞
　　　　는 내용이다.

Key-Point! 1급 수준의 문제로, 주로 안내문·광고문·메뉴판 등의 실용문이 제시된다. 숫자 정보와 내용의 세부 정보를 확인하여 내용과 일치하지 않는 답을 찾아야 한다.

41. 일치하지 않는 내용 고르기 　p.115

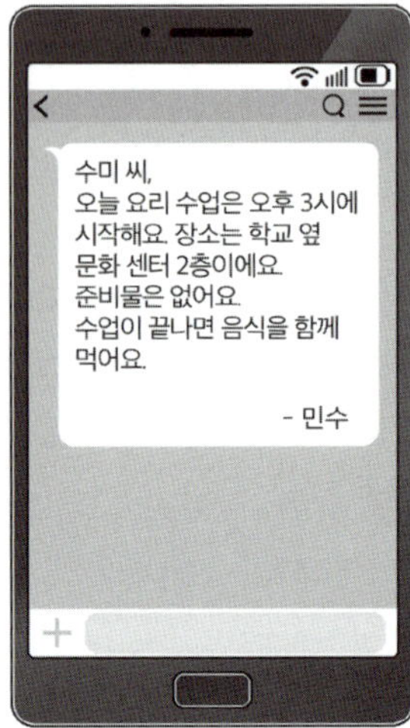

정답 ①

해설 요리 수업에 준비물을 가져가야 합니다. (→ 준비
　　　물은 없습니다.)

오답 ② 장소는 학교 옆 문화 센터 2층이라고 하였다.
　　　③ 요리 수업은 오후 3시에 시작한다고 하였다.
　　　④ 수업이 끝나면 음식을 함께 먹자고 하였다.

Key-Point! 1급 수준의 문제로, 주로 이메일·문자·메시지 등의 실용이 제시된다. 그의 주체와 상황을 이해하여 내용과 일치하지 않는 답을 찾아야 한다.

42. 일치하지 않는 내용 고르기 　p.116

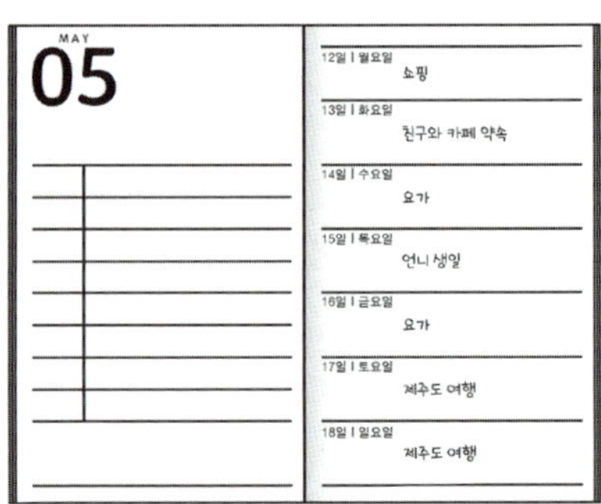

정답 ③

해설 일주일에 한 번 운동을 합니다. (→ 두 번)
　　　요가는 수요일과 금요일 두 번 있다.

오답 ① 13일은 화요일이고 친구와 카페 약속이 있으
　　　　므로 맞는 내용이다.

② 토요일과 일요일 제주도 여행이므로 주말에
　 제주도 여행을 간다는 말은 맞다.
④ 15일 목요일이 언니 생일이므로 맞는 내용이다.

Key-Point! 　1급 수준의 문제로, 주로 안내문·광고문·메뉴판 등의 실용문이 제시된다. 숫자 정보와 내용의 세부 정보를 확인하여 내용과 일치하지 않는 답을 찾아야 한다.

43. 일치하는 내용 고르기　　　　　p.117

43. 어제는 회사 일이 많아서 집에 늦게 왔습니다. 그래서 저녁을 간단히 먹고 쉬었습니다. 그날은 너무 피곤해서 텔레비전을 보지 않았습니다.

정답　③

해설　회사 일이 많아서 늦게 왔다고 하였다. 그래서 맞는 내용이다.

오답　① 저는 어제 집에 일찍 왔습니다. (→ 늦게)
　　　　② 저는 저녁을 밖에서 먹었습니다. (→ 집에서 간단히)
　　　　④ 저는 텔레비전을 오래 보았습니다. (→ 보지 않았습니다.)

Key-Point! 　1~2급 수준의 문제로, 세부 내용의 이해 능력을 확인하는 문제이다. 짧은 글을 읽고 글의 내용과 일치하는 답을 찾아야 한다.

44. 일치하는 내용 고르기　　　　　p.117

44. 저는 매주 주말에 친구와 공원에 갑니다. 그곳에서 친구와 산책도 하고 사진도 찍습니다. 그래서 주말이 항상 기다려집니다.

정답　④

해설　매주 주말에 친구와 공원에 간다. 그래서 주말이 항상 기다려진다고 하였다.

오답　① 저는 혼자 공원에 갑니다. (→ 친구와)
　　　　② 저는 매일 산책을 합니다. (→ 매주 주말)
　　　　③ 저는 공원에서 사진을 찍지 않습니다. (→ 사진도 찍습니다.)

45. 일치하는 내용 고르기　　　　　p.117

오늘 **45. 친구와 함께 도서관에 갔습니다.** 내일 시험이 있어서 **45. 책을 읽고** 공부를 했습니다. 공부를 마친 후 친구와 식당에서 점심을 먹었습니다.

정답　②

해설　친구와 함께 도서관에 가서 시험 공부를 하고 식당에서 점심을 먹은 내용이다.

오답　① 저는 혼자 도서관에 갔습니다. (→ 친구와 함께)
　　　　③ 식당에서 밥을 먹고 공부를 했습니다. (→ 공부를 하고 밥을 먹었습니다.)
　　　　④ 시험이 있어서 도서관에 가려고 합니다. (→ 갔습니다.)

Key-Point! 　1~2급 수준의 문제로, 세부 내용의 이해 능력을 확인하는 문제이다. 짧은 글을 읽고 글의 내용과 일치하는 답을 찾아야 한다.

46. 중심 내용 고르기　　　　　p.118

제 친구가 유명한 맛집에 다녀왔습니다. 친구가 맛있는 음식 사진을 많이 찍어서 보여 주었습니다. **46. 저는 친구가 많이 부러웠습니다.**

정답　②

해설　친구가 유명한 맛집에 다녀와서 보여 준 사진을 보고 부러워했다는 내용이 중심 내용이다.

오답　① 음식 사진을 찍은 사람은 친구이다.
　　　　③ 함께 사진을 찍었다는 내용은 없다.
　　　　④ 집에서 음식을 먹었다는 내용은 나오지 않는다.

Key-Point! 　2급 수준의 문제로, 중심 내용의 이해 능력을 확인하는 문제이다. 짧은 글을 읽고 핵심 단어나 표현을 찾아 중심 내용이 무엇인지 파악하여 알맞은 답을 찾아야 한다.

저는 요즘 건강이 좋지 않아서 다이어트를 시작했습니다. 처음에는 음식을 적게 먹어서 힘들었습니다. **47. 하지만 지금은 건강해지고 살이 빠져서 기분이 좋습니다.**

정답 ①

해설 다이어트를 하면서 처음에는 힘들었지만 지금은 건강해지고 살이 빠져서 기분이 좋다는 것이 중심 내용이다.

오답 ② 지금은 건강해지고 기분이 좋다고 했으므로 맞지 않다.
③ 다이어트를 해서 건강해졌다고 했으므로 맞지 않다.
④ 스트레스를 받는다는 내용은 나오지 않는다.

Key-Point! 2급 수준의 문제로, 중심 내용의 이해 능력을 확인하는 문제이다. 짧은 글을 읽고 핵심 단어나 표현을 찾아 중심 내용이 무엇인지 파악하여 알맞은 답을 찾아야 한다.

48. 중심 내용 고르기   p.118

저는 구두가 필요해서 백화점에 갔습니다. 디자인이 예쁜 구두가 있었지만 제 사이즈가 없어서 주문했습니다. **48. 구두가 빨리 왔으면 좋겠습니다.**

정답 ④

해설 맞는 사이즈가 없어 구두를 주문했다. 주문한 구두가 빨리 오기를 바란다는 것이 중심 내용이다.

오답 ① 가격이 중요하다는 내용은 없다.
② 제 사이즈가 없어 주문했다고 하였다.
③ 구두를 많이 보았다는 내용은 없다.

Key-Point! 2급 수준의 문제로, 중심 내용의 이해 능력을 확인하는 문제이다. 짧은 글을 읽고 핵심 단어나 표현을 찾아 중심 내용이 무엇인지 파악하여 알맞은 답을 찾아야 한다.

[49~50]

우리 회사는 서울에 있는 작은 회사입니다. 주로 운동복을 만들어서 팝니다. 직원 수는 많지 않지만 **49. 서로 (　ㄱ　) 분위기가 좋습니다.** 그래서 직원들은 회사 생활에 **50. 만족하며 매일 즐겁게 일하고 있습니다.** 앞으로도 지금처럼 함께 일하고 싶습니다.

49. ㄱ에 들어갈 말로 가장 알맞은 것을 고르십시오.
[빈칸에 알맞은 말 고르기]   p.119

정답 ②

해설 –아서/어서: 앞의 내용이 뒤의 내용의 이유가 됨을 나타내는 표현이다.

例 한국 드라마가 좋아서 한국에 왔어요.

오답 ① –(으)면: 조건이나 가정을 나타내는 표현이다.

例 시간이 있으면 영화 보러 가요.

③ –지만: 앞뒤 내용이 서로 반대되거나 다른 사실임을 나타내는 표현이다.

例 저는 커피를 좋아하지만 동생은 차를 좋아해요.

④ –(으)려고: 어떤 목적이나 계획을 나타내는 표현이다.

例 한국어를 배우려고 한국에 왔어요.

Key-Point! 2급 수준의 문제로, 글을 읽고 글의 흐름과 앞뒤 문장의 의미를 이해하여 상황에 가장 적절한 문장이나 문법 표현을 찾아야 한다.

50. 윗글의 내용과 같은 것을 고르십시오.
[일치하는 내용 고르기]   p.119

정답 ③

해설 직원 수는 많지 않지만 서로 도와주어 회사 생활에 만족하며 즐겁게 일하고 있다.

오답 ① 우리 회사는 직원 수가 ~~많습니다.~~ (→ 직원 수는 많지 않습니다.)
② 우리 회사는 ~~다양한 물건을~~ 팝니다. (→ 주로 운동복을 만들어 팝니다.)
④ 우리 회사 직원들은 ~~운동을 좋아합니다.~~ (→ 운동을 좋아한다는 내용은 없다.)

🔑 **Key-Point!** 2급 수준의 문제로, 세부 내용의 이해 능력을 확인하는 문제이다. 글의 내용과 일치하는 답을 찾아야 한다.

[51~52]

잠을 잘 자는 것은 건강에 매우 중요합니다. 잠 자기 전에 휴대 전화를 오래 보면 잠이 잘 오지 않을 수 있습니다. 그래서 **51.52. 잠자기 한 시간 전에는 휴대 전화를 보지 않아야 합니다.** (㉠) **51. 방 안을 어둡게 해야 합니다.** 잠이 오지 않을 때는 따뜻한 우유를 마셔도 좋습니다. 생활 습관을 조금만 바꾸면 잠을 잘 잘 수 있습니다.

51. ㉠에 들어갈 말로 가장 알맞은 것 고르십시오.
　　[빈칸에 알맞은 말 고르기]　　　　　　　　p.120

정답　①

해설　그리고: 앞의 문장에 이어 내용을 나열할 때 사용하는 표현이다.

　　예 나는 축구를 잘한다. 그리고 농구도 잘한다.

오답　② 그러나: 앞뒤 내용이 서로 반대됨을 나타내는 표현이다.

　　예 음식은 맛있습니다. 그러나 양이 적습니다.

　　③ 그래서: 앞의 내용이 뒤의 내용의 이유가 됨을 나타내는 표현이다.

　　예 비가 많이 왔습니다. 그래서 길이 많이 막혔습니다.

　　④ 그러면: 앞의 내용이 뒤의 내용의 조건이 됨을 나타내는 표현이다.

　　예 열심히 공부하세요. 그러면 시험을 잘 볼 수 있어요.

🔑 **Key-Point!** 2급 수준의 문제로, 글을 읽고 글의 흐름과 앞뒤 문장의 의미를 이해하여 상황에 가장 적절한 접속사를 찾아야 한다.

52. 무엇에 대한 내용인지 맞는 것을 고르십시오.
　　[화제 고르기]　　　　　　　　　　　　　p.120

정답　②

해설　잠을 잘 자기 위해 휴대 전화 사용, 환경, 음식 등에 대해 이야기하고 있다.

오답　① 잠을 자는 시간에 대한 구체적인 시간은 나오지 않는다.

　　③ 건강을 지키는 생활 습관 전반에 대한 내용은 나오지 않는다.

　　④ 휴대 전화를 사용하면 안 되는 이유만을 설명한 내용은 아니다.

🔑 **Key-Point!** 2급 수준의 문제로, 전체 내용을 읽고 글의 중심 내용이 무엇인지 파악하여 알맞은 답을 찾아야 한다.

[53~54]

저는 요즘 집에서 요리를 자주 하려고 합니다. 예전에는 밖에서 음식을 자주 사 먹었습니다. **54. 하지만 요리를 시작한 후에는 외식을 거의 하지 않습니다.** 집에서 직접 요리를 해서 먹습니다. **53. 그래서 식비가 전보다 줄었습니다. 몸도 더 (㉠).** 앞으로도 집에서 요리를 계속할 생각입니다.

53. ㉠에 들어갈 말로 가장 알맞은 것 고르십시오.
　　[빈칸에 알맞은 말 고르기]　　　　　　　　p.121

정답　②

해설　요리를 시작한 후 식비가 줄었고 몸도 더 건강해졌다는 내용이다.

오답　① -고 싶다: 원하거나 바라는 것을 나타내는 표현이다.

　　예 옷을 사고 싶다.

　　③ -(으)ㄹ 수 있다: 어떤 행동이 가능할 때 나타내는 표현이다.

　　예 나는 기타를 칠 수 있어요.

　　④ -(으)ㄴ 적이 있다: 경험이 있음을 나타내는 표현이다.

　　예 저는 혼자 여행을 한 적이 있어요.

🔑 **Key-Point!** 2급 수준의 문제로, 글을 읽고 글의 흐름과 앞뒤 문장의 의미를 이해하여 상황에 가장 적절한 문장이나 문법 표현을 찾아야 한다.

54. 윗글의 내용과 같은 것을 고르십시오.
[일치하는 내용 고르기]　　　　　　　p.121

정답　④

해설　요리를 시작한 후 외식을 거의 하지 않았다는 내
용이다.

오답　① 요리를 하면서 식비가 늘었습니다. (→ 식비가
　　　　전보다 줄었습니다.)
　　　② 요리를 시작한 후 외식을 많이 합니다. (→ 거
　　　　의 하지 않습니다.)
　　　③ 예전에도 집에서 요리를 자주 했습니다. (→ 밖
　　　　에서 음식을 자주 사 먹었습니다.)

🔑 **Key-Point!**　2급 수준의 문제로, 세부 내용의 이해 능
력을 확인하는 문제이다. 글의 내용과 일치하는 답을 찾
아야 한다.

[55~56]

예전 시장은 주로 동네 사람들이 필요한 물건만
사고 바로 집에 갔습니다. 그래서 시장은 주로
장을 보러 가는 곳이었습니다. 하지만 요즘 시장
은 **55.56.다양한 물건과 (㉠) 젊은 사람뿐
만 아니라 외국인 관광객도 시장에 많이 옵니다.**
이처럼 시장은 물건을 사는 곳이면서 한국의 생
활과 문화를 볼 수 있는 장소가 되었습니다.

55. ㉠에 들어갈 말로 가장 알맞은 것 고르십시오.
[빈칸에 알맞은 말 고르기]　　　　　　p.122

정답　③

해설　시장이 단순히 물건만 파는 곳이 아니라 구경하고
체험할 수 있는 장소가 되었다는 내용이다.

오답　① 값이 비싸서: 사람이 많이 오는 이유로 적절하
　　　　지 않다.
　　　② 길이 복잡해서: 방문 이유로 적절하지 않다.
　　　④ 사람들이 친절해서: '다양한 물건과'와 함께
　　　　쓰기에는 표현이 적합하지 않다.

🔑 **Key-Point!**　2급 수준의 문제로, 글을 읽고 글의 흐름
과 앞뒤 문장의 의미를 이해하여 상황에 가장 적절한 문
장이나 문법 표현을 찾아야 한다.

56. 윗글의 내용과 같은 것을 고르십시오.
[일치하는 내용 고르기]　　　　　　　p.122

정답　④

해설　요즘 시장은 젊은 사람들뿐만 아니라 외국인 관
광객도 많이 찾는다는 내용이다.

오답　① 예전 시장은 젊은 사람들이 갔습니다. (→ 동
　　　　네 사람들이)
　　　② 요즘 시장은 동네 사람들만 가는 곳입니다.
　　　　(→ 젊은 사람들과 외국인 관광객도 많이 찾습
　　　　니다.)
　　　③ 요즘 시장은 필요한 물건만 사고 집에 갑니다.
　　　　(→ 예전 시장)

🔑 **Key-Point!**　2급 수준의 문제로, 세부 내용의 이해 능
력을 확인하는 문제이다. 글의 내용과 일치하는 답을 찾
아야 한다.

57. 알맞은 순서로 배열한 것 고르기　　　p.123

(가) **57.집에 와서 보니** 단추가 떨어져 있었습니다.
(나) **57.그래서 다음 날** 가게에 가서 **57.교환을
　　　요청했습니다.**
(다) 직원은 옷을 **57.확인한 후** 새 셔츠로 바꾸
　　　어 주었습니다.
(라) 집 근처에 있는 작은 옷가게에서 **57.셔츠를
　　　한 장 샀습니다.**

정답　③

해설　옷을 산 후 교환한 과정에 대한 글이다. 이야기 흐
름에 맞게 재구성하여 순서를 정하면 된다.

오답　①, ②, ④
선택지를 살펴보면 (라)는 옷을 산 내용으로 이야
기의 시작이 되므로 먼저 나와야 한다. 반면 (다)
는 교환이 완료된 결과이므로 처음에 올 수 없다.
따라서 (라)는 옷을 삼(시작) → (가)는 단추가 떨
어진 것을 확인함(문제 발견) → (나)는 교환을 요
청함(해결 행동) → (다)는 새 셔츠로 바꾸어 줌
(결과)의 순서로 이어져야 한다.

🔑 **Key-Point!**　2급 수준의 문제로, 주로 나와 관련된 이
야기를 읽고 글의 흐름에 맞게 알맞은 순서로 배열해야
한다.

58. 알맞은 순서로 배열한 것 고르기   p.123

(가) K-Pop은 **58. 한국에서 시작된 음악입니다.**

(나) **58. 이런 무대와 영상 때문에** K-Pop은 많은 관심을 받습니다.

(다) K-Pop 가수들은 **58. 화려한 무대에서** 노래하며 춤을 잘 춥니다.

(라) **58. 요즘에는** 세계 여러 나라 사람들도 K-Pop을 많이 좋아합니다.

정답 ②

해설 K-Pop에 관한 글이다. K-Pop의 시작과 가수들의 화려한 무대를 설명한다. 그로 인해 K-Pop은 많은 관심을 받고, 요즘에는 세계 여러 나라 사람들이 K-Pop을 좋아한다는 내용이다. 이야기의 흐름에 맞게 재구성하여 순서를 정하면 된다.

오답 ①, ③, ④

선택지를 살펴보면 (가)는 K-Pop에 대한 설명으로 글의 시작에 와야 한다. ①은 소개보다 결과를 먼저 제시하여 설명의 순서가 자연스럽지 않고, ③과 ④는 K-Pop에 대한 소개보다 가수들의 활동을 먼저 제시하여 글의 전개 흐름에 맞지 않다.

🔑 **Key-Point!**   2급 수준의 문제로, 어떤 대상에 대한 소개나 설명을 읽고 글의 흐름에 맞게 알맞은 순서로 배열해야 한다.

[59~60]

저는 예전에는 **59. 운동을 거의 하지 않았습니다.** (㉠) 그래서 몸이 자주 피곤하고 건강도 좋지 않았습니다. (㉡) 어느 날 병원에서 **59. 의사 선생님이 운동을 조금씩 해 보라고 설명해 주었습니다.** (㉢) **60. 그 후에 저는 매일 아침 공원에서 걷기 운동을 시작했습니다.** (㉣) 처음에는 힘들었지만 시간이 지나면서 몸이 점점 좋아졌습니다.

59. 다음 문장이 들어갈 곳으로 가장 알맞은 것을 고르십시오.

[문장이 들어갈 위치 고르기]   p.124

그래서 생활 습관을 바꿔야겠다고 생각했습니다.

정답 ③

해설 운동을 거의 하지 않아 몸이 자주 피곤하고 건강이 좋지 않다는 설명 뒤에 그래서 생활 습관을 바꿔야겠다는 생각을 했다는 내용이 이어져야 한다. 그 다음 의사의 권유로 운동을 시작하고 몸이 좋아졌다는 내용으로 이어져야 한다.

오답 ①, ②, ④

㉠, ㉡, ㉣은 앞뒤 문장의 원인과 결과, 시간의 흐름에 맞지 않아 자연스럽게 이어지지 않으므로 알맞지 않다.

🔑 **Key-Point!**   2급 수준의 문제로 '보기의 문장'을 먼저 읽고 내용을 이해한 후 지문을 읽으면서 문장 간의 의미 관계를 파악하여 답을 찾아야 한다.

60. 윗글의 내용과 같은 것을 고르십시오.
[일치하는 내용 고르기]   p.124

정답 ④

해설 매일 아침 공원에서 걷기 운동을 하고 있다고 하였으므로 요즘 매일 공원에서 운동을 하고 있다는 내용이 알맞다.

오답 ① 저는 ~~예전부터~~ 매일 운동을 했다. (→ 요즘)
② 저는 운동은 했지만 ~~몸이 더 피곤해졌습니다.~~ (→ 몸이 좋아졌습니다.)
③ 저는 ~~병원에 가기 전부터~~ 걷기 운동을 시작했습니다. (→ 병원에 다녀온 후에)

🔑 **Key-Point!**   2급 수준의 문제로, 세부 내용의 이해 능력을 확인하는 문제이다. 글의 내용과 일치하는 답을 찾아야 한다.

요즘 드라마 촬영지를 찾아 여행하는 사람들이 많습니다. 사람들은 드라마에 나온 장소에 직접 가 보고 싶어 합니다. **61.그래서 기차를 타고 여러 지역의 촬영지를 이틀 동안 차례로 (㉠) 여행 일정도 생겼습니다.** 이 여행에서는 드라마를 찍은 장소에서 사진도 찍고 구경도 할 수 있습니다. **62.또 촬영지 근처 식당에서는 드라마에 나온 음식을 먹을 수 있습니다.** 이런 이유로 드라마 촬영지 여행은 점점 인기를 얻고 있습니다.

61. ㉠에 들어갈 말로 가장 알맞은 것 고르십시오.
[빈칸에 알맞은 말 고르기]   p.125

정답 ①

해설 드라마 촬영지를 찾아가서 구경하는 일정이다. 빈칸 뒤에 '여행 일정'이라는 말이 나오므로, '방문하다'에 '-는'이 결합된 '방문하는'이 알맞다.

오답 ② 방문해서: 뒤에 오는 명사를 꾸밀 수 없어 문장이 자연스럽지 않다.
③ 방문하면: 조건을 나타내는 표현으로 여행 일정을 설명하는 문맥에 맞지 않다.
④ 방문하지만: 앞뒤 내용이 반대 관계가 아니므로 맞지 않다.

🔑**Key-Point!** 2급 수준의 문제로, 글을 읽고 글의 흐름과 앞뒤 문장의 의미를 이해하여 상황에 가장 적절한 문장이나 문법 표현을 찾아야 한다.

62. 윗글의 내용과 같은 것을 고르십시오.
[일치하는 내용 고르기]   p.125

정답 ④

해설 촬영지 근처 식당에서 드라마에 나온 음식을 먹을 수 있다는 내용이다.

오답 ① 드라마 촬영지 여행은 ~~기차를 이용하지 않습니다.~~ (→ 기차를 타고 이동합니다.)
② 드라마 촬영지 여행의 인기가 ~~점점 줄어들고 있습니다.~~ (→ 점점 인기를 얻고 있습니다.)
③ 이 여행은 드라마 촬영지를 ~~하루에 방문하는 일정입니다.~~ (→ 이틀 동안 차례로 방문합니다.)

🔑**Key-Point!** 2급 수준의 문제로, 세부 내용의 이해 능력을 확인하는 문제이다. 글의 내용과 일치하는 답을 찾아야 한다.

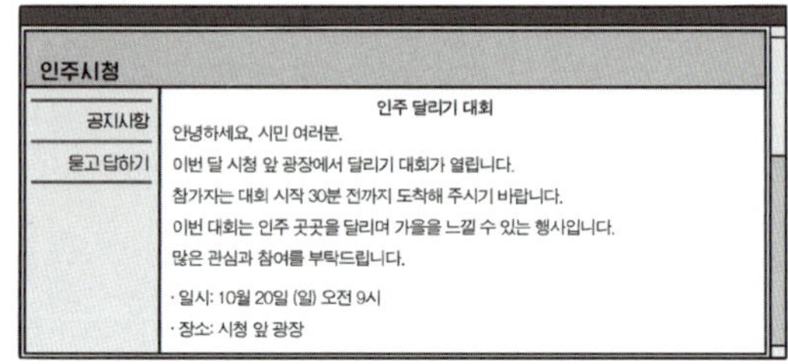

63. 왜 윗글을 썼는지 맞는 것을 고르십시오.
[필자의 의도/목적 고르기]   p.126

정답 ④

해설 달리기 대회의 날짜와 시간, 장소, 시작 전 도착 시간 등을 안내하고 있다.

오답 ① 날짜를 변경하는 내용이 아니라, 대회 일정을 안내하고 있다.
② 신청 방법이나 접수에 대한 안내가 나오지 않는다.
③ 대회가 열리기 전 안내 글이므로 결과와 관련된 내용이 아니다.

🔑**Key-Point!** 2급 수준의 문제로, 글을 쓴 이유를 찾는 문제이며, 선택지를 먼저 읽고 글을 읽으면서 이유를 찾는 것이 좋다.

64. 윗글의 내용과 같은 것을 고르십시오.
[일치하는 내용 고르기]   p.126

정답 ③

해설 '시민 여러분'이라는 표현에서 시민을 위한 행사라는 점을 알 수 있다.

오답 ① 달리기 대회는 ~~인주 밖에서 열립니다.~~ (→ 인주 시청 앞 광장)
② 달리기 대회는 ~~봄에 열리는 행사입니다.~~ (→ 가을을 느낄 수 있는 행사입니다.)
④ 참가자는 ~~대회가 시작된 후에 도착해도 됩니다.~~ (→ 시작 30분 전까지 도착)

🔑 **Key-Point!** 　2급 수준의 문제로, 글에 나타난 정보를 찾는 것이 중요하며, 찾은 정보와 선택지를 잘 비교해 가며 답을 찾아야 한다.

[65~66]

　재활용 놀이 프로그램은 버릴 물건으로 다양한 놀이 작품을 직접 만들어 보는 체험 활동입니다. **66. 이 프로그램에서는 종이 상자와 플라스틱으로 여러 가지 물건을 만듭니다. 65. 이 활동을 통해 버릴 물건으로 새로운 물건을 (　ㄱ　).** 아이들은 놀이를 하면서 환경 보호도 배웁니다. 그래서 이 프로그램은 교육과 환경에 도움이 됩니다.

65. ㉠에 들어갈 말로 가장 알맞은 것 고르십시오.
　　[빈칸에 알맞은 말 고르기]　　　　　　p.127

정답　①

해설　-(으)ㄹ 수 있다: 가능이나 능력을 나타내는 표현이다.

　　예 저는 한국어를 읽을 수 있어요.

오답　② -(으)ㄹ 것 같다: 추측이나 예상을 나타내는 표현이다.

　　예 내일은 비가 올 것 같아요.

　　③ -기 때문에: 이유나 원인을 나타내는 표현이다.

　　예 비가 오기 때문에 집에 있어요.

　　④ -(으)ㄴ 적이 있다: 과거의 경험을 나타내는 표현이다.

　　예 한국 음식을 먹어 본 적이 있어요.

🔑 **Key-Point!** 　2급 수준의 문제로, 글을 읽고 글의 흐름과 앞뒤 문장의 의미를 이해하여 상황에 가장 적절한 문장이나 문법 표현을 찾아야 한다.

66. 윗글의 내용과 같은 것을 고르십시오.
　　[일치하는 내용 고르기]　　　　　　　　p.127

정답　②

해설　재활용 놀이 프로그램을 통해 버릴 물건으로 놀이를 하며 환경 보호를 배운다는 내용이다.

오답　① 이 프로그램은 ~~어른을 대상으로~~ 합니다.
　　　（→ 아이들을 대상으로 합니다.）
　　③ 이 프로그램에서는 ~~플라스틱만~~ 사용합니다.
　　　（→ 종이와 플라스틱을 함께 사용합니다.）
　　④ 이 프로그램은 물건을 ~~버리는 방법~~을 배웁니다. （→ 새로운 물건을 만드는 방법）

🔑 **Key-Point!** 　2급 수준의 문제로, 세부 내용의 이해 능력을 확인하는 문제이다. 글의 내용과 일치하는 답을 찾아야 한다.

[67~68]

　어떤 사람들은 밤에 공부하는 것을 좋아합니다. 밤에는 주변이 조용해서 집중하기 쉽기 때문입니다. 그래서 낮보다 공부가 더 잘된다고 생각합니다. 하지만 **68. 밤늦게까지 공부를 오래 하면 몸이 쉽게 피곤해질 수 있습니다. (　ㄱ　) 67. 다음 날 일상생활에 영향을 줄 수 있습니다.** 그러므로 낮에 충분히 쉬어서 건강을 잘 챙기는 것이 좋습니다.

67. ㉠에 들어갈 말로 가장 알맞은 것 고르십시오.
　　[빈칸에 알맞은 말 고르기]　　　　　　p.128

정답　①

해설　-(으)면: 가정을 나타내는 표현이다.

　　예 내일 비가 오면 집에 있을 거예요.

오답　② -아/어도: 앞의 상황이 있어도 뒤의 결과가 달라지지 않음을 나타내는 표현이다.

　　예 비가 와도 학교에 가요.

　　③ -지만: 반대나 다름을 나타내는 표현이다.

　　예 형은 바다를 좋아하지만 나는 산을 좋아한다.

　　④ -(으)니까: 이유를 나타내는 표현이다.

　　예 한국어를 공부하니까 기분이 좋다.

🔑 **Key-Point!** 　2급 수준의 문제로, 글을 읽고 글의 흐름과 앞뒤 문장의 의미를 이해하여 상황에 가장 적절한 문장이나 문법 표현을 찾아야 한다.

68. 윗글의 내용과 같은 것을 고르십시오.
[일치하는 내용 고르기]   p.128

정답   ④

해설   밤늦게까지 공부해서 잠이 부족하면 몸이 쉽게
피곤해질 수 있는 것에 대해 이야기하고 있다.

오답   ① 밤에 공부하는 것이 ~~건강에 좋습니다.~~ (→ 몸
이 쉽게 피곤해질 수 있습니다.)
② 낮에는 ~~공부를 하지 않는 것이 좋습니다.~~
(→ 충분히 쉬는 것이 좋다고 하였다.)
③ 밤에는 공부하기에 ~~환경이 좋지 않습니다.~~
(→ 조용해서 집중하기 쉽다고 하였다.)

🔑 **Key-Point!**   2급 수준의 문제로, 세부 내용의 이해 능
력을 확인하는 문제이다. 글의 내용과 일치하는 답을 찾
아야 한다.

[69~70]

> 저는 아침마다 **70.옷을 고르는 데 시간이 오래
> 걸립니다.** 그래서 저는 전날 밤에 다음 날 입을
> 옷을 미리 준비합니다. **70.가방도 함께 챙겨 두
> 면** 아침에 훨씬 여유가 생깁니다. 아침에 갑자기
> 물건을 찾지 못해 당황하는 일도 줄어듭니다. 바
> 쁜 아침 시간을 줄이기 위해서 **69.저는 항상 필
> 요한 물건을 미리** (㉠). 이런 작은 습관 덕
> 분에 요즘은 지각하는 일이 거의 없습니다.

69. ㉠에 들어갈 말로 가장 알맞은 것 고르십시오.
[빈칸에 알맞은 말 고르기]   p.129

정답   ①

해설   –아/어 놓다: 어떤 행동을 미리 해 두고 그 상태가
계속됨을 나타내는 표현이다.

예 숙제를 미리 해 놓았어요.

오답   ② –아/어도 되다: 어떤 행동에 대해 허락이나 가
능함을 나타내는 표현이다.

예 여기 앉아도 돼요.

③ –(으)ㄹ 뻔하다: 어떤 일이 실제로 일어나지
않았지만 거의 일어날 상황이었음을 나타내는
표현이다.

예 버스를 놓칠 뻔했어요.

④ –(으)ㄴ 적이 있다: 과거의 경험을 나타내는 표
현이다.

예 제주도에 가 본 적이 있어요.

🔑 **Key-Point!**   2급 수준의 문제로, 글을 읽고 글의 흐름
과 앞뒤 문장의 의미를 이해하여 상황에 가장 적절한 문
장이나 문법 표현을 찾아야 한다.

70. 윗글의 내용으로 알 수 있는 것을 고르십시오.
[일치하는 내용 고르기]   p.129

정답   ④

해설   미리 준비하는 습관으로 아침이 여유로워지고 지
각하는 일이 줄어들었다.

오답   ① 아침에 준비 시간이 ~~더 길어졌습니다.~~ (→ 여유
가 생겼습니다.)
② 아침마다 ~~옷을 고르는 것이 즐겁습니다.~~
(→ 즐겁다고 하지는 않았다.)
③ ~~아침에 시간이 많아서 지각하지 않습니다.~~
(→ 미리 준비하는 습관 덕분에 지각하는 일이
거의 없습니다.)

🔑 **Key-Point!**   2급 수준의 문제로, 세부 내용의 이해 능
력을 확인하는 문제이다. 글의 내용과 일치하는 답을 찾
아야 한다.

실전 모의고사 정답 및 풀이

듣기	1번~30번

1	①	2	③	3	③	4	②	5	②
6	④	7	④	8	①	9	③	10	③
11	②	12	①	13	②	14	④	15	①
16	③	17	④	18	④	19	②	20	①
21	④	22	③	23	①	24	③	25	②
26	②	27	④	28	③	29	①	30	③

1. 이어지는 내용 유추하기 p.133

남자 : **1.** 이것이 비행기예요?

여자 : ___________________________ .

정답 ①

해설 비행기가 맞는지 물어보는 질문이다. 비행기가 맞으면 '네, 비행기예요.', 아니면 '아니요, 비행기가 아니에요.'가 된다.

오답 ② '비행기가 있어요?'에 알맞은 대답이다.
③ '비행기가 작아요?'에 알맞은 대답이다.
④ '비행기가 싫어요?'에 알맞은 대답이다

Key-Point! 1급 수준의 문제로, 간단한 대화에서 '네' 또는 '아니요'를 이용하여 적절하게 답한 것을 찾아야 한다.

2. 이어지는 내용 유추하기 p.133

여자 : 숙제를 **2.** 해요?

남자 : ___________________________ .

정답 ③

해설 숙제를 하는지 물어보는 질문이다. 숙제를 하면 '네, 숙제를 해요.', 아니면 '아니요, 숙제를 안 해요.'가 된다.

오답 ① '숙제가 있어요?'에 알맞은 대답이다.
② '숙제가 맞아요?'에 알맞은 대답이다.
④ '숙제예요?'에 알맞은 대답이다.

Key-Point! 1급 수준의 문제로, 간단한 대화에서 '네' 또는 '아니요'를 이용하여 적절하게 답한 것을 찾아야 한다.

3. 이어지는 내용 유추하기 p.133

남자 : 책이 **3.** 어디에 있어요?

여자 : ___________________________ .

정답 ③

해설 책의 어디에 있는지 물어보는 질문이다. 책의 위치에 대해 대답하는 것이 적절하다.

오답 ① 책의 개수를 묻는 질문에 대한 대답이다.
② '책을 어디에서 사요?'에 알맞은 대답이다.
④ '책을 누구하고 읽어요?'에 알맞은 대답이다.

4.　이어지는 내용 유추하기　　　p.133

여자 : **4. 무슨 과일**을 먹어요?
남자 : ____________________.

정답　②

해설　무슨 과일을 먹고 있는지 물어보는 질문이다. 과일의 종류에 대해 대답하는 것이 적절하다.

오답　① '얼마나 먹어요?'에 알맞은 대답이다.
　　　③ '언제 먹어요?'에 알맞은 대답이다.
　　　④ '어디에서 먹어요?'에 알맞은 대답이다.

Key-Point!　1급 수준의 문제로, 간단한 대화에서 질문의 뜻에 맞게 대답한 것을 찾아야 한다.

5.　듣고 이어지는 말 고르기　　　p.134

남자 : **5. 생일 축하해요.**
여자 : ____________________.

정답　②

해설　축하 인사에 알맞은 대답을 찾아야 한다.

오답　① 미안할 때 하는 말이다.
　　　③ 인사할 때 하는 말이다.
　　　④ 헤어질 때 하는 말이다.

Key-Point!　1급 수준의 문제로, 간단한 대화에서 주어진 대화에 이어질 말로 가장 적절한 것을 찾아야 한다.

6.　듣고 이어지는 말 고르기　　　p.134

여자 : 커피 한 잔 **6. 주세요.**
남자 : ____________________.

정답　④

해설　커피를 주문하는 대화이다.

오답　① 사과에 대한 응답이나 정중히 거절할 때 사용하는 말이다.

② 질문에 대한 답을 모를 때 사용하는 말이다.
③ 밥을 먹기 전에 하는 인사이다.

Key-Point!　1급 수준의 문제로, 간단한 대화에서 주어진 대화에 이어질 말로 가장 적절한 것을 찾아야 한다.

7.　담화 장소 고르기　　　p.135

남자 : **7. 편지를 보내고 싶어요.**
여자 : 네. 여기에 주소를 쓰세요.

정답　④

해설　편지를 보내는 장소를 찾아야 한다.

오답　①, ②, ③
　　　편지를 보내는 것과 관계없는 장소는 답이 아니다.

Key-Point!　1급 수준의 문제로, 간단한 대화를 듣고 대화의 장소로 적절한 것을 찾아야 한다.

8.　담화 장소 고르기　　　p.135

여자 : **8. 이 볼펜은 얼마예요?**
남자 : 천 원인데 50% 할인 중이에요.

정답　①

해설　볼펜을 사는 장소를 찾아야 한다.

오답　②, ③, ④
　　　볼펜을 사는 것과 관계없는 장소는 답이 아니다.

Key-Point!　1급 수준의 문제로, 주어진 대화를 듣고 대화의 장소로 적절한 것을 찾아야 한다.

9.　담화 장소 고르기　　　p.135

남자 : 시원대학교에 가려면 어떻게 해야 돼요?
여자 : **9. 여기에서 54번 버스를 타면 돼요.**
　　　30분 정도 걸려요.

정답　③

해설　버스를 타는 장소를 찾아야 한다.

오답　①, ②, ④
　　　버스를 타는 것과 관계없는 장소는 답이 아니다.

 1급 수준의 문제로, 주어진 대화를 듣고 대화의 장소로 적절한 것을 찾아야 한다.

10. 담화 장소 고르기   p.135

여자 : 우리 **10. 축구를 할까요?**
남자 : 네, 좋아요. **10. 저기에서 농구하고 있는** 민호 씨도 같이해요.

정답 ③

해설 축구와 농구를 하는 장소를 찾아야 한다.

오답 ①, ②, ④
축구와 농구를 하는 것과 관계없는 장소는 답이 아니다.

 1급 수준의 문제로, 주어진 대화를 듣고 대화의 장소로 적절한 것을 찾아야 한다.

11. 화제 고르기   p.136

남자 : 오빠는 **11. 몇 살이에요?**
여자 : 저보다 **11. 세 살 많아요.**

정답 ②

해설 오빠의 나이에 대해 이야기하고 있다.

오답 ①, ③, ④
'몇 살'과 관계없는 것은 답이 아니다.

 1급 수준의 문제로, 간단한 대화를 듣고 무엇에 대해 이야기하는지 파악한 후 적절한 답을 찾아야 한다.

12. 화제 고르기   p.136

여자 : 여기는 뭐가 맛있어요?
남자 : **12. 김밥하고 라면이 맛있어요. 김치찌개 도 먹어 보세요.**

정답 ①

해설 '김밥', '라면', '김치찌개'의 어휘는 식당 메뉴와 관련이 있다. 두 사람은 식당에서 맛있는 음식에 대해 이야기하고 있다.

오답 ②, ③, ④
음식 이름과 관계없는 것은 답이 아니다.

 1급 수준의 문제로, 간단한 대화를 듣고 무엇에 대해 이야기하는지 파악한 후 적절한 답을 찾아야 한다.

13. 화제 고르기   p.136

남자 : 밖에 **13. 비가 많이 오네요.**
여자 : 네. **13. 바람도 부니까** 따뜻한 옷을 입고 나가세요.

정답 ②

해설 '비가 오다', '바람이 불다'의 어휘는 날씨와 관련이 있다. 두 사람은 오늘 날씨에 대해 이야기하고 있다.

오답 ①, ③, ④
날씨와 관계없는 것은 답이 아니다.

 1급 수준의 문제로, 간단한 대화를 듣고 무엇에 대해 이야기하는지 파악한 후 적절한 답을 찾아야 한다.

14. 화제 고르기   p.136

여자 : 저는 **14. 시간이 있으면 등산을 해요.**
남자 : 저도 등산을 좋아해요. 가끔 **14. 수영도 해요.**

정답 ④

해설 시간이 있을 때 하는 등산과 수영은 취미와 관련이 있다. 두 사람은 서로의 취미에 대해 이야기하고 있다.

오답 ①, ②, ③
취미와 관계없는 것은 답이 아니다.

 1급 수준의 문제로, 간단한 대화를 듣고 무엇에 대해 이야기하는지 파악한 후 적절한 답을 찾아야 한다.

15. 일치하는 그림 고르기   p.137

남자 : **15. 저 치마 어때요?** 수잔 씨와 잘 어울릴
　　　 것 같아요.

여자 : 음… 저는 **15. 이 치마가 더 마음에 들어
　　　 요.** 이걸로 **15. 살래요.**

정답　①

해설　'옷을 사다'라는 표현이 있으므로 이 장소는 옷 가
　　　 게이다. 두 사람은 옷 가게에서 옷을 고르는 상황
　　　 이다.

오답　② 옷 가게에서 계산하는 상황이 아니다.
　　　③ 옷 가게에서 옷을 입어 보는 상황이 아니다.
　　　④ 집이 아니다.

🔑 **Key-Point!**   1급 수준의 문제로, 간단한 대화를 듣고
어디에서 무슨 대화를 하는지를 파악하고 이에 해당하
는 그림을 찾아야 한다.

16. 일치하는 그림 고르기   p.137

여자 : **16. 선생님, 문제가 너무 어려워요. 좀 도
　　　 와주세요.**

남자 : 알겠어요. **16. 앞으로 가지고 오세요.**

정답　③

해설　여자가 남자에게 선생님이라고 부르는 것으로 보
　　　 아 여자는 학생, 남자는 선생님이다. 여자가 문제
　　　 를 어려워해서 남자가 도와주기 위해 여자에게
　　　 앞으로 오라고 하는 상황이다.

오답　① 두 사람이 같이 앉아 있는 상황이 아니다.
　　　② 인사하는 상황이 아니다.
　　　④ 여자가 발표하는 상황이 아니다.

🔑 **Key-Point!**   1급 수준의 문제로, 간단한 대화를 듣고
어디에서 무슨 대화를 하는지를 파악하고 이에 해당하
는 그림을 찾아야 한다.

17. 일치하는 내용 고르기   p.138

남자 : 어제부터 목이 아프고 열이 나요.

여자 : 병원에 갔어요?

남자 : 아니요. **17. 시간이 없어서 못 갔어요. 오
　　　 늘 약국에 가서 약을 사려고 해요.**

정답　④

해설　남자는 어제부터 감기에 걸려서 아팠지만 시간 없
　　　 어서 병원에 못 갔다. 그래서 오늘 약국에서 약을
　　　 사려고 한다.

오답　① ~~두 사람~~은 약을 사려고 합니다.
　　　② ~~여자~~는 어제 감기에 걸렸습니다.
　　　③ 두 사람은 ~~지금 약국에 있습니다.~~

🔑 **Key-Point!**   2급 수준의 문제로, 대화를 통해 들은 내
용과 일치하는 답을 찾아야 한다.

18. 일치하는 내용 고르기   p.138

여자 : 오늘 부산에 가는 기차표가 있어요?

남자 : 아니요. 오늘은 기차표가 없고 내일 기차
　　　 표는 있어요.

여자 : 내일 몇 시 기차예요?

남자 : **18. 아침 9시에 출발하는 기차**예요.

정답 ④

해설 여자가 기차표를 사는 상황이다. 여자는 오늘 부산에 가는 기차표를 사고 싶지만 기차표가 없다. 내일 아침 9시에 출발하는 기차표는 있다.

오답 ① ~~남자는~~ 오늘 부산에 갑니다.
② ~~남자는~~ 기차표를 미리 샀습니다.
③ ~~여자는~~ ~~기차표가 없어서 속상합니다.~~

🔑 **Key-Point!** 2급 수준의 문제로, 대화를 통해 들은 내용과 일치하는 답을 찾아야 한다.

19. 일치하는 내용 고르기   p.138

남자 : 실례합니다. **19.여기 근처에 빵집이 있어요?**
여자 : 네. 저기 횡단보도를 건너면 바로 빵집이 있어요.
남자 : 햄버거 가게 옆에 있어요?
여자 : 네. 맞아요. 햄버거 가게 옆 건물 1층에 있어요.

정답 ②

해설 남자는 빵집에 가고 싶지만 길을 몰라서 여자에게 물어보는 상황이다. 빵집은 횡단보도를 건너서 햄버거 가게 옆에 있는 건물 1층에 있다.

오답 ① 여기에서 빵집까지 ~~멉니다.~~
③ 남자는 ~~햄버거를 먹고 싶습니다.~~
④ ~~두 사람은 횡단보도를 건너고 있습니다.~~

🔑 **Key-Point!** 2급 수준의 문제로, 대화를 통해 들은 내용과 일치하는 답을 찾아야 한다.

20. 일치하는 내용 고르기   p.139

남자 : 이번 주 일요일에 날씨가 좋은데 벚꽃 축제에 같이 갈래요?
여자 : 벚꽃 축제요? 좋아요. 그런데 어디에서 해요?
남자 : 하늘공원에서 해요. **20. 학교에서 걸어서 10분 정도 걸려요.** 거기에서 여러 나라 음식도 먹을 수 있어요.
여자 : 그래요? 그럼 일요일 2시에 학교에서 만나서 같이 가요.

정답 ①

해설 두 사람은 벚꽃 축제에 가기 위해서 약속을 정하는 상황이다. 벚꽃 축제는 학교에서 10분 정도 걸리기 때문에 학교에서 가까운 것을 알 수 있다.

오답 ② 주말에 날씨가 ~~안 좋아서 축제에 못 갑니다.~~
③ 두 사람은 일요일에 ~~하늘공원에서 만납니다.~~
④ 벚꽃 축제에서는 여러 나라의 음식을 ~~먹기 힘듭니다.~~

🔑 **Key-Point!** 2급 수준의 문제로, 대화를 통해 들은 내용과 일치하는 답을 찾아야 한다.

21. 일치하는 내용 고르기   p.139

여자 : 불고기가 너무 맛있어요. 이 식당을 어떻게 알았어요?
남자 : 같이 공부하는 친구가 소개해 줬어요. 저는 여기에 자주 와요.
여자 : 그래요? 너무 맛있어서 **21. 남자 친구에게 줄 불고기를 포장하고 싶어요.**
남자 : 포장하면 싸게 살 수 있어요.

정답 ④

해설 두 사람이 식당에서 불고기를 먹으면서 대화를 하고 있다. 남자는 이 식당에 자주 오고, 여자는 이 식당의 불고기가 맛있어서 남자 친구에게 줄 불고기를 포장하려고 한다.

오답 ① 여자는 이 식당에 ~~자주~~ 옵니다.
② 남자는 이 식당에 ~~처음~~ 와 봤습니다.
③ 남자는 남은 불고기를 ~~포장하려고 합니다.~~

🔑 **Key-Point!** 2급 수준의 문제로, 대화를 통해 들은 내용과 일치하는 답을 찾아야 한다.

22. 중심 생각 고르기   p.139

남자 : 히엔 씨, 이번 주말에 영화 볼래요? 저는 코미디 영화를 보고 싶어요.
여자 : 좋아요. 그런데 **22.주말에는 사람이 많을 것 같아요. 평일 저녁은 어때요?**

남자 : 저는 금요일 저녁에 시간이 있어요.

여자 : 네, 좋아요. 그럼 **22. 금요일에 학교 앞 영화관에서 만나요.**

정답 ③

해설 여자는 주말에 사람이 많기 때문에 평일에 영화를 보고 싶어 한다.

오답 ① 여자는 주말에 시간이 없다는 이야기는 없다.
② 여자는 평일 저녁에 남자와 영화를 보고 싶어 한다.
④ 학교 앞 영화관에 사람이 없다는 이야기는 없다.

🔑 **Key-Point!** 2급 수준의 문제로, 대화를 듣고 여자의 중심 생각을 찾아야 한다.

23. 중심 생각 고르기   p.139

여자 : 철수 씨, 어제 농구 경기 봤어요?

남자 : 네. 어제 친구들하고 집에서 재미있게 봤어요. 한국 팀이 이겨서 기분이 좋았어요.

여자 : 네, 저도 봤어요. **23. 그런데 저는 농구에 대해 잘 몰라서 조금 어려웠어요.**

남자 : 그래요? 그럼 다음에 같이 볼까요? 제가 설명해 줄게요.

정답 ①

해설 여자는 어제 농구 경기를 봤다. 하지만 농구에 대해 잘 모르기 때문에 농구 경기를 이해하는 것을 어렵다고 이야기한다.

오답 ② 한국 팀이 이겨서 기분이 좋다고 하였다.
③ 다음 농구 경기를 남자와 같이 본다고 하지 않았다.
④ 집에서 친구들과 한국 팀을 응원한 것은 남자이다.

🔑 **Key-Point!** 2급 수준의 문제로, 대화를 듣고 여자의 중심 생각을 찾아야 한다.

24. 중심 생각 고르기   p.139

남자 : 오늘 시험은 잘 봤어요? 저는 너무 어려웠어요.

여자 : 그래요? 저는 미리 공부를 해서 시험이 쉬웠어요.

남자 : 저는 어제 늦게까지 생일 파티를 해서 공부를 못 했어요.

여자 : 시험을 잘 보고 싶으면 열심히 공부를 해야 해요. **24. 다음에는 시험 전에 미리 공부해 보세요. 그럼 시험을 잘 볼 거예요.**

정답 ③

해설 여자는 남자에게 미리 공부를 하면 시험을 잘 볼 수 있다고 이야기하고 있다.

오답 ① 시험이 어렵다고 이야기한 사람은 남자이다.
② 여자는 생일 파티 전에 공부를 해야 한다고 말하지 않았다.
④ 시험이 쉽기 때문에 공부를 안 해도 된다고 말한 사람은 없다.

🔑 **Key-Point!** 2급 수준의 문제로, 대화를 듣고 여자의 중심 생각을 찾아야 한다.

[25~26]

(딩동댕)

여자 : 여러분께 안내 말씀드립니다. **25. 오늘 요리 교실은 1학년 3반 교실에서 진행합니다.** 1학년 3반 교실은 1층 로비에서 왼쪽으로 가시면 됩니다. **26. 오늘 요리 교실에서 배울 요리는 한국의 전통 음식인 삼계탕입니다.** 요리 교실이 끝나면 같은 장소에서 시식 시간도 있습니다. 요리에 필요한 재료는 모두 준비되어 있습니다. 관심 있는 분들은 지금 1학년 3반 교실로 와 주십시오. 감사합니다.

(딩동댕)

25. 여자가 왜 이야기를 하고 있는지 고르십시오.
   [화자의 의도 고르기]   p.140

정답   ②

해설   요리 교실을 하는 장소와 내용에 대한 안내 방송
      을 하고 있다.

오답   ① 요리 교실에 있는 물건을 찾는 방송 내용은 없다.
      ③ 요리 교실에서 만든 음식을 시식하는 내용은
         있지만 판매하는 내용은 없다.
      ④ 요리 교실에 필요한 재료는 모두 준비되어 있
         다는 내용은 있지만 필요한 재료를 구매한다
         는 내용은 없다.

🚩 **Key-Point!**   2급 수준의 문제로, 대화를 듣고 여자가
말하는 목적이나 의도를 찾아야 한다.

26. 들은 내용과 같은 것을 고르시오.
   [일치하는 내용 고르기]   p.140

정답   ②

해설   오늘 요리 교실에서 배울 음식은 한국의 전통 음
      식인 삼계탕이다.

오답   ① 요리 교실은 ~~2층에서 합니다.~~
      ③ 요리에 필요한 재료를 ~~사 와야 합니다.~~
      ④ 요리 교실이 끝나면 ~~다른 장소에서 시식합니다.~~

🚩 **Key-Point!**   2급 수준의 문제로, 대화를 듣고 들은 내
용과 일치하는 답을 찾아야 한다.

[27~28]

남자 : 지영 씨, 한국의 전통 옷들을 볼 수 있는
       한복 박물관에 가 본 적이 있어요?
여자 : 아니요. 가 본 적이 없어요. 철수 씨는 가
       봤어요?
남자 : 네, 어제 친구와 한복 박물관에 갔다 왔
       어요. **27. 한복 박물관에는 한국의 전통
       옷들이 많았어요. 27.28. 그리고 그 옷을
       입고 전통 결혼식 체험도 해 봤어요.**
여자 : 정말 재미있었겠네요. 전통 결혼식 체험은
       어땠어요?

남자 : 한복을 입고 사진도 찍을 수 있어서 정말
       재미있었어요.
여자 : 그럼 이번 주말에 저도 같이 가요. 같이
       가면 더 재미있을 것 같아요.

27. 두 사람이 무엇에 대해 이야기를 하고 있는지 고
   르십시오.
   [화제 고르기]   p.140

정답   ④

해설   한복 박물관에서 했던 경험에 대해 이야기하고 있다.

오답   ① 한복 박물관의 장소에 대해 말하지 않았다.
      ② 한복 박물관에서 일하는 사람에 대해 말하지
         않았다.
      ③ 한복 박물관에 가고 싶은 날을 이야기하였지
         만 갈 수 있는 날은 말하지 않았다.

🚩 **Key-Point!**   2급 수준의 문제로, 대화를 듣고 무엇에
대해 이야기하는지 파악한 후 적절한 답을 찾아야 한다.

28. 들은 내용과 같은 것을 고르시오.
   [일치하는 내용 고르기]   p.140

정답   ③

해설   한복 박물관에서 했던 경험에 대해 이야기하고 있다.

오답   ① 남자는 한복 박물관에 가 본 적이 ~~없습니다.~~
      ② ~~여자는~~ 어제 친구와 한복 박물관에 갔습니다.
      ④ 여자는 이번 주말에 한복 박물관에 ~~갈 수 없습
         니다.~~

🚩 **Key-Point!**   2급 수준의 문제로, 대화를 듣고 들은 내
용과 일치하는 답을 찾아야 한다.

[29~30]

여자 : 안녕하세요. 김민수 작가님. 요즘 외국인
       들에게 작가님의 책이 정말 유명합니다.
       어떤 책인가요?
남자 : 네, **29. 한국의 재미있는 문화를 소개한
       책입니다.**

여자 : 어떻게 이런 책을 쓰시게 되었나요?

남자 : 저는 외국인 친구에게 한국어를 가르친 경험이 있습니다. 그때 외국인 친구가 저에게 한국 문화에 대해 질문을 많이 했습니다. 그래서 **29. 한국의 문화와 다른 나라의 문화에 관심을 가지게 되었습니다.**

여자 : 아, 그렇군요. 혹시 다른 책도 준비하고 계신가요?

남자 : 네, **30. 이번에는 외국인들을 위한 한국의 생활에 대한 책을 쓰려고 합니다.**

29. 남자가 책을 쓰게 된 이유를 고르십시오.
[화자의 의도 고르기]
p.141

정답 ①

해설 작가와의 인터뷰를 통해 책을 쓰게 된 이유와 앞으로의 계획에 대해 이야기하고 있다.

오답 ② 한국 생활을 하고 싶다고 말하지 않았다.
③ 한국어를 가르친 경험에 대해 말하였지만 한국어를 가르치고 싶다고 말하지는 않았다.
④ 한국과 다른 나라의 문화에 대해 알고 싶다고 말하지 않았다.

Key-Point! 2급 수준의 문제로, 남자의 직업에 대한 인터뷰 내용을 듣고 질문에 적절한 답을 찾아야 한다.

30. 들은 내용과 같은 것을 고르시오.
[일치하는 내용 고르기]
p.141

정답 ③

해설 작가는 외국인을 위한 한국 생활 책을 쓸 계획이다.

오답 ① 남자는 ~~책 읽는 것을 좋아합니다.~~
② 남자는 한국어를 ~~가르친 적이 없습니다.~~
④ 남자는 ~~다른 나라의 문화~~에 대한 책을 썼습니다.

Key-Point! 2급 수준의 문제로, 대화를 듣고 들은 내용과 일치하는 답을 찾아야 한다.

5회 실전 모의고사 정답 및 풀이

31	①	32	②	33	②	34	④	35	②
36	②	37	③	38	①	39	②	40	③
41	④	42	③	43	②	44	①	45	④
46	①	47	④	48	④	49	③	50	④
51	①	52	④	53	①	54	②	55	③
56	③	57	①	58	④	59	②	60	②
61	①	62	③	63	④	64	④	65	①
66	③	67	④	68	③	69	①	70	②

31. 화제 고르기   p.142

저는 **31.** 일본에서 왔습니다. 마이클 씨는 **31.** 미국에서 왔습니다.

정답 ①

해설 '일본'과 '미국'은 나라이다. 나와 마이클의 국적에 대해 이야기하고 있다. 따라서 정답은 ①이다.

오답 ②, ③, ④

🔑 **Key-Point!**   1급 수준의 문제로, 짧은 두 문장이 공통으로 설명하는 어휘를 찾아야 한다.

32. 화제 고르기   p.142

음력 1월 1일은 **32.** 설날입니다. 학교에 안 갑니다.

정답 ②

해설 음력 1월 1일 설날은 휴일로 학교에 가지 않는다. 따라서 정답은 ②이다.

오답 ①, ③, ④

🔑 **Key-Point!**   1급 수준의 문제로, 짧은 두 문장이 공통으로 설명하는 어휘를 찾아야 한다.

33. 화제 고르기   p.142

언니와 쇼핑을 합니다. **33.** 즐겁고 행복합니다.

정답 ②

해설 언니와 쇼핑을 해서 즐겁고 행복한 기분을 느끼고 있다. 따라서 정답은 ②이다.

오답 ①, ③, ④

🔑 **Key-Point!**   1급 수준의 문제로, 짧은 두 문장이 공통으로 설명하는 어휘를 찾아야 한다.

34. 빈칸에 알맞은 말 고르기　　　　　p.143

（　　）를 잃어버렸습니다. **34. 문자를 못 보냅니다.**

정답　④

해설　（　）를 잃어버려서 문자를 못 보내기 때문에 정답은 ④이다.

오답　①, ②, ③

🔑 **Key-Point!**　1급 수준의 문제로, 짧은 두 문장의 내용을 이해하여 빈칸에 알맞은 어휘를 찾아야 한다.

35. 빈칸에 알맞은 말 고르기　　　　　p.143

옷이 （　　）. **35. 옷을 입을 수 없습니다.**

정답　②

해설　옷을 입을 수 없는 이유는 옷이 작기 때문이다. 따라서 정답은 ②이다.

오답　① (돈이) 있습니다.
　　　③ (친구가) 많습니다.
　　　④ (날씨가) 좋습니다.

🔑 **Key-Point!**　1급 수준의 문제로, 짧은 두 문장의 내용을 이해하여 빈칸에 알맞은 어휘를 찾아야 한다.

36. 빈칸에 알맞은 말 고르기　　　　　p.143

매일 **36. 청소를 합니다.** 그래서 집이 （　　）.

정답　②

해설　매일 청소를 하기 때문에 집이 깨끗하다. 그래서 정답은 ②이다.

오답　① (소리가) 조용합니다.
　　　③ (거리가) 가깝습니다.
　　　④ (날씨가) 따뜻합니다.

🔑 **Key-Point!**　1급 수준의 문제로, 짧은 두 문장의 내용을 이해하여 빈칸에 알맞은 어휘를 찾아야 한다.

37. 빈칸에 알맞은 말 고르기　　　　　p.144

꽃집에서 꽃을 샀습니다. **37. 여자 친구**（　　） 줄 겁니다.

정답　③

해설　꽃을 주고자 하는 대상은 여자 친구이다. 따라서 정답은 조사 '에게' ③이다.

오답　① 가: 주격 조사로 문장의 주어가 되게 한다.
　　　② 와: 부사격 조사 또는 접속 조사로 사용된다.
　　　④ 에서: 부사격 조사로 초급 단계에서 행위의 장소를 나타낼 때 사용된다.

🔑 **Key-Point!**　1급 수준의 문제로, 앞뒤 문장을 이해하고 조사의 형태와 역할을 파악하여 문맥에 적절한 조사를 찾아야 한다.

38. 빈칸에 알맞은 말 고르기　　　　　p.144

내일 발표를 합니다. （　　） **38. 발표 준비를 다 못 해서** 걱정입니다.

정답　①

해설　내일 할 발표에 대해 걱정하고 있는 이유는 아직 발표 준비를 하지 않았기 때문이다. 그래서 정답은 ①이다.

오답　② 가끔: '시간적으로 얼마쯤씩 있다'라는 의미의 부사이다.
　　　③ 일찍: '일정한 시간보다 빠른'이라는 의미의 부사이다.
　　　④ 아마: '가능성'을 나타내는 부사이다.

🔑 **Key-Point!**　1급 수준의 문제로, 앞뒤 문장을 이해하고 부사의 의미와 쓰임을 파악하여 문맥에 적절한 부사를 찾아야 한다.

39. 빈칸에 알맞은 말 고르기　　　　　p.144

날씨가 너무 덥습니다. **39. 그래서** 창문을 （　　）.

정답　②

해설 앞 문장 '날씨가 너무 덥습니다.(이유)' 때문에 뒤 문장 '창문을 엽니다.(결과)'가 된다. 따라서 정답은 ②이다.

오답 ① (가방을) 듭니다.
③ (바람이) 붑니다.
④ (물건을) 만듭니다.

🔑 **Key-Point!** 1급 수준의 문제로, 앞뒤 문장을 이해하고 주어와 서술어의 호응을 파악하여 문맥에 적절한 어휘를 찾아야 한다.

40. 일치하지 않는 내용 고르기 p.145

정답 ③

해설 공책을 준비해야 합니다. (→ 선물로 드립니다.)

시원 어린이날 행사에는 참여하는 모든 어린이에게 공책을 선물로 준다. 따라서 공책을 준비할 필요가 없기 때문에 정답은 ③이다.

오답 ① 참가비는 무료이기 때문에 돈을 내지 않는 것이 맞다.
② 행사 장소는 대강당이 맞다.
④ 행사는 9시부터 14시까지 5시간 동안 한다.

🔑 **Key-Point!** 1급 수준의 문제로, 주로 안내문·광고문·메뉴판 등의 실용문이 제시된다. 숫자 정보와 내용의 세부 정보를 확인하여 내용과 일치하지 않는 답을 찾아야 한다.

41. 일치하지 않는 내용 고르기 p.145

정답 ④

해설 팔월부터 갈 수 있습니다. (→ 삼월부터 갈 수 있습니다.)

학생 식당 운영은 2026년 3월부터 8월까지이다. 따라서 학생 식당은 삼월부터 갈 수 있다.

오답 ① 학생 식당 가격은 이천 원이 맞다.
② 학생 식당은 학생증을 가져와야 이용할 수 있다.
③ 학생 식당은 평일에만 운영하기 때문에 주말에는 먹을 수 없다.

🔑 **Key-Point!** 1급 수준의 문제로, 주로 안내문·광고문·메뉴판 등의 실용문이 제시된다. 숫자 정보와 내용의 세부 정보를 확인하여 내용과 일치하지 않는 답을 찾아야 한다.

42. 일치하지 않는 내용 고르기 p.146

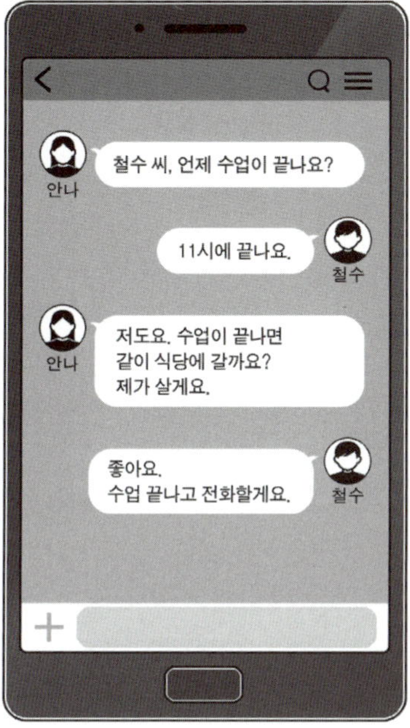

정답 ③

해설 철수 씨는 식당에 ~~갈 수 없습니다~~. (→ 철수 씨는 식당에 갈 수 있습니다.)

오답 ① 안나 씨는 철수 씨에게 밥을 사려고 한다.
② 안나 씨는 수업이 끝나면 철수 씨를 만날 예정이다.
④ 철수 씨는 수업이 끝나는 시간(11시)에 안나 씨에게 전화를 할 예정이다.

 **Key-Point!** 1급 수준의 문제로, 주로 이메일·문자 메시지 등의 실용문이 제시된다. 글의 주체와 상황을 이해하여 내용과 일치하지 않는 답을 찾아야 한다.

43. 일치하는 내용 고르기 p.147

학교는 우리 집과 매우 가깝습니다. **43. 그래서 매일 친구와 걸어서 학교에 갑니다.** 학교에 갈 때 친구와 노래를 들으면서 이야기하는 것이 즐겁습니다.

정답 ②

해설 학교와 집은 매우 가깝다. 그래서 매일 친구와 걸어서 학교에 간다. 따라서 정답은 ②이다.

오답 ① 저는 학교에 ~~혼자 갑니다~~. (→ 친구와 갑니다.)
③ 저는 ~~학교에서 노래를 듣습니다~~. (→ 학교에 갈 때 노래를 듣습니다.)
④ 저는 친구와 이야기하는 것을 ~~싫어합니다~~. (→ 친구와 이야기하는 것이 즐겁습니다.)

Key-Point! 1~2급 수준의 문제로, 세부 내용의 이해 능력을 확인하는 문제이다. 짧은 글을 읽고 글의 내용과 일치하는 답을 찾아야 한다.

44. 일치하는 내용 고르기 p.147

44. 제 취미는 등산입니다. 시간이 있으면 등산을 하러 한국의 유명한 산에 갑니다. 이번 주말에는 지리산을 갈 겁니다. 빨리 주말이 오면 좋겠습니다.

정답 ①

해설 이 사람의 취미는 등산이다. 따라서 정답은 ①이다.

오답 ② 저는 ~~매일~~ 등산을 하러 갑니다. (→ 시간이 있으면)
③ 저는 주말에 지리산에 ~~갔습니다~~. (→ 갈 겁니다.)
④ 저는 한국의 산을 ~~모두 가 봤습니다~~. (→ 가는 것을 좋아합니다.)

Key-Point! 1~2급 수준의 문제로, 세부 내용의 이해 능력을 확인하는 문제이다. 짧은 글을 읽고 글의 내용과 일치하는 답을 찾아야 한다.

45. 일치하는 내용 고르기 p.147

저는 축구를 좋아하지만 잘 못합니다. 그래서 주말마다 친구와 운동장에서 축구를 연습합니다. 나중에 친구와 **45. 축구 대회에 나가고 싶습니다.**

정답 ④

해설 이 사람은 축구를 좋아하며 친구와 축구 대회에 나가고 싶어 한다.

오답 ① 저는 축구를 ~~잘합니다~~. (→ 잘 못합니다.)
② 저는 축구를 ~~좋아하지 않습니다~~. (→ 좋아합니다.)
③ 저는 ~~매일~~ 친구와 축구를 합니다. (→ 주말마다)

제5회

 1~2급 수준의 문제로, 세부 내용의 이해 능력을 확인하는 문제이다. 짧은 글을 읽고 글의 내용과 일치하는 답을 찾아야 한다.

46. 중심 내용 고르기   p.148

우리 형은 요리를 잘합니다. 형이 만든 음식은 아주 맛있습니다. **46. 저도 맛있는 음식을 만드는 방법을 배우고 싶습니다.**

정답 ①

해설 맛있는 음식을 만드는 방법을 배우고 싶다는 내용이 이 글의 중심 내용이다.

오답 ② 형의 요리를 좋아하지만 같이 요리하고 싶다는 내용은 없다.
③ 맛있는 음식을 만들고 싶어 한다.
④ 형에게 요리를 해 주고 싶다는 내용은 없다.

🔑 **Key-Point!** 2급 수준의 문제로, 중심 내용의 이해 능력을 확인하는 문제이다. 짧은 글을 읽고 핵심 단어나 표현을 찾아 중심 내용이 무엇인지 파악하여 알맞은 답을 찾아야 한다.

47. 중심 내용 고르기   p.148

우리 가족은 저녁에 같이 밥을 먹습니다. 밥을 먹으면서 오늘 한 일을 이야기합니다. 가족과 이야기하면 기분이 좋아집니다. 그래서 **47. 저는 저녁 시간이 좋습니다.**

정답 ④

해설 가족과 밥을 먹으며 이야기하는 저녁 시간을 좋아한다는 내용이 이 글의 중심 내용이다.

오답 ① 저녁을 가족과 함께 먹는다.
② 저녁에 이야기하면 기분이 좋다.
③ 가족과 함께 이야기하는 것을 좋아한다.

🔑 **Key-Point!** 2급 수준의 문제로, 중심 내용의 이해 능력을 확인하는 문제이다. 짧은 글을 읽고 핵심 단어나 표현을 찾아 중심 내용이 무엇인지 파악하여 알맞은 답을 찾아야 한다.

48. 중심 내용 고르기   p.148

비를 맞으면 감기에 걸릴 수 있습니다. 그래서 사람들은 비가 오는 날에 항상 우산을 씁니다. **48. 우산을 쓸 때에는 앞을 잘 보고 천천히 걸어야 합니다.** 그렇지 않으면 위험할 수 있습니다.

정답 ④

해설 비가 오는 날은 위험하기 때문에 우산을 쓸 때에는 조심해야 한다는 내용이 중심 내용이다.

오답 ① 비가 오는 날에 우산을 쓰지만 중심 내용은 아니다.
② 비를 맞으면 감기에 걸릴 수 있지만 중심 내용은 아니다.
③ 우산을 항상 가지고 다닌다는 내용은 없다.

🔑 **Key-Point!** 2급 수준의 문제로, 중심 내용의 이해 능력을 확인하는 문제이다. 짧은 글을 읽고 핵심 단어나 표현을 찾아 중심 내용이 무엇인지 파악하여 알맞은 답을 찾아야 한다.

[49~50]

저는 주말마다 집 근처 시장에 갑니다. 시장에는 과일, 채소, 고기, 생선 등 다양한 것이 있습니다. 마트보다 **49. 가격이 (㉠) 사람들이 많이 옵니다.** 토요일 오전에는 사람이 많지 않습니다. 그래서 저는 보통 토요일 오전에 갑니다. 시장에서는 상인이 친절하게 설명해 줍니다. 그래서 **50. 시장에서 물건을 사면 편하고 싼 가격에 살 수 있습니다.**

49. ㉠에 들어갈 말로 가장 알맞은 것을 고르십시오. [빈칸에 알맞은 말 고르기]   p.149

정답 ③

해설 –아서/어서: 이유나 원인을 나타내는 표현이다.
📋 가격이 싸서 사람들이 많이 옵니다.

오답 ① –고: 나열을 나타내는 표현이다.
📋 시장의 과일은 싸고 맛있다.
② –게: 목적을 나타내는 표현이다.
📋 라면을 맛있게 만든다.

④ -지만: 반대나 다름을 나타내는 표현이다.

◉ 소고기는 맛있지만 비싸다.

🔑 Key-Point!　2급 수준의 문제로, 글을 읽고 글의 흐름과 앞뒤 문장의 의미를 이해하여 상황에 가장 적절한 문장이나 문법 표현을 찾아야 한다.

50. 윗글의 내용과 같은 것을 고르십시오.
[일치하는 내용 고르기]　　　　　　p.149

정답　④

해설　시장에서 물건을 사면 편하고 싼 가격에 살 수 있다. 따라서 정답은 ④이다.

오답　① 시장은 집에서 ~~멉니다.~~ (→ 가깝습니다.)
　　　② 시장에는 친절한 사람이 ~~없습니다.~~ (→ 있습니다.)
　　　③ 주말 오전 시장에는 사람이 ~~많습니다.~~ (→ 많지 않습니다.)

🔑 Key-Point!　2급 수준의 문제로, 세부 내용의 이해 능력을 확인하는 문제이다. 글의 내용과 일치하는 답을 찾아야 한다.

[51~52]

한국서점에서는 개업 10주년 도서 할인 행사를 합니다. 이 행사에서는 여러 종류의 **51.52. 책을 싸게 살 수 있습니다.** (㉠) 올해 새로 나온 책도 소개할 겁니다. 서점 3층에서는 책을 구매한 손님에게 **52. 한국의 인기 있는 여행지 사진을 나눠 주고 있습니다.**

51. ㉠에 들어갈 말로 가장 알맞은 것 고르십시오.
[빈칸에 알맞은 말 고르기]　　　　　　p.150

정답　①

해설　그리고: 단어 또는 문장을 병렬적으로 연결할 때 사용된다.

　　◉ 여러 종류의 책을 싸게 살 수 있습니다. 그리고 올해 새로 나온 책도 소개할 겁니다.

오답　② 그래서: 앞의 내용이 뒤의 내용의 원인이나 근거가 될 때 쓰는 접속 부사이다.

　　◉ 비를 맞았다. 그래서 감기에 걸렸다.

③ 그러나: 앞의 내용과 뒤의 내용이 상반될 때 쓰는 접속 부사이다.

◉ 직접 요리를 했다. 그러나 맛이 없었다.

④ 그러니까: 원인에 따른 결과를 나타내는 표현이다.

◉ 매일 늦게 자는구나. 그러니까 매일 지각이지.

🔑 Key-Point!　2급 수준의 문제로, 글을 읽고 글의 흐름과 앞뒤 문장의 의미를 이해하여 상황에 가장 적절한 접속사를 찾아야 한다.

52. 무엇에 대한 내용인지 맞는 것을 고르십시오.
[화제 고르기]　　　　　　p.150

정답　④

해설　한국서점 10주년 행사에서 할 수 있는 내용에 대해 설명하고 있다.

오답　① 도서 구매 방법은 나오지 않는다.
　　　② 한국의 여행지를 소개하는 내용은 없다.
　　　③ 책을 소개하는 이유에 대한 내용은 없다.

🔑 Key-Point!　2급 수준의 문제로, 전체 내용을 읽고 글의 중심 내용이 무엇인지 파악하여 알맞은 답을 찾아야 한다.

[53~54]

저는 한국대학교 기숙사에 혼자 살고 있는 유학생입니다. 저는 오빠가 한 명 있습니다. **54. 오빠는 한국에 있는 회사에 취직을 했습니다.** 그래서 오빠에게 축하 **53. 선물을 주고 싶습니다.** 주말에 오빠에게 줄 옷을 (㉠). 오빠가 이 옷을 입을 때마다 저를 생각하면 좋겠습니다.

53. ㉠에 들어갈 말로 가장 알맞은 것 고르십시오.
[빈칸에 알맞은 말 고르기]　　　　　　p.151

정답　①

해설　동생은 오빠에게 줄 선물을 살 계획이다. 따라서 정답은 ①이다.

오답　② -(으)면 안 되다: 행동이나 상태를 제한할 때 사용된다.

◉ 수업에 지각하면 안 된다.

③ -(으)ㄹ 수 없다: 어떤 행동이 가능하지 않을 때 사용된다.

예 오늘은 바빠서 옷을 살 수 없다.

④ -고 싶다: 원하거나 바라는 것을 나타낼 때 사용된다.

예 옷을 사고 싶다.

🔑 Key-Point! 2급 수준의 문제로, 글을 읽고 글의 흐름과 앞뒤 문장의 의미를 이해하여 상황에 가장 적절한 문장이나 문법 표현을 찾아야 한다.

54. 윗글의 내용과 같은 것을 고르십시오.
[일치하는 내용 고르기] p.151

정답 ②

해설 오빠는 한국 회사에 취직을 했다. 따라서 정답은 ②이다.

오답 ① 저는 오빠와 함께 살고 있습니다. (→ 혼자)
③ 오빠는 한국에서 공부하는 유학생입니다.
(→ 저는)
④ 저는 오빠에게 선물을 부탁하고 있습니다.
(→ 선물을 주려고 합니다.)

🔑 Key-Point! 2급 수준의 문제로, 세부 내용의 이해 능력을 확인하는 문제이다. 글의 내용과 일치하는 답을 찾아야 한다.

[55~56]

저는 이번 주 토요일에 줄넘기 대회에 나갑니다. **56. 줄넘기 대회는 매달 한국공원에서 합니다.** **55. 이 대회는 한국공원의 아름다운 풍경을 (㉠) 줄넘기를 할 수 있습니다.** 공원 입구에 모여서 준비 운동을 하고 공원 가운데에 있는 호수 주변에서 다 같이 줄넘기를 합니다. 대회에서 이긴 사람은 자전거를 선물로 받습니다. 그래서 저는 아침 7시부터 8시까지 줄넘기를 연습합니다.

55. ㉠에 들어갈 말로 가장 알맞은 것 고르십시오.
[빈칸에 알맞은 말 고르기] p.152

정답 ③

해설 -(으)면서: 두 가지 이상의 동작이나 상태가 함께 일어남을 나타내는 표현이다.

예 나무와 꽃을 보면서 줄넘기를 합니다.

오답 ① -(으)러: 이동의 목적을 나타내는 표현이다.

예 내일 책을 사러 서점에 갈 겁니다.

② -아서/어서: 이유나 원인을 나타내는 표현이다.

예 가격이 싸서 사람들이 많이 옵니다.

④ -(으)니까: 이유를 나타내는 표현이다.

예 운동을 공부하니까 기분이 좋다.

🔑 Key-Point! 2급 수준의 문제로, 글을 읽고 글의 흐름과 앞뒤 문장의 의미를 이해하여 상황에 가장 적절한 문장이나 문법 표현을 찾아야 한다.

56. 윗글의 내용과 같은 것을 고르십시오.
[일치하는 내용 고르기] p.152

정답 ③

해설 이 대회는 매달 한국공원에서 열린다. 따라서 정답은 ③이다.

오답 ① 공원 입구에서 줄넘기를 합니다. (→ 준비 운동을)
② 오전 여덟 시에 연습을 시작합니다. (→ 오전 일곱 시에)
④ 행사 참여자는 모두 자전거를 선물로 받습니다. (→ 대회에서 이긴 사람은)

🔑 Key-Point! 2급 수준의 문제로, 세부 내용의 이해 능력을 확인하는 문제이다. 글의 내용과 일치하는 답을 찾아야 한다.

57. 알맞은 순서로 배열한 것 고르기 p.153

(가) 하지만 날씨가 생각보다 **57. 너무 추웠습니다.**
(나) **57. 그래서 우리는 가까운 커피숍에 들어갔습니다.**
(다) 저는 어제 오랜만에 **57. 공원에서 친구를 만났습니다.**
(라) **57. 커피숍에서 따뜻한 음료를 마시니** 몸이 금방 따뜻해졌습니다.

정답 ①

해설 오랜만에 친구를 만나서 한 일에 대한 이야기이다. 접속 표현(그래서, 하지만)을 살펴보며 이야기의 흐름에 맞게 순서를 정하면 된다.

오답 ②, ③, ④

선택지를 살펴보면 (다) 또는 (라)가 처음에 나와야 하는데 (라)는 친구를 만나서 한 일이기 때문에 처음에 올 수 없다. 따라서 친구를 만난 순서 (다)부터 시작해야 하며 (가) 공원의 날씨(원인) → (나) 커피숍 이동(결과) → (라) 따뜻한 음료 마시기(한 일)의 순서가 된다.

Key-Point! 2급 수준의 문제로, 주로 나와 관련된 이야기를 읽고 글의 흐름에 맞게 알맞은 순서로 배열해야 한다.

58. 알맞은 순서로 배열한 것 고르기   p.153

(가) **58. 그런데 휴대 전화가 복잡해서 사용하기 힘들었습니다.**
(나) 저는 어제 시원백화점에서 새로운 **58. 휴대 전화를 샀습니다.**
(다) 그래서 저는 휴대 전화를 좋아하는 **58. 친구에게 물어봤습니다.**
(라) **58. 친구가 친절하게 설명해** 줘서 쉽게 이해할 수 있었습니다.

정답 ④

해설 새 휴대 전화 구매와 사용 방법에 대한 이야기이다. 접속 표현(그런데, 그래서)을 살펴보며 이야기의 흐름에 맞게 재구성하여 순서를 정하면 된다.

오답 ①, ②, ③

선택지를 살펴보면 (가) 또는 (나)가 처음에 나와야 하는데 (가)는 문제 발생의 내용이므로 처음에 올 수 없다. 따라서 (나) 새로운 휴대 전화 구매 → (가) 사용 어려움(문제 발생) → (다) 친구에게 문의(해결 방법) → (라) 사용 방법 이해(문제 해결)의 순서로 이어져야 한다.

Key-Point! 2급 수준의 문제로, 어떤 대상에 대한 소개나 설명을 읽고 글의 흐름에 맞게 알맞은 순서로 배열해야 한다.

[59~60]

제가 다니는 한국어 학원은 10층 건물의 8층에 있습니다. (㉠) **59. 평일 아침에 학원에 가면 엘리베이터를 오래 기다려야 합니다.** (㉡) 그래서 **60. 저는 매일 학원에 일찍 갑니다.** 그리고 엘리베이터를 타지 않고 계단으로 올라갑니다. 처음 계단으로 8층까지 올라갔을 때는 너무 힘이 들었습니다. (㉢) 하지만 지금은 계단으로 올라가는 것이 어렵지 않습니다. (㉣)

59. 다음 문장이 들어갈 곳으로 가장 알맞은 것을 고르십시오.
[문장이 들어갈 위치 고르기]   p.154

아침에는 사람이 많기 때문입니다.

정답 ②

해설 평일 아침에 학원에 가면 엘리베이터를 오래 기다려야 하는 이유는 아침에 사람이 엘리베이터를 기다리는 사람이 많기 때문이다. 따라서 정답은 ②이다.

오답 ① ㉠의 앞뒤 문장과 어울리지 않는다.
③ ㉢의 앞뒤 문장과 어울리지 않는다.
④ ㉣의 앞뒤 문장과 어울리지 않는다.

Key-Point! 2급 수준의 문제로 '보기의 문장'을 먼저 읽고 내용을 이해한 후 지문을 읽으면서 문장 간의 의미 관계를 파악하여 답을 찾아야 한다.

60. 윗글의 내용과 같은 것을 고르십시오.
[일치하는 내용 고르기]   p.154

정답 ②

해설 아침에 학원에 가면 사람이 많기 때문에 매일 학원에 일찍 간다.

오답 ① 저는 ~~10층~~에서 공부합니다. (→ 8층)
③ 저는 아침마다 ~~엘리베이터를 기다립니다.~~
   (→ 기다렸으나 지금은 계단을 이용한다.)
④ 저는 계단으로 올라가는 것을 ~~어려워합니다.~~
   (→ 어렵지 않습니다.)

 2급 수준의 문제로, 세부 내용의 이해 능력을 확인하는 문제이다. 글의 내용과 일치하는 답을 찾아야 한다.

[61~62]

지난달에 저는 부모님과 함께 제주도로 여행을 갔습니다. 우리는 비행기를 타고 갔습니다. 제주도에 도착해서 바다를 보러 갔습니다. 아름다운 경치를 보면서 사진을 많이 찍었습니다. 저녁에는 근처 식당에서 해산물을 먹었습니다. 음식이 맛있어서 기분이 좋았습니다. **62. 다음 날에는 전통 시장에 가서 맛있는 귤을 샀습니다.** 저는 이번 여행이 정말 좋았습니다. **61. 그래서 다음에는 친한 친구와 같이 (㉠).**

61. ㉠에 들어갈 말로 가장 알맞은 것 고르십시오.
[빈칸에 알맞은 말 고르기]
p.155

정답 ①

해설 -고 싶다: 원하거나 바라는 것을 나타낼 때 사용된다.

> 예 친구와 제주도를 가고 싶다.

오답 ② -(으)ㄴ 것 같다: 과거에 있었던 일을 추측할 때 사용된다.

> 예 어제 비가 온 것 같은데요.

③ -(으)ㄹ 수 없다: 불가능을 나타낼 때 사용된다.

> 예 비가 와서 나갈 수 없다.

④ -(으)려고 하다: 행동의 의도와 목적을 나타내는 표현이다.

> 예 오늘은 저녁을 안 먹으려고 해요.

 2급 수준의 문제로, 글을 읽고 글의 흐름과 앞뒤 문장의 의미를 이해하여 상황에 가장 적절한 문장이나 문법 표현을 찾아야 한다.

62. 윗글의 내용과 같은 것을 고르십시오.
[일치하는 내용 고르기]
p.155

정답 ③

해설 전통 시장에 가서 맛있는 귤을 샀다. 전통 시장은 제주도에 있다. 따라서 정답은 ③이다.

오답 ① 저는 ~~친구~~와 여행을 갔습니다. (→ 부모님)

② 저는 ~~시장에서~~ 해산물을 먹었습니다. (→ 근처 식당에서)

④ 저는 ~~음식을 먹으면서~~ 사진을 찍었습니다. (→ 아름다운 경치를 보면서)

 2급 수준의 문제로, 세부 내용의 이해 능력을 확인하는 문제이다. 글의 내용과 일치하는 답을 찾아야 한다.

[63~64]

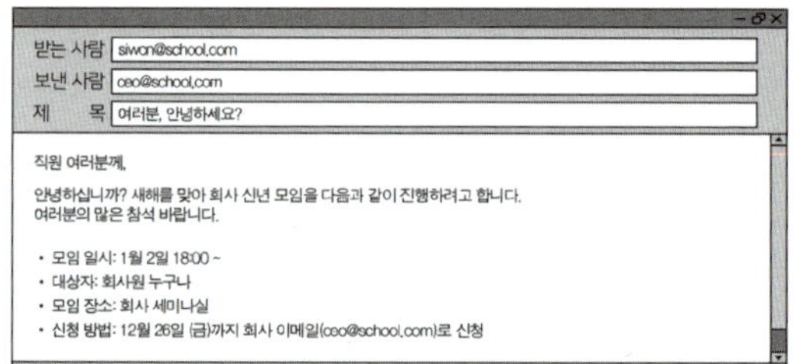

받는 사람 siwan@school.com
보낸 사람 ceo@school.com
제   목 여러분, 안녕하세요?

직원 여러분께,

안녕하십니까? 새해를 맞아 회사 신년 모임을 다음과 같이 진행하려고 합니다.
여러분의 많은 참석 바랍니다.

- 모임 일시: 1월 2일 18:00 ~
- 대상자: 회사원 누구나
- 모임 장소: 회사 세미나실
- 신청 방법: 12월 26일 (금)까지 회사 이메일(ceo@school.com)로 신청

63. 왜 윗글을 썼는지 맞는 것을 고르십시오.
[필자의 의도/목적 고르기]
p.156

정답 ④

해설 이 글은 회사 신년 모임을 안내하기 위한 이메일이다. 따라서 정답은 ④이다.

오답 ① 신년 모임을 바꾸는 내용은 없다.

② 신년 모임을 참석하기 위한 글이 아니다.

③ 신년 모임을 축하하기 위한 글이 아니다.

 2급 수준의 문제로 글을 쓴 이유를 찾는 문제이며, 선택지를 먼저 읽고 글을 읽으면서 이유를 찾는 것이 좋다.

64. 윗글의 내용과 같은 것을 고르십시오.
[일치하는 내용 고르기]
p.156

정답 ④

해설 신년 모임 이메일 내용과 선택지의 내용을 비교해 보면 모임 신청의 내용이 일치하는 것을 알 수 있다. 따라서 정답은 ④이다.

오답 ① 신년 모임은 ~~오전~~에 진행합니다. (→ 오후 6시)

② 회사 직원은 <u>모두 참석해야 합니다.</u> (→ 누구
나 참석은 가능하지만 꼭 참석해야 하는 것은
아니다.)

③ 12월 26일에 <u>회사 대강당으로 가면 됩니다.</u>
(→ 이메일로 신청하면 됩니다.)

🔑 **Key-Point!**　2급 수준의 문제로, 세부 내용의 이해 능
력을 확인하는 문제이다. 글의 내용과 일치하는 답을 찾
아야 한다.

[65~66]

> **66.** 저는 오늘 저녁에 친구 생일 파티에 갈 겁니
> 다. **65.** 제 친구는 요즘 건강이 좋지 않습니다.
> 그래서 친구 건강에 (　㉠　) 선물을 주고 싶었
> 습니다. 어제 저는 학교가 끝난 후 백화점에 가
> 서 건강 식품을 샀습니다. 그리고 생일 카드도
> 샀습니다. 집에 와서 카드에 축하 말을 썼습니
> 다. 친구가 선물을 받고 기뻐하면 좋을 것 같습
> 니다. 오늘 저녁이 너무 기대됩니다.

65. ㉠에 들어갈 말로 가장 알맞은 것 고르십시오.
[빈칸에 알맞은 말 고르기]
p.157

정답　①

해설　건강이 좋지 않은 친구를 위해 건강 식품을 샀다.
건강 식품은 건강에 도움이 되는 식품이기 때문
에 정답은 ①이다.

오답　② 마음에 들다: '마음이나 감정에 좋게 여겨지
다'의 의미이다.

　🅔 저 사람이 <u>마음에 들어요</u>.

③ 관심이 있다: '어떤 사람, 물건 등에 흥미를 가
지다'의 의미이다.

　🅔 저는 한국어 공부에 <u>관심이 있어요</u>.

④ 돈이 많이 들다: '무엇을 할 때 많은 돈이 필요
하다'의 의미이다.

　🅔 골프는 <u>돈이 많이 드는</u> 운동이다.

🔑 **Key-Point!**　2급 수준의 문제로, 글을 읽고 글의 흐름
과 앞뒤 문장의 의미를 이해하여 상황에 가장 적절한 문
장이나 문법 표현을 찾아야 한다.

66. 윗글의 내용과 같은 것을 고르십시오.
[일치하는 내용 고르기]
p.157

정답　③

해설　오늘 저녁에 친구 생일 파티가 있다. 따라서 정답
은 ③이다.

오답　① <u>저는</u> 요즘 건강이 좋지 않습니다. (→ 친구는)

② 저는 친구에게 <u>카드만</u> 선물할 겁니다. (→ 카드
와 건강 식품을)

④ 친구는 건강이 안 좋아 <u>병원에 있습니다.</u>
(→ 병원에 대한 내용은 없다.)

🔑 **Key-Point!**　2급 수준의 문제로, 세부 내용의 이해 능
력을 확인하는 문제이다. 글의 내용과 일치하는 답을 찾
아야 한다.

[67~68]

> 여름에는 몸에 힘이 없고 땀이 많이 납니다. 여
> 름 날씨가 아침부터 **67.** 밤까지 덥고 습하기 때
> 문입니다. 그래서 더운 날에는 (　㉠　) 다음 날
> 더 **67.** 피곤해지기도 합니다. 또한 물을 적게 마
> 시면 몸이 더 힘들 수 있습니다. 이럴 때는 시원
> 한 곳에서 잠깐 쉬는 것이 좋습니다. 그리고 물
> 을 자주 마셔야 합니다. 밖에 나갈 때는 모자를
> 쓰고 그늘에서 쉬면 도움이 됩니다. 또한 **68.** 햇
> 빛이 아주 강한 시간에는 밖에 오래 있지 않는
> 것이 좋습니다.

67. ㉠에 들어갈 말로 가장 알맞은 것 고르십시오.
[빈칸에 알맞은 말 고르기]
p.158

정답　④

해설　-아서/어서: 이유나 원인을 나타내는 연결 어미
이다.

　🅔 잠을 잘 못 <u>자서</u> 다음 날 더 피곤해지기도 한다.

여름 날씨는 아침부터 밤까지 덥고 습하다. 그래
서 더운 날에는 잠을 잘 못 자고 피곤할 수 있다.
따라서 정답은 ④이다.

오답　① '피곤하다'의 원인으로 '많이 쉬어서'는 맞지
않다.

② '피곤하다'의 원인으로 '물을 마셔서'는 맞지
　　않다.
③ '피곤하다'의 원인으로 '온도가 낮아서'는 맞지
　　않다.

🔑 **Key-Point!**　2급 수준의 문제로, 글을 읽고 글의 흐름
과 앞뒤 문장의 의미를 이해하여 상황에 가장 적절한 문
장이나 문법 표현을 찾아야 한다.

68. 윗글의 내용과 같은 것을 고르십시오.
　　[일치하는 내용 고르기]　　　　　　　　p.158

정답　③

해설　여름 날씨에 밖에 나갈 때는 그늘에서 쉬면 도움
　　이 된다. 따라서 정답은 ③이다.

오답　① 여름 날씨는 ~~오전에만~~ 덥습니다. (→ 아침부터
　　밤까지)
　　② 물을 적게 마시면 몸이 ~~힘들지 않습니다.~~
　　　(→ 몸이 힘들 수 있다.)
　　④ ~~집 안에 있을 때는~~ 모자를 쓰는 것이 좋습니
　　다. (→ 밖에 나갈 때는)

🔑 **Key-Point!**　2급 수준의 문제로, 세부 내용의 이해 능
력을 확인하는 문제이다. 글의 내용과 일치하는 답을 찾
아야 한다.

[69~70]

우리 아이는 작년에 초등학교에 입학했습니다.
아이는 처음에 학교가 조금 낯설었습니다. 하지
만 학교에서 새로운 친구를 사귀면서 학교 생활
을 점점 좋아했습니다. 지금은 쉬는 시간에 친구
들과 같이 노는 것을 가장 좋아합니다. **69. 그런
데 올해 우리는 갑자기 (　㉠　). 70. 아이는 친
구들과 헤어지는 것을 매우 슬퍼합니다.** 그래서
우리는 아이와 함께 많은 이야기를 했습니다. 저
는 아이가 친구들과 계속 연락을 할 수 있게 도
와줄 겁니다. 아이가 새로운 학교에서도 다시 즐
겁게 지내기를 바랍니다.

69. ㉠에 들어갈 말로 가장 알맞은 것 고르십시오.
　　[빈칸에 알맞은 말 고르기]　　　　　　　p.159

정답　①

해설　아이는 학교에 입학한 후 친구를 사귀면서 학교
　　생활을 좋아하게 되었다. 하지만 갑자기 친구들과
　　헤어지게 되었다. 친구들과 헤어지게 되는 이유를
　　살펴봤을 때 정답은 ①이다.

오답　② 앞뒤 문장과 '아이를 도와주려고 하다'는 자연
　　스럽지 않다.
　　③ 앞뒤 문장과 '초등학교에 입학하다'는 자연스
　　럽지 않다.
　　④ 앞뒤 문장과 '혼자 있는 것을 좋아하다'는 자
　　연스럽지 않다.

🔑 **Key-Point!**　2급 수준의 문제로, 글을 읽고 글의 흐름
과 앞뒤 문장의 의미를 이해하여 상황에 가장 적절한 문
장이나 문법 표현을 찾아야 한다.

70. 윗글의 내용으로 알 수 있는 것을 고르십시오.
　　[일치하는 내용 고르기]　　　　　　　　p.159

정답　②

해설　아이는 친구들과 노는 것을 좋아한다. 하지만 갑
　　자기 친구들과 헤어지게 되었고 매우 슬퍼했다.
　　따라서 정답은 ②이다.

오답　① 아이는 ~~친구들을 낯설어합니다.~~ (→ 학교가 조
　　금 낯설었다.)
　　③ 아이는 ~~올해~~ 초등학교에 입학했습니다. (→ 작
　　년)
　　④ 아이는 쉬는 시간에 ~~혼자 있는~~ 것을 좋아합니
　　다. (→ 친구들과 노는)

🔑 **Key-Point!**　2급 수준의 문제로, 세부 내용의 이해 능
력을 확인하는 문제이다. 글의 내용과 일치하는 답을 찾
아야 한다.

어휘 색인

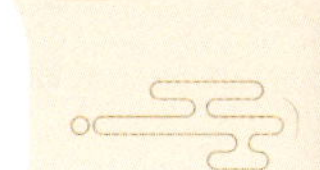

어휘	영역	회차	문항
ㄱ 가게	듣기	2	23
가게	읽기	2	49
가게	듣기	5	10
가격	읽기	1	40
가격	읽기	2	49
가격	읽기	3	47
가격	듣기	4	11
가구	읽기	3	61, 62
가구점	듣기	4	9
가깝다	읽기	5	36
가끔	읽기	3	43
가끔	듣기	5	14
가끔	읽기	5	38
가다	듣기	3	4
가르치다	듣기	1	2
가르치다	듣기	3	20
가방	읽기	2	48
가방	듣기	4	16
가볍다	듣기	1	1
가볍다	듣기	3	23
가수	읽기	3	46
가운데	읽기	5	55, 56
가을	읽기	4	32
가족	듣기	2	12
가족	읽기	2	43
가족	듣기	3	25, 26
가족	읽기	3	61, 62
가지고 오다	듣기	5	16
간단하다	듣기	1	27, 28
간단히	듣기	1	17
갈아타다	듣기	4	22
감기약	읽기	1	67, 68

어휘	영역	회차	문항
감기에 걸리다	읽기	2	61
감기에 걸리다	듣기	5	17
갑자기	읽기	3	59, 60
같이	읽기	2	40
개미	읽기	2	55
개업	읽기	5	51, 52
거울	읽기	2	67
걱정하다	듣기	5	24
건강	읽기	2	61
건강	듣기	4	24
건강 식품	읽기	5	65, 66
건너다	듣기	5	19
걷다	듣기	1	12
걸리다	읽기	1	67, 68
(시간) 걸리다	듣기	5	20
걸어서 가다	듣기	1	3
결혼식	듣기	5	27, 28
결혼식장	듣기	1	8
경주	읽기	2	53
경치	읽기	3	39
경험	듣기	5	29, 30
계단	듣기	1	24
계단	읽기	5	59, 60
계란	읽기	1	65, 66
계산하다	듣기	4	15
계속하다	읽기	4	47
계절	듣기	2	14
계절	읽기	2	32
계절	읽기	4	32
계획	듣기	2	28
계획	읽기	2	59
계획	듣기	5	13

어휘	영역	회차	문항
고르다	읽기	4	69, 70
고맙다	듣기	2	5
고맙다	듣기	3	6
고민하다	듣기	2	27
고민하다	읽기	2	67
고장 나다	듣기	1	23
고장 나다	듣기	2	19
고치다	듣기	2	19
고향	읽기	3	48
곰팡이	읽기	2	64
공기	읽기	2	64
공부하다	듣기	2	17
공부하다	읽기	3	48
공부하다	듣기	5	24
공사	읽기	3	63, 64
공연	듣기	3	18
공원	듣기	2	4
공원	읽기	4	44
공항	듣기	2	8
공항	읽기	2	34
과일	읽기	1	51, 52
과일	읽기	2	51
과일	듣기	3	2
과자	읽기	2	59
관광객	읽기	4	55, 56
관심을 가지다	듣기	5	29, 30
관심이 있다	듣기	5	25, 26
괜찮다	듣기	2	5
괜찮다	듣기	3	6
교통	듣기	3	14
교통	듣기	5	13
교환	읽기	4	55, 56
구경하다	읽기	2	59
구경하다	읽기	3	65, 66
구두	읽기	3	69, 70

어휘	영역	회차	문항
구두	듣기	4	15
구두를 닦다	읽기	3	69, 70
구매하다	듣기	5	25, 26
구멍	읽기	2	64
구하다	읽기	1	41
국적	읽기	5	31
굽다	읽기	2	64
규칙	듣기	4	25, 26
귤	읽기	5	61, 62
그늘	읽기	5	67, 68
그래서	읽기	5	47
그러나	읽기	5	51, 52
그러니까	읽기	5	51, 52
그런데	듣기	5	22
그릇	읽기	2	64
그릇	듣기	3	27, 28
그리고	읽기	5	51, 52
그리다	읽기	1	49, 50
그리다	듣기	2	28
그리다	읽기	4	39
그림	읽기	1	49, 50
그림	듣기	2	28
그림	읽기	2	57
그림	읽기	4	31
그만	읽기	1	67, 68
극장	듣기	2	7
극장	읽기	2	34
극장	듣기	3	7
근처	읽기	1	43
근처	듣기	3	27, 28
근처	읽기	4	61, 62
근처	듣기	5	20
근처	읽기	5	49, 50
글자	읽기	2	57
금반지	읽기	1	48

어휘	영역	회차	문항
다음	듣기	4	18
다이어트	읽기	2	51
다이어트	읽기	4	47
닦다	듣기	1	16
단추	읽기	4	57
단풍	읽기	4	63, 64
달	읽기	2	58
달다	읽기	2	51
달라지다	읽기	2	58
달리기	듣기	1	12
달리기	읽기	3	53, 54
달리기	읽기	4	63, 64
달콤하다	읽기	2	51
대강당	듣기	1	25, 26
대강당	읽기	5	40
대사관	읽기	2	34
대신	읽기	2	51
대추	읽기	2	61
대회	읽기	4	63, 64
대회에 나가다	읽기	5	45
더듬이	읽기	2	55
더럽다	읽기	1	51, 52
덕분에	읽기	3	59, 60
도서	읽기	5	51, 52
도서관	듣기	2	9
도시락	읽기	2	69
도와주다	듣기	2	21
도와주다	읽기	2	53
도와주다	읽기	3	49, 50
도와주다	듣기	5	16
도움	읽기	4	65, 66
도자기	듣기	3	27, 28
도장	듣기	1	20
도착하다	읽기	1	69, 70
도착하다	읽기	3	41

어휘	영역	회차	문항
돌다	읽기	2	58
돕다	듣기	2	30
동네	읽기	1	65, 66
동료	듣기	1	24
동생	듣기	1	3
동아리	읽기	2	63
동영상	듣기	3	20
동전	읽기	1	45
드라마	읽기	4	61, 62
드라이브	듣기	2	22
드레스	듣기	1	8
드리다	읽기	3	69, 70
드시다	듣기	3	5
들다	읽기	5	39
들어오다	듣기	4	6
등산을 하다	듣기	5	14
디저트	듣기	2	27
따뜻하다	읽기	1	67, 68
따뜻하다	읽기	2	61
따뜻하다	읽기	3	47
따뜻하다	듣기	5	13
따라오다	읽기	2	55
따라하다	듣기	4	27, 28
딸기	읽기	1	41
땀에 젖다	읽기	3	51, 52
땀이 나다	읽기	5	67, 68
땅	읽기	2	55
떨어지다	읽기	1	65, 66
뜨겁다	읽기	1	58
뜨겁다	읽기	3	67, 68
ㄹ 로봇	듣기	2	29
로비	듣기	5	25, 26
ㅁ 마르다	읽기	3	51, 52
마시다	읽기	2	61
마음	듣기	1	22

어휘	영역	회차	문항
마음대로	읽기	1	67, 68
마음에 들다	듣기	2	18
마음에 들다	듣기	3	23
마음에 들다	듣기	5	15
마지막	읽기	1	53, 54
마지막	듣기	3	25, 26
마트	읽기	2	59
막	읽기	1	59, 60
막히다	읽기	4	36
만나다	읽기	2	35
만나다	듣기	5	20
만들기	듣기	1	27, 28
만들다	읽기	2	47
만들다	듣기	3	8, 27, 28
만들다	읽기	3	61, 62
만들다	읽기	4	65, 66
만들다	읽기	5	39
만족하다	읽기	4	49, 50
많다	듣기	3	1
많다	읽기	3	38
말리다	읽기	2	64
말하기	듣기	3	22
맛집	읽기	4	46
맞다	듣기	5	2
맞다	읽기	5	48
맡다	읽기	2	55
매년	읽기	2	45
매년	읽기	3	49, 50
매일	듣기	1	4
매일	듣기	2	24
매일	읽기	3	43
매일	듣기	4	24
매주	읽기	2	40
머리	읽기	2	55, 67
머리가 맑아지다	듣기	1	22

어휘	영역	회차	문항
먹다	듣기	2	5
먹다	듣기	3	3
먹다	듣기	4	4
먹이	읽기	2	55
먼저	읽기	1	55, 56
먼저	읽기	2	38
멀다	읽기	3	35
멀다	듣기	5	19
멈추다	읽기	3	59, 60
멋있다	듣기	3	29, 30
메뉴	듣기	2	20
메뉴	읽기	2	41
메모장	읽기	3	57
메일	읽기	2	63
모르다	읽기	2	42
모르다	듣기	5	6
모양	읽기	2	67
모양	읽기	3	67, 68
모임	듣기	1	19
모임	읽기	2	63
모임	듣기	4	18
모임	읽기	5	55, 56
모자	읽기	2	44
모자	듣기	4	1
목도리	듣기	3	20
목요일	듣기	2	4
목이 아프다	듣기	5	17
몰래	읽기	2	69
못생기다	읽기	2	69
무겁다	읽기	3	38
무대	읽기	4	58
무료	듣기	1	25, 26
무료	듣기	2	19
무료	읽기	2	45
무료	읽기	3	40

어휘	영역	회차	문항
무료	읽기	5	40
무섭다	읽기	2	53
무슨	듣기	5	4
무척	듣기	1	29, 30
문구점	듣기	1	9
문구점	듣기	3	9
문구점	읽기	3	34
문구점	듣기	5	8
문화	읽기	4	55, 56
문화 센터	읽기	4	41
묻다	읽기	2	39
묻히다	읽기	2	55
물	읽기	2	64
물건	듣기	2	23
물건	읽기	2	43, 48, 59
물어보다	듣기	1	18
미래	듣기	2	27
미리	듣기	1	19
미리	읽기	4	69, 70
미리	듣기	5	18
미술	읽기	1	49, 50
미술관	읽기	3	42
미안하다	듣기	2	5
미용실	듣기	1	10
미용실	듣기	4	10
ㅂ 바깥	읽기	2	64
바꾸다	읽기	2	48, 58
바꾸다	읽기	4	48
바다	읽기	2	43
바다	듣기	4	12
바라다	읽기	1	48
바쁘다	읽기	1	42
박람회	듣기	2	30
박물관	듣기	1	7
박물관	듣기	2	9, 25

어휘	영역	회차	문항
박물관	읽기	3	40
박물관	듣기	5	8
반갑다	듣기	2	5
반갑다	듣기	4	5
반려 동물	듣기	2	29
반찬	읽기	1	65, 66
받다	읽기	2	48
받다	듣기	3	27, 28
받다	읽기	4	47
발명되다	읽기	2	67
발음	듣기	4	20
발표	듣기	2	21
발표	듣기	3	24
발표하다	읽기	5	38
밤	듣기	4	29, 30
밥	듣기	2	2
방	듣기	4	9
방법	읽기	2	61
방법	듣기	4	27, 28
방법	읽기	5	46
방학	읽기	1	32
방학	듣기	2	17
방학	듣기	3	17
방학	읽기	5	32
배가 고프다	읽기	1	34
배달하다	듣기	2	23
배부르다	듣기	1	17
배우	듣기	3	18
배우다	듣기	1	2
배우다	읽기	2	39
배우다	듣기	3	29, 30
배우다	읽기	4	65, 66
배우다	읽기	5	46
백화점	듣기	2	9
백화점	읽기	2	34, 44

어휘	영역	회차	문항
버리다	읽기	3	51, 52
버스	듣기	4	21
버스비	읽기	1	59, 60
버스 정류장	듣기	2	10
벌레	읽기	1	51, 52
벗다	읽기	1	36
병원	듣기	2	8
병원	읽기	2	69
병원	듣기	3	9
병원	듣기	4	21
보관하다	읽기	2	64
보내다	읽기	4	36
보다	읽기	2	35
보다	읽기	3	36
보다	듣기	4	9
보이다	듣기	2	19
보통	읽기	5	49, 50
복잡하다	듣기	1	22
복잡하다	읽기	4	55, 56
복잡하다	읽기	5	58
볼거리	읽기	4	55, 56
봄	읽기	4	32
봉사	듣기	1	25, 26
부모님	듣기	2	15
부분	읽기	2	58
부산	듣기	4	12
부엌	읽기	2	69
부족하다	읽기	1	65, 66
부족하다	읽기	4	51, 52
부탁하다	읽기	5	53, 54
분위기	읽기	4	49, 50
분위기	듣기	5	12
불꽃놀이	읽기	2	45
불다	읽기	5	39
불만	읽기	2	67

어휘	영역	회차	문항
불편하다	읽기	3	63, 64
붙이다	읽기	2	67
비가 오다	듣기	5	13
비빔밥	듣기	4	3
비슷하다	읽기	2	68
비싸다	읽기	2	49
비싸다	듣기	3	2
비싸다	읽기	4	55, 56
비용	듣기	2	19
비행기	듣기	5	1
빈 그릇	듣기	1	15
빌리다	읽기	2	39
빠지다	읽기	2	51
빨리	듣기	2	23
빨리	읽기	2	38
빨리	읽기	4	38
사계절	듣기	1	9
사과	읽기	1	51, 52
사귀다	듣기	3	22
사귀다	읽기	5	69, 70
사다	읽기	2	36, 59
사라지다	읽기	2	61, 67
사무실	듣기	3	25, 26
사용하다	읽기	2	64
사용하다	읽기	3	58
사이즈	듣기	4	15
사장님	읽기	3	61, 62
사진	듣기	4	18
사진	읽기	4	44
사진관	듣기	4	10
사진관	듣기	5	7
사진을 찍다	듣기	1	7
사진을 찍다	듣기	2	18
사진을 찍다	듣기	3	18
사탕	읽기	2	51, 59

어휘	영역	회차	문항
산책	읽기	4	43
살	읽기	2	51
삼계탕	듣기	5	25, 26
상인	읽기	5	49, 50
새해	읽기	5	63, 64
색깔	듣기	1	14
색깔	듣기	3	11
생각하다	읽기	4	67, 68
생기다	읽기	1	47
생기다	읽기	2	64
생기다	듣기	3	15
생신	읽기	2	63
생신	읽기	3	69, 70
생일	읽기	2	57
생일	읽기	4	42
생일 선물	읽기	3	69, 70
생활	듣기	1	24
생활	읽기	4	49, 50
생활 습관	읽기	3	53, 54
생활 습관	읽기	4	51, 52
샤워실	읽기	3	55, 56
서점	듣기	2	7
서점	듣기	4	8
서점	듣기	5	3
선물	듣기	2	26
선물	듣기	4	14
선물	읽기	5	40
선물하다	읽기	1	45
선물하다	듣기	3	23
설거지	읽기	2	64
설날	읽기	5	32
설명하다	듣기	5	23
설치하다	듣기	1	20
섬	읽기	1	69, 70
세계	읽기	4	58

어휘	영역	회차	문항
세미나실	읽기	5	63, 64
세제	읽기	2	64
세탁실	듣기	1	21
셔츠	읽기	4	57
셰프	듣기	3	29, 30
소개	듣기	4	27, 28
소개하다	듣기	2	30
소개하다	듣기	5	21
소리	읽기	2	55
소중하다	읽기	3	69, 70
소포	읽기	3	34
소풍	읽기	2	69
속도	읽기	2	67
속상하다	듣기	5	18
손님	읽기	1	46
손님	읽기	2	49
쇼핑	듣기	4	14
쇼핑하다	읽기	5	33
수리	듣기	2	19
수술	듣기	1	29, 30
수업	읽기	3	37
수업	읽기	5	42
수여식	듣기	1	25, 26
수영을 하다	듣기	5	14
수영장	읽기	4	40
수요일	읽기	2	40
수첩	읽기	1	55, 56
숙제	듣기	2	4
숙제	듣기	5	2
숟가락	읽기	3	67, 68
쉬다	읽기	1	67, 68
쉬다	듣기	2	22
쉬다	읽기	3	40
쉽다	듣기	1	2
스트레스	듣기	3	29, 30

어휘	영역	회차	문항
스트레스	듣기	4	29, 30
습관	읽기	4	69, 70
습하다	읽기	5	67, 68
시간	듣기	2	13
시간	읽기	2	32, 33
시간	듣기	4	17
시간	읽기	4	69, 70
시골 마을	읽기	3	59, 60
시식하다	듣기	5	25, 26
시작하다	읽기	1	46
시작하다	읽기	4	37
시장	듣기	2	7
시장	듣기	3	7
시장	듣기	4	7
시장	읽기	4	55, 56
시청	듣기	1	13
시험	듣기	4	20
시험	읽기	4	45
시험을 보다	듣기	5	24
식당	듣기	2	7, 20
식당	듣기	3	3
식당	듣기	4	3, 8
식비	읽기	4	53, 54
신년	읽기	5	63, 64
신랑	듣기	1	8
신문	읽기	3	51, 52
신부	듣기	1	8
신분증	듣기	3	8
신선하다	읽기	2	64
신청	읽기	5	63, 64
신청하다	듣기	1	27, 28
신청하다	읽기	3	55, 56
실례하다	듣기	5	19
실수	듣기	3	24
싫어하다	읽기	5	43

어휘	영역	회차	문항
심하다	읽기	1	67, 68
싸다	듣기	4	2
싸다	듣기	5	21
쌀	읽기	1	65, 66
썰다	읽기	2	61
쓰다	읽기	2	36
쓰다	읽기	5	48
쓰레기	듣기	2	24
씌우다	읽기	1	51, 52
씨앗	읽기	2	61
씻다	읽기	2	64
ㅇ 아까	읽기	1	38
아르바이트	읽기	1	41
아르바이트	듣기	3	19
아름답다	읽기	3	39
아마	읽기	2	38
아마	읽기	5	38
아주	읽기	5	67, 68
아주머니	읽기	2	53
아직	읽기	5	38
아침	읽기	4	69, 70
아프다	읽기	1	61, 62
아프다	읽기	3	58
안내하다	읽기	2	63
안내하다	듣기	5	25, 26
안무	읽기	4	58
안전하다	읽기	3	67, 68
알려 주다	듣기	2	20
알려 주다	읽기	2	55, 63
알려 주다	읽기	3	67, 68
앞으로도	듣기	1	29, 30
앱	듣기	1	20
야구	읽기	1	37
야구	읽기	2	46
야구장	읽기	2	46

어휘	영역	회차	문항
약국	듣기	3	8
약국	듣기	4	7
약국	듣기	5	17
약속	읽기	1	33
약속	듣기	2	11
약속	읽기	3	33
약속	읽기	4	42
어렵다	읽기	2	39
어렵다	듣기	5	16
어르신	듣기	2	29
어리다	읽기	1	69, 70
어린이	읽기	5	40
어울리다	듣기	1	8
어울리다	듣기	5	15
어제	읽기	2	44
얻다	읽기	4	61, 62
얼굴	읽기	1	49, 50
얼굴	읽기	2	67, 69
업무	읽기	1	41
엉덩이	읽기	2	55
엘리베이터	읽기	2	67
엘리베이터	읽기	5	59, 60
여권	듣기	1	7
여름	읽기	3	59, 60
여유	읽기	4	69, 70
여행	듣기	2	11, 17
여행	읽기	2	32, 43, 53
여행	듣기	4	12
여행	읽기	4	35
여행사	듣기	4	8
여행사	듣기	5	8
여행 상품	읽기	3	55, 56
연결되다	읽기	1	69, 70
연날리기	듣기	2	26
연락하다	읽기	1	41

어휘	영역	회차	문항
연락하다	읽기	5	69, 70
연습	읽기	1	58
연습	듣기	4	19, 20
연습하다	듣기	2	21
연습하다	읽기	2	46
연습하다	듣기	3	22
연습하다	읽기	5	45
열다	읽기	5	39
(과일이) 열리다	읽기	1	51, 52
열리다	읽기	3	49, 50
열매	읽기	2	61
열이 나다	듣기	5	17
열한 시	듣기	4	3
영상	듣기	4	27, 28
영향	읽기	4	67, 68
영화관	듣기	4	8
영화표	듣기	3	7
영화표	듣기	4	23
예매하다	읽기	1	42
예쁘다	읽기	1	35
예약	듣기	4	21
예약하다	듣기	2	20
예약하다	읽기	2	49
예약하다	듣기	3	10
예약하다	읽기	3	55, 56
예전	읽기	4	55, 56
오늘	듣기	4	3
오래	읽기	1	61, 62
오래	읽기	2	50
오래	읽기	4	43
오랜만에	읽기	5	57
오랜만이다	듣기	2	5
오전	읽기	2	40
오전	읽기	3	42
오전	읽기	5	49, 50

어휘	영역	회차	문항
오후	듣기	3	19
온도	읽기	3	67, 68
올해	읽기	2	45
옷	듣기	4	2
옷 가게	읽기	3	47
옷을 사다	듣기	3	4
외국어	듣기	3	17
외식	읽기	4	53, 54
요금	읽기	1	59, 60
요리	읽기	2	47, 69
요리	읽기	4	41
요리	읽기	5	46
요리 대회	듣기	3	29, 30
요리사	읽기	1	58
요리하다	읽기	2	64
요리하다	읽기	3	45
요일	듣기	2	14
요일	듣기	3	12
요일	듣기	4	13
요즘	읽기	4	55, 56
요즘	듣기	5	29, 30
요즘	읽기	5	65, 66
우승하다	듣기	3	29, 30
우유	읽기	2	59
우체국	듣기	2	9
우체국	읽기	3	34
우체국	듣기	4	10
우체국	듣기	5	7
운동	듣기	4	24
운동장	읽기	2	40
운동장	듣기	5	10
운동화	읽기	2	44
운영	읽기	5	41
웃다	읽기	3	69, 70
월요일	듣기	3	12

어휘	영역	회차	문항
위	듣기	5	3
위험하다	읽기	2	55
위험하다	읽기	5	48
유명하다	읽기	1	67, 68
유명하다	듣기	5	29, 30
유학생	읽기	5	53, 54
육지	읽기	1	69, 70
은행	듣기	2	8
은행	듣기	3	8
음료	읽기	2	45
음식	읽기	1	31
음식	읽기	2	43, 47, 52, 65
음식	듣기	4	14
응원하다	읽기	3	44, 59, 60
응원하다	듣기	5	23
의사	읽기	1	32
의사	읽기	3	32
이기다	듣기	5	23
이름	듣기	2	12
이름	읽기	2	31
이번	읽기	5	44
이사	읽기	5	69, 70
이야기하다	읽기	2	55
이야기하다	읽기	3	61, 62
이야기하다	읽기	5	43
이용	듣기	4	25, 26
이용하다	읽기	1	65, 66
이용하다	읽기	2	49
이용하다	읽기	3	57
이용하다	읽기	5	41
이유	듣기	1	19
이유	읽기	4	61, 62
이틀	읽기	4	61, 62
이해하다	듣기	5	23
인기	듣기	1	27, 28

어휘	영역	회차	문항
인기	듣기	4	9
인기	읽기	5	51, 52
인도	읽기	1	63, 64
인터넷	듣기	3	20
일상생활	읽기	4	67, 68
일어나다	읽기	3	53, 54
일정	읽기	4	42
일찍	읽기	2	69
일찍	읽기	3	53, 54
일찍	읽기	5	38
읽다	읽기	2	35, 57
읽다	듣기	3	13
읽다	읽기	4	45
잃어버리다	읽기	2	53
잃어버리다	듣기	4	16
잃어버리다	읽기	5	34
입구	읽기	2	60
입원	읽기	2	69
입학하다	읽기	1	53, 54
입학하다	읽기	5	69, 70
잊어버리다	읽기	3	57
자다	읽기	2	35
자라다	읽기	1	69, 70
자리	읽기	2	58
자리	듣기	4	16
자전거	읽기	3	59, 60
자주	읽기	2	38, 47
자주	읽기	4	53, 54
자주	듣기	5	4
작가	듣기	5	29, 30
작다	읽기	2	36, 48
작다	읽기	5	35
작업	읽기	1	63, 64
작품	읽기	4	65, 66
잠	읽기	2	61

어휘	영역	회차	문항
잠	듣기	4	29, 30
잠	읽기	4	51, 52
장미	듣기	2	18
장소	듣기	2	11, 25
장소	읽기	2	31, 33
장소	듣기	4	13
장학금	듣기	1	25, 26
재료	듣기	5	25, 26
재미있다	듣기	5	23
재활용	읽기	4	65, 66
저녁	듣기	3	19
저축하다	읽기	1	45
적다	읽기	4	47
전공	듣기	2	27
전공	듣기	3	29, 30
전기 자전거	듣기	1	18
전날	읽기	4	69, 70
전달하다	읽기	2	55
전래 놀이	듣기	2	26
전시되다	듣기	1	23
전통 음식	듣기	5	25, 26
전하다	읽기	1	63, 64
절반	읽기	1	69, 70
점심	듣기	4	3
점원	듣기	4	15
젓다	읽기	1	57
정류장	듣기	5	9
정문	읽기	1	63, 64
정해지다	읽기	1	67, 68
정해지다	듣기	2	24
제기차기	듣기	2	26
제대로	듣기	1	23
제자리	듣기	4	25, 26
제주도	읽기	2	43
제주도	읽기	4	42

어휘	영역	회차	문항
조금	읽기	2	50
조금씩	읽기	2	58
조심하다	읽기	1	58
조심하다	읽기	3	67, 68
조심하다	읽기	5	48
조용하다	듣기	2	24
조용하다	읽기	4	67, 68
조용하다	읽기	5	36
졸업	듣기	2	28
졸업식	읽기	1	53, 54
졸업하다	읽기	1	53, 54
종류	읽기	1	43
종류	읽기	5	51, 52
종이봉투	읽기	1	51, 52
종이 상자	읽기	4	65, 66
좋다	읽기	2	36
좋아하다	듣기	3	2
좋아하다	듣기	4	2
죄송하다	읽기	2	69
죄송하다	듣기	3	6
주말	듣기	2	13, 22
주말	읽기	2	33
주말	듣기	3	3
주말	듣기	4	12
주말	읽기	4	33
주말	듣기	5	22
주문하다	듣기	2	23
주문하다	읽기	4	48
주변	읽기	4	61, 62
주변	읽기	5	55, 56
주사를 놓다	읽기	1	39
주사를 맞다	읽기	1	39
주의하다	읽기	1	58
주중	듣기	2	22
주차	읽기	3	63, 64

어휘	영역	회차	문항
주차장	듣기	2	10
준비	듣기	2	21
준비물	읽기	4	41
준비하다	듣기	3	25, 26
줄넘기	읽기	1	44
줄넘기	읽기	5	55, 56
줄다	읽기	1	46
줄다	읽기	4	53, 54
중고 물건	듣기	1	18
중요하다	듣기	3	24
즐겁다	읽기	1	46
즐겁다	듣기	3	29, 30
즐겁다	읽기	3	49, 50
즐겁다	읽기	5	33
지갑	듣기	3	23
지금	읽기	2	68
지우개	듣기	1	1
지하철	듣기	3	4, 14
지하철	듣기	4	16
지하철역	듣기	1	8
지하철역	듣기	2	10
직업	듣기	2	12
직업	읽기	2	31
직업	읽기	3	32
직원	읽기	1	63, 64
직원	읽기	5	63, 64
직접	읽기	4	53, 54
진행하다	듣기	5	25, 26
집들이	듣기	4	17
집중	읽기	4	67, 68
집중하다	듣기	1	22
짓다	읽기	1	65, 66
짜다	읽기	2	69
찌다	읽기	2	51
찍다	읽기	4	61, 62

어휘	영역	회차	문항
찍다	듣기	5	27, 28
차	읽기	2	44
참가비	읽기	3	65, 66
참가자	읽기	1	69, 70
참가자	읽기	4	63, 64
참가하다	읽기	1	69, 70
참석하다	읽기	2	63
참여하다	듣기	1	27, 28
참여하다	듣기	2	26
참여하다	읽기	3	65, 66
창문을 닦다	읽기	3	51, 52
창피하다	읽기	2	69
찾다	읽기	2	53
찾다	듣기	5	19
찾으러 가다	듣기	3	21
채소	읽기	2	51
책	듣기	2	1
책상	듣기	5	3
챙기다	읽기	4	69, 70
처음	읽기	2	45, 53, 68
천천히	읽기	5	48
청소	듣기	1	21
청소	읽기	4	33
청소하다	읽기	3	51, 52
청소하다	읽기	5	36
체육	듣기	1	29, 30
체험	듣기	3	27, 28
체험	읽기	4	65, 66
체험하다	듣기	5	27, 28
초대하다	듣기	1	6
초대하다	읽기	2	42, 63
초등학교	읽기	2	69
초록색	듣기	3	11
촬영지	읽기	4	61, 62
추워지다	듣기	1	14

어휘	영역	회차	문항
추천하다	듣기	4	29, 30
축구	읽기	1	37
축제	듣기	2	18
축제	읽기	2	45
축제	읽기	3	65, 66
축하 공연	듣기	1	25, 26
축하하다	듣기	3	29, 30
축하하다	듣기	5	5
출발하다	읽기	3	41
출발하다	듣기	5	18
춥다	읽기	4	39
취미	읽기	1	45
취미	듣기	2	11
취미	읽기	2	33
취미	듣기	3	13
취미	듣기	5	14
친구	듣기	2	15
친구	읽기	2	43
친구	듣기	3	1
친구	듣기	4	12
친절하다	읽기	2	49
친절하다	읽기	4	55, 56
친절하다	읽기	5	58
친하다	읽기	5	61, 62
침대	읽기	3	55, 56
침대	듣기	4	9
카드	듣기	3	23
카드	읽기	5	65, 66
카메라	읽기	5	34
카페	듣기	2	27
칼	읽기	1	58
커피숍	듣기	1	3
케이크	듣기	3	21
코미디 영화	듣기	5	22
코트	읽기	3	47

어휘	영역	회차	문항
행사	듣기	2	25
행사	읽기	3	49, 50
행사	읽기	5	51, 52
헤어지다	읽기	2	44
헤어지다	읽기	5	69, 70
헤엄치다	읽기	1	69, 70
헬스장	듣기	4	27, 28
현금	읽기	1	59, 60
형	읽기	2	46
호수	읽기	5	55, 56
호텔	듣기	3	10
호텔	읽기	3	55, 56
혼자	읽기	2	49
혼자	듣기	3	3, 22
혼자	듣기	4	4
혼자	읽기	4	43
혼자	읽기	5	47
홈페이지	듣기	1	27, 28
화려하다	읽기	4	58
화면	듣기	2	19
환경 보호	읽기	4	65, 66
환영하다	듣기	1	6
환영하다	듣기	3	6
환영하다	듣기	4	5
활동	읽기	4	65, 66
회비	읽기	4	40
회사	읽기	5	53, 54
회사	읽기	4	43, 49, 50
회원	읽기	2	64
회의	듣기	3	24
회의	읽기	4	37
회장	읽기	2	63
횡단보도	듣기	5	19
효과	읽기	2	61
후	듣기	2	28

어휘	영역	회차	문항
후문	읽기	1	63, 64
휴대 전화	듣기	2	19
휴대 전화	읽기	3	58
휴대 전화	읽기	4	51, 52
휴식	읽기	4	67, 68
휴일	듣기	2	14
휴일	듣기	4	11
흙	읽기	2	64
힘들다	듣기	1	24
힘들다	읽기	3	61, 62
힘들다	읽기	4	47
힘차다	읽기	1	61, 62
기타 TV 프로그램	듣기	3	29, 30

제1회 실전 모의고사
TOPIK I
듣기, 읽기

성 명 (Name)	한국어 (Korean)	
	영 어 (English)	

수 험 번 호											
				7							

문제지 유형(Type)

홀수형 (Odd number type)	○
짝수형 (Even number type)	○

※ 결 시 확인란	결시자의 영어 성명 및 수험번호 기재 후 표기	○

본인 확인 및 수험번호 표기가 정확한지 확인

※ 감독관 확 인	서명 또는 날인

번호	답란			
1	①	②	③	④
2	①	②	③	④
3	①	②	③	④
4	①	②	③	④
5	①	②	③	④
6	①	②	③	④
7	①	②	③	④
8	①	②	③	④
9	①	②	③	④
10	①	②	③	④
11	①	②	③	④
12	①	②	③	④
13	①	②	③	④
14	①	②	③	④
15	①	②	③	④
16	①	②	③	④
17	①	②	③	④
18	①	②	③	④
19	①	②	③	④
20	①	②	③	④

번호	답란			
21	①	②	③	④
22	①	②	③	④
23	①	②	③	④
24	①	②	③	④
25	①	②	③	④
26	①	②	③	④
27	①	②	③	④
28	①	②	③	④
29	①	②	③	④
30	①	②	③	④
31	①	②	③	④
32	①	②	③	④
33	①	②	③	④
34	①	②	③	④
35	①	②	③	④
36	①	②	③	④
37	①	②	③	④
38	①	②	③	④
39	①	②	③	④
40	①	②	③	④

번호	답란			
41	①	②	③	④
42	①	②	③	④
43	①	②	③	④
44	①	②	③	④
45	①	②	③	④
46	①	②	③	④
47	①	②	③	④
48	①	②	③	④
49	①	②	③	④
50	①	②	③	④
51	①	②	③	④
52	①	②	③	④
53	①	②	③	④
54	①	②	③	④
55	①	②	③	④
56	①	②	③	④
57	①	②	③	④
58	①	②	③	④
59	①	②	③	④
60	①	②	③	④

번호	답란			
61	①	②	③	④
62	①	②	③	④
63	①	②	③	④
64	①	②	③	④
65	①	②	③	④
66	①	②	③	④
67	①	②	③	④
68	①	②	③	④
69	①	②	③	④
70	①	②	③	④

제2회 실전 모의고사
TOPIK I
듣기, 읽기

성 명 (Name)	한국어 (Korean)	
	영 어 (English)	

수 험 번 호

					7						

문제지 유형(Type)

홀수형 (Odd number type)	○
짝수형 (Even number type)	○

※ 결 시 확인란	결시자의 영어 성명 및 수험번호 기재 후 표기	○

본인 확인 및 수험번호 표기가 정확한지 확인

※ 감독관 확 인	서명 또는 날인

번호	답란				번호	답란				번호	답란				번호	답란			
1	①	②	③	④	21	①	②	③	④	41	①	②	③	④	61	①	②	③	④
2	①	②	③	④	22	①	②	③	④	42	①	②	③	④	62	①	②	③	④
3	①	②	③	④	23	①	②	③	④	43	①	②	③	④	63	①	②	③	④
4	①	②	③	④	24	①	②	③	④	44	①	②	③	④	64	①	②	③	④
5	①	②	③	④	25	①	②	③	④	45	①	②	③	④	65	①	②	③	④
6	①	②	③	④	26	①	②	③	④	46	①	②	③	④	66	①	②	③	④
7	①	②	③	④	27	①	②	③	④	47	①	②	③	④	67	①	②	③	④
8	①	②	③	④	28	①	②	③	④	48	①	②	③	④	68	①	②	③	④
9	①	②	③	④	29	①	②	③	④	49	①	②	③	④	69	①	②	③	④
10	①	②	③	④	30	①	②	③	④	50	①	②	③	④	70	①	②	③	④
11	①	②	③	④	31	①	②	③	④	51	①	②	③	④					
12	①	②	③	④	32	①	②	③	④	52	①	②	③	④					
13	①	②	③	④	33	①	②	③	④	53	①	②	③	④					
14	①	②	③	④	34	①	②	③	④	54	①	②	③	④					
15	①	②	③	④	35	①	②	③	④	55	①	②	③	④					
16	①	②	③	④	36	①	②	③	④	56	①	②	③	④					
17	①	②	③	④	37	①	②	③	④	57	①	②	③	④					
18	①	②	③	④	38	①	②	③	④	58	①	②	③	④					
19	①	②	③	④	39	①	②	③	④	59	①	②	③	④					
20	①	②	③	④	40	①	②	③	④	60	①	②	③	④					

제3회 실전 모의고사
TOPIK I
듣기, 읽기

성 명 (Name)	한국어 (Korean)	
	영 어 (English)	

수 험 번 호

						7						

문제지 유형(Type)

홀수형 (Odd number type)	◯
짝수형 (Even number type)	◯

※ 결 시 확인란	결시자의 영어 성명 및 수험번호 기재 후 표기	◯

본인 확인 및 수험번호 표기가 정확한지 확인

※ 감독관 확인	서명 또는 날인

번호	답란	번호	답란	번호	답란	번호	답란
1	① ② ③ ④	21	① ② ③ ④	41	① ② ③ ④	61	① ② ③ ④
2	① ② ③ ④	22	① ② ③ ④	42	① ② ③ ④	62	① ② ③ ④
3	① ② ③ ④	23	① ② ③ ④	43	① ② ③ ④	63	① ② ③ ④
4	① ② ③ ④	24	① ② ③ ④	44	① ② ③ ④	64	① ② ③ ④
5	① ② ③ ④	25	① ② ③ ④	45	① ② ③ ④	65	① ② ③ ④
6	① ② ③ ④	26	① ② ③ ④	46	① ② ③ ④	66	① ② ③ ④
7	① ② ③ ④	27	① ② ③ ④	47	① ② ③ ④	67	① ② ③ ④
8	① ② ③ ④	28	① ② ③ ④	48	① ② ③ ④	68	① ② ③ ④
9	① ② ③ ④	29	① ② ③ ④	49	① ② ③ ④	69	① ② ③ ④
10	① ② ③ ④	30	① ② ③ ④	50	① ② ③ ④	70	① ② ③ ④
11	① ② ③ ④	31	① ② ③ ④	51	① ② ③ ④		
12	① ② ③ ④	32	① ② ③ ④	52	① ② ③ ④		
13	① ② ③ ④	33	① ② ③ ④	53	① ② ③ ④		
14	① ② ③ ④	34	① ② ③ ④	54	① ② ③ ④		
15	① ② ③ ④	35	① ② ③ ④	55	① ② ③ ④		
16	① ② ③ ④	36	① ② ③ ④	56	① ② ③ ④		
17	① ② ③ ④	37	① ② ③ ④	57	① ② ③ ④		
18	① ② ③ ④	38	① ② ③ ④	58	① ② ③ ④		
19	① ② ③ ④	39	① ② ③ ④	59	① ② ③ ④		
20	① ② ③ ④	40	① ② ③ ④	60	① ② ③ ④		

제4회 실전 모의고사
TOPIK I
듣기, 읽기

성 명 (Name)	한국어 (Korean)	
	영 어 (English)	

수 험 번 호

문제지 유형(Type)

홀수형 (Odd number type)	○
짝수형 (Even number type)	○

※ 결 시 확인란	결시자의 영어 성명 및 수험번호 기재 후 표기	○

본인 확인 및 수험번호 표기가 정확한지 확인

※ 감독관 확 인	서명 또는 날인

번호	답란				번호	답란				번호	답란				번호	답란			
1	①	②	③	④	21	①	②	③	④	41	①	②	③	④	61	①	②	③	④
2	①	②	③	④	22	①	②	③	④	42	①	②	③	④	62	①	②	③	④
3	①	②	③	④	23	①	②	③	④	43	①	②	③	④	63	①	②	③	④
4	①	②	③	④	24	①	②	③	④	44	①	②	③	④	64	①	②	③	④
5	①	②	③	④	25	①	②	③	④	45	①	②	③	④	65	①	②	③	④
6	①	②	③	④	26	①	②	③	④	46	①	②	③	④	66	①	②	③	④
7	①	②	③	④	27	①	②	③	④	47	①	②	③	④	67	①	②	③	④
8	①	②	③	④	28	①	②	③	④	48	①	②	③	④	68	①	②	③	④
9	①	②	③	④	29	①	②	③	④	49	①	②	③	④	69	①	②	③	④
10	①	②	③	④	30	①	②	③	④	50	①	②	③	④	70	①	②	③	④
11	①	②	③	④	31	①	②	③	④	51	①	②	③	④					
12	①	②	③	④	32	①	②	③	④	52	①	②	③	④					
13	①	②	③	④	33	①	②	③	④	53	①	②	③	④					
14	①	②	③	④	34	①	②	③	④	54	①	②	③	④					
15	①	②	③	④	35	①	②	③	④	55	①	②	③	④					
16	①	②	③	④	36	①	②	③	④	56	①	②	③	④					
17	①	②	③	④	37	①	②	③	④	57	①	②	③	④					
18	①	②	③	④	38	①	②	③	④	58	①	②	③	④					
19	①	②	③	④	39	①	②	③	④	59	①	②	③	④					
20	①	②	③	④	40	①	②	③	④	60	①	②	③	④					

제5회 실전 모의고사
TOPIK I
듣기, 읽기

성 명 (Name)	한국어 (Korean)	
	영 어 (English)	

수 험 번 호

문제지 유형(Type)

홀수형 (Odd number type)	○
짝수형 (Even number type)	○

※ 결 시 확인란	결시자의 영어 성명 및 수험번호 기재 후 표기	○

본인 확인 및 수험번호 표기가 정확한지 확인

※ 감독관 확 인	서명 또는 날인

번호	답란	번호	답란	번호	답란	번호	답란
1	① ② ③ ④	21	① ② ③ ④	41	① ② ③ ④	61	① ② ③ ④
2	① ② ③ ④	22	① ② ③ ④	42	① ② ③ ④	62	① ② ③ ④
3	① ② ③ ④	23	① ② ③ ④	43	① ② ③ ④	63	① ② ③ ④
4	① ② ③ ④	24	① ② ③ ④	44	① ② ③ ④	64	① ② ③ ④
5	① ② ③ ④	25	① ② ③ ④	45	① ② ③ ④	65	① ② ③ ④
6	① ② ③ ④	26	① ② ③ ④	46	① ② ③ ④	66	① ② ③ ④
7	① ② ③ ④	27	① ② ③ ④	47	① ② ③ ④	67	① ② ③ ④
8	① ② ③ ④	28	① ② ③ ④	48	① ② ③ ④	68	① ② ③ ④
9	① ② ③ ④	29	① ② ③ ④	49	① ② ③ ④	69	① ② ③ ④
10	① ② ③ ④	30	① ② ③ ④	50	① ② ③ ④	70	① ② ③ ④
11	① ② ③ ④	31	① ② ③ ④	51	① ② ③ ④		
12	① ② ③ ④	32	① ② ③ ④	52	① ② ③ ④		
13	① ② ③ ④	33	① ② ③ ④	53	① ② ③ ④		
14	① ② ③ ④	34	① ② ③ ④	54	① ② ③ ④		
15	① ② ③ ④	35	① ② ③ ④	55	① ② ③ ④		
16	① ② ③ ④	36	① ② ③ ④	56	① ② ③ ④		
17	① ② ③ ④	37	① ② ③ ④	57	① ② ③ ④		
18	① ② ③ ④	38	① ② ③ ④	58	① ② ③ ④		
19	① ② ③ ④	39	① ② ③ ④	59	① ② ③ ④		
20	① ② ③ ④	40	① ② ③ ④	60	① ② ③ ④		